W0218948

Konzepte der Humanwissenschaften

Georg A. Miller
(Harvard University)
Eugene Galanter
(University of Pennsylvannia)
Karl H. Pribram
(Stanford University)

Strategien des Handelns

Pläne und Strukturen des Verhaltens

Mit einer Einführung
von
Hans Aebli

Ernst Klett Verlag
Stuttgart

Die amerikanische Originalausgabe erschien unter dem Titel
Plans and the Structure of Behavior
© 1960 bei Holt, Rinehart and Winston, Inc.
Die Übersetzung besorgte Paul Bärtschi, Boll/Schweiz

1. Auflage 1973
Über alle Rechte der deutschen Ausgabe verfügt der Ernst Klett Verlag
Fotomechanische Wiedergabe nur mit Genehmigung des Verlages
Printed in Germany
Einbandgestaltung und Typographie: Heinz Edelmann
Satz und Druck: Wilhelm Röck, Weinsberg
ISBN 3-12-925890-6

Inhalt

Einführung

Wenn dereinst die Geschichte der Psychologie der zweiten Hälfte des 20. Jahrhunderts geschrieben wird, so werden die sechziger Jahre als das Dezennium gelten, in dem sich eine entscheidende Wandlung in der westlichen Psychologie vollzogen hat: die *kognitive Wende*. Dann wird man sich wohl auch die Frage stellen, wer die Autoren gewesen sind, welche diese Wende ausgelöst und mit ihren neuen Gedanken genährt haben. Vielleicht wird ein edler Wettstreit zwischen Europa und den USA entbrennen. Die Europäer könnten auf »ihren« PIAGET pochen, die Amerikaner auf »ihren« BRUNER oder NEWELL [1].

Wie immer die Bilanz schließlich aussehen wird, es wird darin sicher die Rede von einem kleinen Buch sein, das so gar nicht geschrieben scheint, um psychologische Welten und Systeme zu bewegen, und das doch wirksamer als viele andere geworden ist: von den »Strategien des Handelns« (»Plans and the Structure of Behavior«). Wer hat es geschrieben? Im einzelnen wissen wir es nicht, denn es ist ein Dreigespann von Autoren, welche verantwortlich zeichnen, drei Professoren der Psychologie, von denen der erste, G. A. MILLER, in Harvard, der zweite, E. GALANTER, an der Universität von Pennsylvanien und der dritte, KARL PRIBRAM, viele tausend Kilometer weiter westlich an der Stanford Universität beheimatet sind. Daß diese Königskinder zusammengekommen sind, ist das Verdienst der Ford-Stiftung bzw. des von ihr unterhaltenen *Center for Advanced Study in the Behavioral Sciences*, das an einem sonnendurchglühten, mit Ginster bewachsenen Hang über der Stanford Universität, einige 50 Kilometer südlich von San Francisco, im glücklichen Kalifornien gelegen ist.

Man muß diese Dinge wissen, um das vorliegende Buch ganz zu verstehen. Es ist ein Buch von drei eminenten Wissenschaftlern, in einem Urlaubsjahr geschrieben, weg von den drückenden Pflichten des universitären Alltags, aus Distanz auch gegenüber dem eigenen Wissenschaftsbetrieb. Ein Buch der Besinnung und ein Buch des Aufbruchs zu neuen Horizonten psychologischer Reflexion. Keine »*creatio ex nihilo*« — das

---

[1] Ob die Russen sodann nachweisen werden, daß die kognitive Wende in ihrem Reich schon in den dreißiger- oder in den fünfziger Jahren stattgefunden habe, wissen wir nicht. In WYGOTSKI hätten sie jedenfalls einen guten Kandidaten.

gibt es in der Wissenschaft nicht —, aber ein schöpferisches Aufgreifen dessen, was in der kognitiven Psychologie seit einigen Jahren in der Luft ist: schachspielende und problemlösende Computerprogramme, eine neue Syntaxtheorie — diejenige CHOMSKYS —, ein vertieftes Verständnis von Wahrnehmungsprozessen und ihren neurologischen Korrelaten. Dies sind Elemente, welche offensichtlich in das vorliegende Werk eingegangen sind. Aber auch hier gilt, daß das Ganze mehr als die Summe der Teile ist. In einer Zeit, da die Reiz-Reaktions-Psychologie das Feld psychologischer Systembildung fast ganz zu beherrschen schien, in einer Zeit auch, da man die Hoffnung endgültig aufgeben mußte, daß aus der Gestaltpsychologie eine Gegenkraft und Erneuerung dieser sich zusehends verengenden Psychologie erwachsen würde, hat dieses Buch angefangen, eine Wirkung zu entfalten, die erst heute ihre Früchte zu tragen beginnt. In den »Strategien des Handelns« befreit sich psychologisches Denken von den selbstangelegten Fesseln eines Denkens nach dem Modell des Reflexes, den Fesseln eines Denkens zugleich, das den menschlichen Geist bar jeder Spontaneität, rein reaktiv sieht und das in seiner reduktionistischen Suche nach den einfachen Bausteinen des Verhaltens keine Augen für dessen umfassendere Strukturen im Individuum und in der Gesellschaft hat, das keinen Platz für Phänomene des Willens und der Intentionalität besitzt und nicht zu zeigen vermag, wie sich Verhalten in den freien Raum des Noch-nicht-Geschaffenen hinein entwirft.

Sehen wir das Werk ein wenig genauer an! Die beiden entscheidenden Begriffe sind diejenigen des *Plans* und des *Bildes*. Verhalten wird hier gesehen als ein geplantes und strukturiertes Gefüge von zielgerichteten Operationen. Pläne steuern diese, indem sie die Befehle zur Ausführung der einzelnen Teilschritte geben. Operationen wiederum sind auf bestimmte Endzustände ausgerichtet, die noch nicht verwirklicht sind. Damit wird eine deutlichere Sicht und ein Vergleich der vorgefundenen Wirklichkeit und des angestrebten Endzustandes notwendig. Reize aus der Umwelt lösen also Verhalten nicht aus, sie geben vielmehr Auskunft über Kongruenz oder Inkongruenz von Situation und Zielzustand, und sie werden mit dieser Absicht aufgesucht und verarbeitet.

Das TOTE-Schema wird damit zur einfachen Verhaltenseinheit und ersetzt das Reflexmodell. Im Hinblick auf einen angestreben Endzustand prüfen Menschen und Tiere die vorgefundene Situation (die Testphase, *T*), wirken auf sie ein (die Handlungs- oder Operationsphase, *O*), prüfen deren Ergebnis (die zweite Testphase, *T*) und brechen diese Schleife erst ab (»Exit«, *E*), wenn das Ziel erreicht ist. Dabei können die TOTE-Einheiten in sich selbst Einheiten gleicher Struktur enthalten und damit hierarchisch gegliedert sein.

Damit ist auch die Rolle des *Bildes* im Verhalten sichtbar. Es ist nichts anderes als das akkumulierte und organisierte Wissen des Organismus über sich selbst und die Welt, in der sich sein Verhalten abspielt. Das Bild ist damit das kognitive Gegenstück zum Plan, der die Handlung steuert, wobei zwischen den beiden mannigfaltige Zusammenhänge und Wechselwirkungen bestehen.

Nach diesen grundsätzlichen Überlegungen stellen sich die Verfasser die Aufgabe, die neuentwickelten Konzepte anzuwenden, sie sozusagen dem Test der begrifflichen Bewährung zu unterwerfen. Wird psychologische Wirklichkeit transparenter, wenn wir sie in Begriffen der Pläne und des Bildes deuten, als wenn wir in ihnen immer wieder die einfachen Bausteine von Reiz und Reaktion aufsuchen? Der Anwendungstest fällt deutlich zugunsten der neuen Konzepte aus. Vom Instinkt über die Gewohnheiten und Fertigkeiten, über die Phänomene der Hypnose (welche hier als ein Aufgeben der eigenen Verhaltensplanung und -steuerung gedeutet wird) und das *brain washing* bis hin zu den Leistungen des Erinnerns, der Spracherzeugung und des Problemlösens, bewährt sich ein Begriffsrepertoire, das von Plänen und Metaplänen und von den in ihnen enthaltenen Strategien und Taktiken spricht. Auch soziale Phänomene erweisen sich einer solchen Analyse zugänglich. Pläne des Verhaltens müssen nicht nur im individuellen psychologischen Haushalt integriert und koordiniert werden, es gibt auch soziale und »öffentliche« Pläne, welche durch Gruppen von zusammenwirkenden Menschen realisiert werden. Sie sind nicht bloß im einzelnen Bewußtsein, sondern in der Gruppe als ganzer verwirklicht und können sich in einem spontanen Zusammenspiel oder aber gemäß einem Metaplan integrieren: Von daher ergeben sich interessante und gänzlich neue Deutungen von liberalen und sozialistischen Integrationskonzepten.

So sehen wir: Die »Strategien des Handelns« von MILLER, GALANTER und PRIBRAM sind nicht nur ein Buch, das die Wärme Kaliforniens und die Gelöstheit eines Urlaubsjahres atmet und den Leser damit beglückt: es ist zugleich ein Buch voller Anregung und neuer Ausblicke, die nur darum möglich werden, weil hinter dem großen Wurf eines neuen Verhaltensmodells die ganze Fachkenntnis dreier bedeutender Psychologen steht. Das Buch ist in einer Sternstunde der westlichen Psychologie am Rande des Pazifik entstanden. Es wäre schön, wenn es in der vorliegenden deutschen Fassung ein Stück weiter nach Osten wirken würde.

Hans Aebli

Prolog

Wenn ich an meinem Schreibtisch sitze, weiß ich, wo ich bin. Vor mir sehe ich ein Fenster und draußen einige Bäume; über den Bäumen die roten Dächer der Universität Stanford; darüber das Gewirr von Bäumen und Dachgiebeln von *Palo Alto,* und über der Stadt die kahlen, gelben Kuppen der *Hamilton*-Berge. Ich weiß aber mehr, als ich sehe. Auch wenn ich nicht hinblicke, weiß ich, daß hinter meinem Rücken ein Fenster ist und dahinter der Campus des *Center for Advanced Study in the Behavioral Sciences*; weiter zurück liegen die Küstenhügel und dahinter der Pazifik.

Mit diesen Worten beginnt eine kurze Abhandlung des Ökonomen Kenneth E. Boulding (1956) mit dem Titel: »Das Bild« (»The Image«). Darin untersucht er einige Dimensionen des Bildes, das wir uns vom Menschen und vom Universum machen. Weiter beschreibt er einige der hauptsächlichen Aspekte seines eigenen »Bildes«: er sieht sich selbst in Raum und Zeit gestellt, in die Gesellschaft und die Natur und in seine eigene Lebensgeschichte. Er denkt hier also nicht an sichtbare Bilder: Das Bild ist sein Wissen von der Welt. Sein Verhalten hängt von diesem Bild ab. Bedeutungsvolle Eindrücke verändern das Bild. Boulding geht den menschlichen Bildern nach und untersucht sie in der Biologie, Soziologie, Ökonomie, Geschichte und in den politischen Wissenschaften. Er entwirft einen buntgewirkten Teppich von individuellen und gemeinsamen Bildern, von persönlichem und allgemeinem Wissen, der am besten als die Momentaufnahme eines arbeitenden Geistes des 20. Jahrhunderts bezeichnet werden kann.

Boulding schrieb »*The Image*« im Sommer 1955, nachdem er ein Jahr am *Center for Advanced Study in the Behavioral Sciences* in Kalifornien verbracht hatte. Genau drei Jahre später, im akademischen Jahr 1958/59, trafen wir — die Autoren dieses Buches — uns nicht ganz zufällig am gleichen Institut. Jeder arbeitete in seinem eigenen Forschungsgebiet. Dazu hatten wir aber auch einige gemeinsame Themen, die sich uns 1956 während eines gemeinsamen Sommers in Harvard gestellt hatten. Darüber hinaus hatten wir natürlich ganz allgemein die Verpflichtung, in unserer Ausbildung weiterzukommen. Bei dieser Aufgabe stießen wir in der Institutsbibliothek auf das Buch »The Image«. Für einen Psychologen, der Alternativen für das automatenhafte Reiz-Reaktions-Konzept vom Menschen sucht, hat der Begriff des Bildes eine beträchtliche Anziehungskraft. (Immerhin scheint es vernünftig, zwischen den Reiz und die Reaktion ein bißchen Weisheit einzuschieben. Und es ist nicht einmal nötig, sich deshalb zu entschuldigen, denn sie war schon dort, bevor es die Psychologie überhaupt gab.) »Das Bild« von BOULDING wurde ein Teil des Bildes, das wir für uns selbst in unseren Gesprächen, unseren Auseinandersetzungen und unseren Schriften aufbauten. Als aber im Verlauf des Jahres *unser* Bild mehr und mehr Gestalt annahm, wurde uns immer klarer, daß BOULDING und alle kognitiven Psychologen noch einiges vergessen hatten. Wir glaubten, einen Teil des Fehlenden ergänzen zu können. Wir bejahten zwar die Beweisführung der kognitiven Wissenschaftler in der Grundidee, wenn auch nicht im Detail, aber sie beschrieben uns einen Organismus, der im Drama des Lebens mehr die Rolle eines Zuschauers als eines Teilnehmers hat. Wenn wir unser »Bild« nicht brauchen können, um etwas zu tun, gleichen wir einem Landkartensammler, der aber nie eine Reise unternimmt. Es schien uns, daß es einen *Plan* brauche, wenn uns das *Bild* etwas nützen solle. Die Vorstellung eines Planes, der das Verhalten leitet, gleicht — auch diesmal nicht bloß zufälligerweise — der Vorstellung eines Programms, das in einem elektronischen Computer gebraucht wird. Um herauszufinden, wie man das Bild in Bewegung umsetzt, sahen wir noch einmal die kybernetische Literatur über Analogien zwischen Gehirn und Computer einerseits, zwischen Verstand und Computerprogramm andererseits durch. Wir hatten dabei das Glück, eine Menge — zum großen Teil noch unveröffentlichtes Material — zur Verfügung zu haben. Während einer Veranstaltung des *Research Training Institute on the Simulation of Cognitive Processes*, die im Juli 1958 bei der RAND *Corporation* in Santa Monica, Kalifornien, abgehalten wurde, erhielt MILLER diese unpublizierten Arbeiten von ALLEN NEWELL, J. C. SHAW und HERBERT A. SIMON. Als dieses Material vom Denkzentrum in Santa Monica in dasjenige der Stanford Universität gelangte, mußten leider der Computer, seine Bedienungsmannschaft und die Forscher zurückgelassen werden. Ohne diese Hilfen konnten wir nichts tun, als die Hauptgedanken dieses Werks so einfach und so konkret wie möglich zu verstehen suchen. Der Umstand, daß das Material über diesen Umweg veröffentlicht wird, hat bestimmt beträchtliche Verzerrungen zur Folge. NEWELL, SHAW und SIMON inspirierten uns mit ihren Erfolgen, aber sie sollen nicht verantwortlich gemacht werden für unsere Irrtümer oder Ausschmückungen. Dasselbe gilt für WIENER, ASHBY, VON NEUMANN, MINSKY, SHANNON, MACKAY, MCCULLOCH, CHOMSKY und alle anderen Autoren, deren Werke wir studierten. Unsere einzige Hoffnung ist, daß es so etwas wie ein schöpferisches Mißverstehen gibt.

Wie dem auch sei — unser Anliegen war, herauszufinden, ob die kybernetischen Grundgedanken für die Psychologie von Bedeutung sind. Die Männer, welche als erste in jenem Gebiet zu forschen begannen, waren bemerkenswert unwissend, was die Psychologie betrifft: die Geschöpfe, deren Verhalten sie simulieren wollten, glichen oft mehr den Traumgebilden eines Mathematikers als lebenden Tieren. Trotz allem weigerten wir uns zu glauben, daß Unkenntnis der Psychologie eine Vorbedingung oder sogar ein Vorteil für kybernetisches Denken sei. Man sollte die neuen Ideen so formulieren können, daß sie sowohl zur Wissenschaft des Verhaltens, welche die Psychologen geschaffen haben, beitragen als auch davon profitieren können. Die Suche nach diesem passenden Schnittpunkt stand im Zentrum unserer einjährigen Diskussionen.

Als nun ein »Bild« und ein »Plan« und weitere Argumente in unseren Köpfen gärten, drängte es sich bald einmal auf, die Hauptpunkte niederzuschreiben. Und als die Dinge klarer wurden, schien es plötzlich nötig, ein Buch darüber zu schreiben. Es sollte ein nur dünnes Buch werden, eher noch kürzer, als es dann tatsächlich wurde. Wir wollten nur einige Tage daran schreiben, aber diese Tage wurden zu Monaten. Es sollte unser intellektuelles Tagebuch werden, die verteidigenden und dokumentierenden Einschübe waren nicht vorgesehen. Trotz all diesen bekannten akademischen Zutaten wurde es ein spontanes, angriffslustiges, persönliches Buch, dessen Eigenart unsere nüchternen Kollegen aufstören sollte. Das wäre soweit in Ordnung — nüchterne Kollegen brauchen etwas, das sie zum Widerspruch reizt —, nur daß hier mehr auf dem Spiel steht als der Ruf der Autoren. Einige Gedanken, die wir verwendet haben, sind zu wertvoll, als daß man sie übersehen dürfte. Es wäre ein Unglück, wenn unser Stil den wahren Wert unserer Argumente überschatten sollte. Hätten wir mehr Zeit gehabt, so wäre eine ausgewogenere Arbeit zustande gekommen. Aber ein Jahr ist eben nur ein Jahr.

Diese Entschuldigungen müssen Sie, lieber Leser, in Betracht ziehen, wenn immer Sie mit der Lektüre unzufrieden werden. Tun Sie, falls Ihr Zorn aufsteigt, einen tiefen Atemzug, und fahren Sie fort.

1
Bilder und Pläne

Wie stellen wir uns einen gewöhnlichen Tagesablauf zusammen? Während wir nach dem Erwachen noch im Bett liegen oder während wir uns noch in der schützenden Atmosphäre morgendlicher Gewohnheiten bewegen, denken wir darüber nach, was der Tag wohl bringen könnte: Es wird einen heißen Tag geben; es wird kalt sein; es drängt viel zuviel Arbeit; ich werde mich langweilen; ich versprach ihm, heute einen Besuch abzustatten; sie wird wieder dort sein. Falls wir ängstlich sind, werden wir uns Gedanken machen, wie wir das alles bewältigen werden; wir schreiben vielleicht alles auf, was wir tun müssen. Oder wir stürzen uns ohne klare Vorstellung über das, was wir tun wollen, und wie lange es dauern wird, in den Tag. In jedem Fall aber hat jeder unserer Tage eine eigene Struktur, sei er nun übervoll oder leer, neu oder wie gewohnt, einförmig oder vielseitig — er ist ein Faden im Gewebe unseres Lebens. Indem wir darüber nachdenken, was der Tag uns bringen mag, konstruieren wir einen Plan, um allem zu begegnen. Was wir erwarten, deutet schon auf die Handlungen, die wir uns vornehmen.

Die Autoren dieses Buches glauben, daß solche Tagespläne bedeutsam sind und daß sie wahrscheinlich etwas damit zu tun haben, wie man den Tag tatsächlich verbringt: Wir nennen sie schlicht Pläne, obwohl wir wissen, daß niemand lange und ausgeklügelte Reinschriften für jeden Augenblick des Tages herstellt. Es ist auch nicht nötig. Grobe, skizzenhafte, flexible Antizipationen genügen normalerweise. Beim Zähneputzen beschließen wir, endlich das Bündel überfälliger Briefe zu beantworten. Das genügt. Die Namen der Leute oder die Inhaltsangaben der Briefe brauchen nicht der Reihe nach festgehalten zu sein. Wir denken einfach, daß wir heute nachmittag dazu kommen werden. Am Nachmittag — vorausgesetzt, wir haben es nicht vergessen — nehmen wir uns die Briefe vor. Wir öffnen einen ersten und lesen ihn durch. Wir planen unsere Antwort. Vielleicht müssen wir etwas nachschauen, wir diktieren, tippen oder kritzeln eine Antwort, schreiben einen Umschlag an, stecken den gefalteten Brief hinein, kleben eine Briefmarke auf und gehen zum Briefkasten. Jede dieser Unteraktivitäten läuft ab, sobald sich die Situation dazu ergibt. Es war nicht nötig, sie einzeln aufzuzählen, als der Tag geplant wurde. Alles, was es braucht, ist die Benennung der für einen Tagesabschnitt geplanten Beschäftigung. Von dieser Benennung

aus gehen wir dann zum Ausarbeiten der Einzelhandlungen, welche in der Ausführung unseres Planes eingeschlossen sind.
Wir *stellen uns vor*, wie unser Tag sein wird, und wir machen *Pläne*, um damit zurechtzukommen. Vorstellungsbilder und Pläne. Was hat die moderne Psychologie über Vorstellungsbilder und Pläne zu sagen?

Es ist wohl die Aufgabe der modernen Psychologie, das, was Menschen und Tiere tun, in einen Sinnzusammenhang zu bringen und ein System zu finden, das uns ihr Verhalten verstehen läßt. Wenn wir als Psychologen mit wissenschaftlicher Akribie und Sorgfalt an diese Aufgabe herantreten, müssen wir mit dem beginnen, was wir sehen können, und so wenig wie möglich darüber hinaus annehmen. Was wir aber sehen, sind Bewegungen und Vorgänge in der Umwelt. Der uralte Gegenstand der Psychologen — der Geist und seine verschiedenartigen Auswirkungen — ist so unsichtbar! Eine Wissenschaft mit unsichtbarem Inhalt läuft jedoch Gefahr, eine undurchsichtige Wissenschaft zu werden. Das führt dazu, die fundamentale Wichtigkeit des Verhaltens zu unterstreichen. Im einzelnen geht es darum, wiederkehrende Muster von Reiz und Reaktion zu entdecken.
Was ein Organismus tut, hängt davon ab, was um ihn herum geschieht. Über die Art, wie diese Abhängigkeit beschrieben werden soll, gibt es, wie in den meisten Fragen der modernen Psychologie, zwei Meinungen. Auf der einen Seite stehen die Optimisten, die glauben, die Abhängigkeit einfach und direkt zu finden. Sie sehen die Reiz-Reaktions-Beziehung nach dem klassischen physiologischen Muster des Reflexbogens und benützen Pawlows Entdeckungen, um zu erklären, wie neue Reflexe durch Erfahrung entstehen. Dieser Ansatz ist für alle außer den extremen Optimisten zu einfach. Die meisten Psychologen merken rasch, daß Verhalten im allgemeinen und besonders menschliches Verhalten keine Kette von konditionierten Reaktionen ist. Darum wird das Modell leicht erweitert, indem man neben den Reizen, die vor der Reaktion auftreten, solche annimmt, die danach erscheinen. Wenn diese »verstärkenden« Reize einmal eingeführt sind, wird es möglich, eine viel größere Verhaltensvielfalt zu verstehen und die anscheinend zweckgerichtete Natur des Verhaltens anzuerkennen. Dies ist die eine theoretische Richtung.
Gegen die Reflextheoretiker richten sich die Pessimisten, die davon ausgehen, daß wir es mit komplizierten, irreführenden und der Erforschung wenig entgegenkommenden lebenden Organismen zu tun haben. Nach ihnen hängt die Wirkung eines Ereignisses davon ab, wie es sich im Eigen- und Umweltsbild des Organismus präsentiert. Sie sind sicher, daß jede Beziehung zwischen Reiz und Reaktion von einer organisierten

Darstellung der Umwelt, von einem System von Konzepten und Beziehungen, in welchem sich der Organismus befindet, vermittelt werden muß. Ein menschliches Wesen — und vermutlich auch ein Tier — baut eine innere Vergegenwärtigung, ein Schema, ein Scheinbild, einen kognitiven Plan, ein Vorstellungsbild auf. Sir FREDERIC C. BARTLETT (1932), der den Begriff »Schema« für diese interne Darstellung gebraucht, beschreibt sie so:

> Unter »Schema« verstehen wir eine aktive Organisation von vergangenen Reaktionen oder vergangenen Erfahrungen, von welcher wir annehmen, daß sie in jedem gut angepaßten Organismus wirksam ist. Schon bei der kleinsten Ordnung oder Regelmäßigkeit des Verhaltens ist eine bestimmte Reaktion nur möglich, weil sie zu andern ähnlichen in Beziehung steht. Die Reaktionen sind seriell organisiert, wirken jedoch nicht einfach als individuelle Glieder, eines nach dem andern, sondern als eine einheitliche Masse. Dieses Bestimmtwerden durch Schemata stellt die grundlegende Weise dar, in der wir durch zurückliegende Reaktionen und Erfahrungen beeinflußt werden. Alle hereinkommenden Impulse einer bestimmten Art oder einer bestimmten Gefühlslage bilden zusammen eine aktive organisierte Ordnung: Auf relativ niedrigem Niveau organisieren sich visuelle und auditive Impulse sowie verschiedene Arten von Hautimpulsen usw.; auf einem höheren Niveau geschieht dasselbe mit allen Erfahrungen, welche durch gemeinsame Interessen verbunden sind: Sport, Literatur, Geschichte, Kunst, Wissenschaft, Philosophie usw.* (Seite 201).

Die Bürde, die wir uns mit dieser Argumentationsweise aufgeladen haben, besteht — wie jeder Psychologe weiß — in der Frage, ob etwas so Mysteriöses und Unzugängliches wie »das Selbstbild und das Bild vom Universum eines Organismus« oder »die aktive Organisation von früheren Reaktionen« wirklich eingeführt werden muß, um eine Erklärung des beobachteten Verhaltens zu finden.

Die Ansicht, daß eine Organisation von Erfahrungen und ihre vermittelnde Rolle angenommen werden müsse, hat unter hartgesottenen experimentellen Psychologen erstaunlich viele Kritiker gefunden. Selbstverständlich ist die vermittelnde Organisation ein theoretisches Konzept, und schon aus Respekt gegenüber OCCAMS Rasiermesser sollte man die Wissenschaft nicht mit unnötigem theoretischem Ballast befrachten. Es existiert kein unbedingter Beweis, daß eine vollständige und zusammenhängende Verhaltensbeschreibung nicht besser formuliert werden könnte, und bevor wir sicher sind, daß einfachere Gedankengänge zu nichts führen, sollten wir uns nicht komplizierteren Ideen an die Brust

---

* Die Fußnoten des englischen Originals, die Zitate betreffen, sind in der deutschen Ausgabe in das Literaturverzeichnis eingearbeitet worden.

werfen. In der Tat glauben viele Psychologen, daß das einfache Reiz-Reaktions-Verstärkungsmodell es möglich mache, alles befriedigend zu beschreiben, mit dem sich ein Psychologe zu beschäftigen hat.
Es ist nicht ganz klar, aus welchen Gründen sich die gegnerischen Lager ihre hin und her wogenden Schlachten meist auf dem Gebiet des Tierverhaltens lieferten. Edward Tolman zum Beispiel verteidigte seine kognitive Organisation fast ausschließlich aufgrund seiner Forschungen über das Verhalten der Ratten — sicher eines der am wenigsten versprechenden Objekte für das Studium von intellektuellen Fertigkeiten. Vielleicht dachte er: Wenn ich mit meiner Beweisführung schon mit dem einfachen Tier durchdringe, werde ich bezüglich der höheren Organismen um so eher recht behalten. Wenn es schon nötig ist, die kognitive Struktur eines Nagers zu beschreiben, um dessen Verhalten zu verstehen, ist dies noch viel wichtiger, wenn es um einen Hund, einen Affen oder einen Menschen geht. Am einfachsten und direktesten drückt sich Tolman (1948) in folgendem Abschnitt aus:

> Das Gehirn ist viel eher mit einem Kommandoraum, in dem Landkarten hängen, zu vergleichen als mit einer altmodischen Telephonzentrale. Die ankommenden Reize werden nicht einfach durch Eins-zu-eins-Schaltungen mit den abgehenden Reaktionen verbunden. Vielmehr werden sie normalerweise überarbeitet und in einer zentralen Kontrollstelle zu einer vorläufigen kognitiven Karte der Umgebung verarbeitet. Diese vorläufige Karte, die Straßen, Wege und Zusammenhänge anzeigt, bestimmt letztlich, welche Reaktion das Tier am Ende wahrscheinlich ausführen wird.

Wir selbst haben große Sympathie für diese Art des Theoretisierens, da es uns offensichtlich scheint, daß sehr viel mehr zwischen dem Reiz und der Reaktion vor sich geht, als durch einfache Aussagen über assoziative Kräfte erklärt werden kann. Das Für und Wider kann hier nicht weiter erörtert werden. Die Auseinandersetzung ist langwierig. Der interessierte Leser kann sie in vorhandenen Texten selber verfolgen[1]. Hier bekennen wir lediglich, daß unsere Vorliebe ganz den kognitiven Theoretikern gilt. Das Leben ist eben kompliziert!
Nichstdestoweniger wollen wir erwähnen, daß unseres Wissens auf eine recht wichtige Kritik an der kognitiven Position noch keine angemessene Antwort gegeben wurde. Es wird eingewendet, daß die kognitiven Prozesse, welche Tolman und andere annehmen, ihren Zweck nicht erfüllen. Auch wenn man dieses nebulose innere Etwas gelten läßt, sagen

---

[1] Vgl. Hilgard/Bower: Theorien des Lernens (1970 und 1971), Estes (1954), Hebb (1949).

die Kritiker, ist das Verhalten des Tieres noch nicht erklärt. Guthrie (1953) hat diesen Punkt so scharf wie kein anderer ausgedrückt:

> Nach Tolmans Theorie lösen Zeichen im Versuchstier entweder Kognitionen, Urteile, Hypothesen oder Abstraktionen aus, aber sie veranlassen keine Handlung. In seinem Bemühen um das, was im Inneren der Ratte vor sich geht, vergißt er vorauszusagen, was die Ratte tun wird. Nach seiner Theorie bleibt die Ratte in Gedanken versunken. Wenn sie am Ende doch zum Futtertrog geht, ist das ihre Sache, hat aber mit der Theorie nichts zu tun.

Vielleicht haben die kognitiven Theoretiker die Wichtigkeit dieser Kritik nicht erkannt. Für sie ist es ganz klar, daß eine hungrige Ratte weiß, wo Futter ist, daß sie dorthin rennt und frißt, hat sie doch eine kognitive Landkarte, in der die Lage des Futtertroges eingetragen ist. Was sollte man da noch erklären?

Aber die Antwort hieße natürlich, daß noch sehr viel mehr zu erklären übrigbleibt. Die Lücke zwischen Wissen und Handlung sieht kleiner aus als die vom Reiz zur Handlung. Sie ist jedoch immer noch da und ist unendlich groß. Der allwissende Theoretiker Tolman überspringt diese Lücke, wenn er die kognitive Organisation der Ratte von ihrem Verhalten ableitet. Das läßt die Frage nach der Fähigkeit der Ratte, sie zu überspringen, immer noch offen. Die kognitiven Theoretiker wollten offensichtlich vor allem zeigen, daß die Reflextheorien unangemessen sind. Auf den gleichen Einwand, der nun gegen sie selbst gebraucht wurde — nämlich, daß die Dinge noch komplizierter sind, als sie es sich vorstellten —, waren sie nicht vorbereitet. Nun, wenn Guthrie recht hat, braucht es mehr kognitive Theorie, als die kognitiven Theoretiker normalerweise zur Verfügung stellen. Das heißt also — Occams Rasiermesser hin oder her —, daß der kognitive Theoretiker seine theoretische Werkzeugkiste vervollständigen muß. Es braucht noch mehr, um die Lücke zwischen Wissen und Handlung zu schließen.

Es wäre aber ungerecht, nur Tolman herauszugreifen und an ihm zu bemängeln, daß seine kognitive Repräsentation so lahm geblieben ist. Andere Kognitionstheoretiker könnten ebensogut zitiert werden. Wolfgang Köhler (1963), zum Beispiel, war ähnlichen Kritiken ausgesetzt. Als er über seine tiefschürfenden Beobachtungen auf der Anthropoidenstation auf Teneriffa während des Ersten Weltkrieges berichtete, schrieb er:

> Wir wissen bei uns selber scharf zu scheiden zwischen einem Verhalten, das von vornherein der Rücksicht auf die Situationseigenschaften entspringt, und einem anderen ohne dieses Merkmal. Nur im ersteren Fall sprechen wir von

Einsicht, und nur dasjenige Verhalten von Tieren erscheint uns auch als zwingend einsichtig, das in geschlossenem glattem Verlauf von vornherein dem Situationsaufbau, der gesamten Feldgestaltung gerecht wird. Danach ist dieses Merkmal: *Entstehen der Gesamtlösung in Rücksicht auf die Feldstruktur* als Kriterium der Einsicht anzusetzen (Seite 137).

Andere Psychologen hofften weniger zuversichtlich, zwischen dem Verhalten, welches auf einem Verstehen der ganzen Struktur, und einem, das auf weniger kognitiven Prozessen beruht, unterscheiden zu können. Es ergab sich daraus eine lange und wenig fruchtbare Auseinandersetzung über den relativen Wert von Lernmethoden aufgrund von Versuch und Irrtum einerseits und von Einsicht andererseits. Wir wollen indes hervorheben, daß KÖHLER von der üblichen kognitiven Auseinandersetzung ausgeht: Wenn das Tier einmal die ganze Struktur erfaßt hat, wird es sich angemessen verhalten. Noch einmal: KÖHLER scheint übersehen zu haben, daß es zwar nötig sein mag, die ganze Struktur zu erfassen, daß aber damit intelligentes Verhalten nicht erklärt ist. Viele Jahre später antwortete ihm KARL LASHLEY (1951):

Vor drei Wochen nahm ich an der Einweihung einer neuen Brücke bei Dyea in Alaska teil. Über neun Meilen war die Zufahrtsstraße aus einer Reihe von Felswänden ausgebrochen worden. Sie führte zu einer wunderbaren, dauerhaften und offensichtlich unzerstörbaren Stahlbrücke. Nach der feierlichen Eröffnung überquerte ich die Brücke und sah mich vor einem undurchdringlichen Wald mit Gebüschen und Sträuchern, durch welchen nur einige Bärenpfade zu unbestimmbaren Orten führten. Irgendwie scheint Professor KÖHLERS Position dieser Brücke zu entsprechen... Das neurologische Problem besteht weitgehend — wenn nicht sogar ganz — in der Übersetzung des afferenten Impulsmusters in das efferente Muster. Die Feldtheorie enthält in ihrer gegenwärtigen Form keinen Hinweis, wie die Feldkräfte das Muster der efferenten Tätigkeit beeinflussen oder kontrollieren. Sie läßt sich für die perzeptiven Erfahrungen anwenden, das scheint aber alles zu sein (Seite 230).

Viele andere Stimmen könnten noch angeführt werden. Detaillierte Analysen von verschiedenen psychologischen Theorien könnten zeigen, warum die Kognitionstheoretiker den Eindruck haben, sie hätten den Kritikern geantwortet, und warum diese immer noch daran festhalten, daß das nicht geschehen sei. Wir brechen hier ab. Es ging uns darum, zu zeigen, warum das theoretische Vakuum zwischen Kognition und Handlung viele Psychologen — wie auch uns — störte. Das vorliegende Buch entstand weitgehend aus endlosen und oft heftigen Gesprächen darüber, wie dieses Vakuum gefüllt werden müßte.

Es wird für den Leser zweifellos deutlich sein, daß es dabei um die moderne Version eines uralten Rätsels geht. Vor Jahren hätten wir das Thema direkt mit der Ankündigung, daß wir über den Willen sprechen wollen, eingeführt. Heute scheint der Wille jedoch aus der psychologischen Theorie verschwunden zu sein, nachdem er im breiten Sachgebiet »Motivation« anonym aufgenommen worden ist. Der letzte ernsthafte Versuch, über den Willen Klarheit zu erhalten, war das frühe Werk von KURT LEWIN und seinen Schülern. Sein Beitrag ist so wichtig, daß wir ihn in Kapitel 4 detailliert behandeln werden. Wir können ihn nicht summarisch in einem Abschnitt dieses Einführungskapitels verabschieden. Um zu zeigen, wie eine Psychologie des Willens aussehen würde, müssen wir vorerst zu einer älteren und philosophischeren Psychologengeneration zurückkehren. Bei WILLIAM JAMES finden wir die Argumentationsweise, wie sie einst unentbehrlicher Bestandteil jedes psychologischen Werkes war. Wie ging JAMES vor?

Der zweite Band von *Principles of Psychology* (1891) enthält ein langes Kapitel (106 Seiten) mit der Überschrift »Wille«. Im ersten Drittel kämpft JAMES gegen Theorien, welche auf »Sensationen der Innervation« beruhen, der Vorstellung nämlich, daß die Innervation, die zur Ausführung einer angemessenen Handlung nötig ist, selbst ein Teil der kognitiven Repräsentation sei. JAMES behauptet demgegenüber, daß es die Vorwegnahme von kinästhetischen Auswirkungen der Bewegung sei, welche im Bewußtsein repräsentiert werde. Dann geht er zur »ideomotorischen Handlung« über, welche die Grundlage für seine Erklärung aller Willensphänomene abgibt. Wenn jemand ein klares Bild einer bestimmten Handlung formt, hat diese Handlung die Tendenz, zur Ausführung zu gelangen. Die Ausführung kann versteckt vor sich gehen oder sich auf unsichtbare Muskelspannungen beschränken, doch oftmals genügt die Vorstellung einer Handlung, damit sie auch ausgeführt wird. Aber wie steht es mit den komplizierteren Fällen der Willensbildung? Was geschieht, wenn wir uns durch irgendeine unangenehme Aufgabe mit letzter Willenskraft hindurchbeißen müssen? Nach JAMES ergibt sich das Gefühl der Anstrengung durch unseren Versuch, uns ständig auf die unangenehme Idee zu konzentrieren. Die wesentliche Leistung des Willens besteht darin, vor einem schwierigen Objekt auszuharren und es geistig festzuhalten. Wenn eine Idee aufmerksam festgehalten werden kann, läuft die darin anvisierte Handlung automatisch ab — ein direktes Beispiel für die ideo-motorische Handlung. Alles das hilft uns nicht im geringsten. Die Brücke zwischen der *Idee* und der *Motorik*, die JAMES uns baut, besteht lediglich aus einem Bindestrich! Scheinbar können wir nichts anderes tun, als uns selbst ins Vakuum hineinzuwagen.

Es geht darum zu beschreiben, wie die innere Vorstellung, die ein Organismus vom Universum hat, die Handlungen steuert. Beim Beobachten dieser Handlungen am normalen, sich frei bewegenden Tier muß es uns überraschen, in wie hohem Maße sie in Mustern organisiert sind. Man ist sich im allgemeinen einig, daß Ziele und Unterziele diese Aktionsmuster ausmachen. Das ist jetzt für uns belanglos, da wir hier lediglich die Tatsache betonen möchten, daß es sich wirklich um Organisation handelt — gestaltete Struktur ist als Verhaltenseigenschaft und Wahrnehmungseigenschaft gleich wichtig. Die Verhaltensgestaltungen sind vor allem temporal. An der *zeitlichen* Abfolge liegt es, daß Handlungen wie Fliegen, Schwimmen, Sprechen usw. reibungslos ablaufen. Wir müssen deshalb einen Weg finden, wie wir die kognitive Darstellung in etwas eintragen können, das ein angemessenes *Muster* ergibt. Wie aber kann dieses fließende Aktivitätsmuster in handliche Teile zerlegt werden?

Schon die Handlungen eines Tieres sind nicht deshalb so schwierig zu zerlegen, weil es zu wenig Handlungsarten gibt, sondern vielmehr, weil uns die Vielfalt der Analysierungsmöglichkeiten Mühe macht. Sie können als eine Folge von Muskelkontraktionen oder als Gliederbewegungen, weiter als zielgerichtete Aktionen oder sogar als noch größere Einheiten beschrieben werden. Im Anschluß an Tolman werden meistens die kleinen Einheiten von den großen unterschieden und die kleinen als »molekular«, die großen dagegen als »molar« bezeichnet. Kommt nun jemand und fragt, welche Einheit die rechte Größe habe, um Verhalten zu beschreiben, erhält er zur Antwort, daß Verhaltensgesetze offensichtlicher erscheinen, wenn man sie mit molaren Einheiten beschreibt. Wie molar sie dann genau sein sollen, werde er durch Erfahrung und aus Beobachtungen an den Forschungsobjekten merken.

Wie immer auch vorgegangen wird, mehr oder weniger klar scheint uns doch, daß die molaren Einheiten aus molekularen bestehen müssen. Das heißt für uns, daß das Verhalten *gleichzeitig auf allen Ebenen* beschrieben werden muß. Damit ist auch gesagt, daß wir einen Prozeß zu beschreiben suchen, der auf verschiedenen Ebenen organisiert ist, und daß das Einheitenmuster auf einer Stufe nur gedeutet werden kann, wenn man die Einheiten der nächsthöheren Stufe angibt. Das molare Muster des Verhaltens X, zum Beispiel, besteht aus zwei Teilen *A* und *B*, in dieser Reihenfolge. Somit ist $X = AB$. *A* seinerseits besteht aus zwei Teilen, *a* und *b*, und *B* besteht aus dreien, *c*, *d* und *e*. Somit ist nun $X = AB = abcde$, und wir können die gleiche Verhaltensfolge auf jeder der drei Stufen beschreiben. Wir wollen also nicht — und darum geht es uns hier — eine Ebene herausgreifen und zu zeigen versuchen, daß sie irgendwie besser sei als die anderen. Die vollständige Beschreibung muß alle Ebenen enthalten, sonst gehen die strukturellen Eigenschaften des Verhaltens verloren. Wenn wir in unserem Beispiel nur *abcde* festhalten, dann kann *(ab) (cde)* mit *(abc) (de)* verwechselt werden, obschon es sich um sehr verschiedene Dinge handeln kann.

Am offensichtlichsten tritt diese Organisationsart zweifellos im Sprachverhalten zutage. Die einzelnen Lautelemente (Phoneme) sind in Sinnelemente (Morpheme) eingeordnet. Morpheme werden zu Satzteilen zusammengereiht. Richtig aneinandergereihte Satzteile ergeben einen Satz, und eine Reihe von Sätzen ergibt eine ganze Aussage. Die vollständige Beschreibung einer Äußerung schließt alle diese Ebenen ein. Wenn nicht alle Ebenen bekannt sind, können Zweideutigkeiten entstehen. Als Beispiel kann uns das Wort »*erblassend*« dienen. Die Aufeinanderfolge von Lauten ist gleich, ob das Wort (er)(blassend) oder (erb)(lassend) organisiert ist, und doch ergeben sich verschiedene Bedeutungen[2].

Auf dem Gebiet des Sprachverhaltens haben die Psychologen kaum je gezögert, auch molare Einheiten wie »Wörter« oder sogar »Bedeutungen« zu verwenden, auch wenn jeweils nur eine Lautreihe — die akustische Darstellung der beabsichtigten Phoneme — wahrgenommen wird. Genau gleich sollten im nichtsprachlichen Verhalten Einheiten anerkannt und ebenso vielseitig beschrieben werden. Leider geschieht das nicht. Der Psychologe beschreibt das Verhalten — oder Aspekte davon — auf einer einzigen Ebene und überläßt es dem gesunden Menschenverstand seiner Kollegen, die nötigen Schlüsse über das, was auf den anderen Ebenen geschieht, zu ziehen. Auch wenn jemand den Fleiß aufbrächte und versuchen wollte, jede Muskelbewegung genauestens zu registrieren, würde dies nicht genügen. Die für die molaren Einheiten

---

[2] Der Prototyp für die von uns verlangte Art der Verhaltensbeschreibung ist die traditionelle Methode der Satzzerlegung. Eine formale Darstellung dieser Beschreibungsart, die von den Linguisten »konstituierende Analyse *(constituent analysis)* genannt wird, finden wir im 4. Kapitel der Monographie von Noam Chomsky, *Syntactic Structures* (1957). Chomskys Methode der Darstellung sprachlichen Verhaltens wird in Kapitel 11 ausführlicher behandelt. Der Vorschlag, die linguistische Analyse als Modell für die Beschreibung von allen möglichen Verhaltensarten zu benützen, ist selbstverständlich keine Neuigkeit. Sowohl von den Linguisten wie von den Psychologen wurde er oftmals gemacht. Zum Beispiel bemerkte John B. Caroll in *The Study of Language* (1953): »Die linguistische Theorie gibt nur eine Vorstellung von der Hierarchie der Einheiten, von elementaren Einheiten wie die Phoneme, die gerade noch Unterscheidungen zulassen, bis zu großen Einheiten vom Typ eines Satzes. Man kann annehmen, daß alle Verhaltensarten strichweise in irgendwie ähnlicher Weise organisiert sind« (Seite 106).

charakteristischen Strukturzeichnungen würden fehlen. Diese müssen dann aus einer noch fehlenden *Theorie* des Verhaltens erschlossen werden. Unsere Verhaltenstheorien — so wie der Begriff hier gebraucht wird — blieben bisher immer intuitiv und implizit, das heißt, sie bestanden aus Bestandteilen, die intuitiv waren und die in andern Theorien stillschweigend eingeschlossen waren. (Es ist tatsächlich überraschend, festzustellen, daß nach einem halben Jahrhundert Behaviorismus dieser Aspekt noch kaum erkannt, geschweige denn gelöst wurde.)

Überhaupt sind wir fast immer nur bei dem Material, das uns Linguisten und Verhaltensforscher zur Verfügung stellen, in der glücklichen Lage, eine angemessene Beschreibung des Verhaltens vorzufinden, und beiderorts ist es ganz offensichtlich, daß das Verhalten gleichzeitig auf verschiedenen Komplexitätsebenen organisiert ist. Diese Tatsache bezeichnen wir im folgenden als die »hierarchische Verhaltensorganisation«[3]. Die Hierarchie kann auf verschiedene Arten dargestellt werden. Meistens sieht das Diagramm wie ein Baum aus. Die Verästelungen entsprechen den zunehmend molekularen Darstellungen. Eine andere Darstellungsweise ist die eines Inhaltsverzeichnisses:

X
 A
  a
  b
 B
  c
  d
  e

---

[3] Viele Psychologen sind mit der Vorstellung, daß das Verhalten hierarchisch organisiert ist, vertraut, weil sie sich daran erinnern, wie CLARK HULL (1934) den Ausdruck »habit-family-hierarchy« gebrauchte. Wir müssen sofort feststellen, daß HULLS und unser jetziger Gebrauch des Ausdruckes »Hierarchie« fast nichts Gemeinsames haben. Wir sprechen von Hierarchie der Darstellungsebenen. HULL sprach davon, wie austauschbare Reaktionen ihrer Stärke nach zu ordnen seien. Dem Geist unserer Betrachtungsweise näher steht das System von Verhaltensepisoden, welches BARKER und WRIGHT (1956) brauchten, um das molare Verhalten von Kindern in ihren natürlichen Lebensräumen zu beschreiben. Das Werk von BARKER und WRIGHT bildet eine bemerkenswerte Ausnahme unserer Behauptung, daß Psychologen nicht versucht hätten, Strukturmerkmale zu beschreiben.

Unsere Figur stellt die Struktur des angenommenen Beispieles von Seite 22 dar. Noch anders kann sie als Sammlung von Listen zu Papier gebracht werden: X ist eine Liste mit zwei Punkten A und B; A ist eine Liste mit zwei Punkten a und b, B eine mit drei Punkten c, d und e[4]. Oder schließlich kann das Diagramm auch als Gruppe von Regeln über das, was ersetzt werden kann, aufgefaßt werden: Wenn X vorkommt, kann es durch AB, wenn A vorkommt, durch ab ersetzt werden (vgl. CHOMSKY [1957], S. 26). Jede dieser Darstellungsmethoden hat in den ihr entsprechenden Situationen besondere Vorteile.

Wenn also die hierarchische Struktur der Verhaltensorganisation als axiomatisch angesehen werden kann, ist es nun an der Zeit, einige wenige Begriffe für die speziellen Zwecke unserer Darlegungen bereitzustellen. Da Definitionen das Lesen erschweren, werden wir die Liste möglichst kurz halten.

Plan: Jede vollständige Verhaltensbeschreibung sollte so weit gehen, daß sie als Folge von Instruktionen dienen kann. Das heißt, sie sollte die Charakteristiken eines Plans haben, der die vorgeschriebene Reihe von Handlungen so steuert, daß sie in der richtigen Reihenfolge ausgeführt werden.

Wenn das Wort »Plan« in diesem Buch gebraucht wird, soll damit überdies eine Hierarchie von Instruktionen gemeint sein. Um deutlich zu machen, daß der Begriff so interpretiert werden soll, schreiben wir das Wort in diesem Buch mit großem Anfangsbuchstaben[5].

Für einen Organismus ist ein Plan im wesentlichen dasselbe wie ein Programm für den Computer, vor allem, wenn dieses eine hierarchische Struktur hat, ähnlich wie sie oben beschrieben wurde. NEWELL, SHAW und SIMON (1958) haben bewußt und systematisch die hierarchische Listenstruktur, die zur Programmierung von Höchstgeschwindigkeits-Digitalcomputern verwendet werden, für ihre Entwicklung von »Infor-

---

[4] Die Baum- und Inhaltsverzeichnismethoden sind recht alt und bekannt. Wie wir glauben, sind dagegen Listen verhältnismäßig neu. Wir lernten sie zum erstenmal durch das Werk über die Simulation kognitiver Prozesse mit Computern von NEWELL, SHAW und SIMON (1956) kennen. Siehe auch A. NEWELL und J. C. SHAW (1957).

[5] Die Unterscheidung des Begriffes Plan (engl. »Plan«) im Sinne dieses Buches vom allgemein üblichen Begriff (engl. *plan*) geht in der deutschen Übersetzung verloren, da beide groß geschrieben werden müssen. Wir verzichten auf eine entsprechende Kennzeichnung, z. B. durch Schrägschrift. Der Leser möge aber in Erinnerung behalten, daß der von uns mit Plan übersetzte Ausdruck im Original durch das ganze Buch hindurch durch Großschreibung vom üblichen Begriff abgehoben wird. (Anm. d. Übers.)

mationsverarbeitungssprachen« zur Simulation von menschlichen Denkprozessen verwendet. Ihre Erfolge sind höchst erstaunlich und ermutigend und stützen die Hypothese, daß eine hierarchische Struktur die Grundform der Organisation menschlichen Problemlösens sei. So glauben wir zuversichtlich, daß »Programm« hier überall an die Stelle von »Plan« gesetzt werden könnte. Die Reduktion von Plänen auf nichts anderes als Programme ist zwar immer noch eine wissenschaftliche Hypothese, die noch weiterer Untersuchung bedarf. Wir begnügen uns daher vorläufig mit der weniger verwirrenden Auffassung, daß ein Computerprogramm, das gewisse Züge des Verhaltens simuliert, ein Theorie über den organismischen Plan darstellt, der das Verhalten erzeugt[6].

Darüber hinaus wollen wir die Bezeichnung »Plan« auch benützen, um neben den detaillierten Einzelheiten der Operationen einen groben Entwurf einer Handlungsrichtung zu begreifen, welcher nur wie in einem Inhaltsverzeichnis die Hauptüberschriften enthält[7].

Strategie und Taktik: Die Auffassung der hierarchischen Verhaltensorganisation wurde vorher mit der Unterscheidung zwischen molaren und molekularen Analyseeinheiten eingeführt. Nun kommen weitere Begriffe hinzu. Die molaren Einheiten in der Verhaltensorganisation enthalten das, was wir *Verhaltensstrategie* nennen wollen, und die molekularen Einheiten die *Verhaltenstaktik*.

Ausführung: Wir sprechen dann davon, daß ein Lebewesen einen bestimmten Plan ausführt, wenn dieser tatsächlich die Operationenreihe, die er vollbringt, steuert. Dabei durchgeht er die Reihe Schritt für Schritt, schließt einen Teil davon ab und geht nachher zum nächsten über.

Die Ausführung eines Planes braucht nicht zur beobachtbaren Tat zu führen — besonders beim Menschen scheint es so zu sein, daß ebenso

---

[6] Wie NEWELL, SHAW und SIMON betonen, muß klar erkannt werden, daß es zwei ganz verschiedene Dinge sind, ob man Operationsreihen, die ein Organismus ausführt, mit einem gut programmierten Computer vergleicht, oder ob man Computer mit Gehirnen, elektrische Relais mit Synapsen und so weiter gleichsetzt. Im weiteren sei hier auf SIMON und NEWELL (1956) hingewiesen.

[7] NEWELL, SHAW und SIMON (1959) haben die Bezeichnung »Plan« auch verwendet, um eine übergeordnete Strategie zu beschreiben, bevor die Details ausgearbeitet werden. Sie unterscheiden jedoch zwischen einem solchen Plan und dem Programm, das dem Computer die Möglichkeit gibt, Planung als eine seiner Problemlösungstechniken zu verwenden.

Andere Forscher haben den Begriff »Maschine« recht lose gebraucht, so daß einerseits der Plan und andererseits das Instrument, das ihn ausführt, eingeschlossen sind. Vgl. z. B. MINSKY (1956), besonders Sektion III, 3.

Pläne zum Sammeln und Umwandeln von Information wie zum Steuern von Handlungen vorhanden sind. Obwohl es nicht unbedingt nötig wäre, nehmen wir an, daß nur *ein* Plan auf einmal ausgeführt wird, wenn auch verhältnismäßig schnelle Wechsel von Plänen möglich sind. Ein Organismus kann — wahrscheinlich tut er es — viele andere Pläne als die, welche er zufälligerweise im Augenblick ausführt, aufbewahren.

Bild: Das Bild[8] (Image) besteht aus all dem angehäuften, organisierten Wissen, das der Organismus über sich selbst und seine Umwelt gesammelt hat. Das Bild besteht natürlich aus viel mehr als aus Vorstellungen. Wenn wir den Begriff gebrauchen, denken wir im wesentlichen an die gleiche Art persönlicher Vergegenwärtigung, welche andere kognitive Theoretiker postuliert haben. Er schließt alles ein, was der Organismus gelernt hat, sowohl seine Worte und Tatsachen — sie können dabei nach allen möglichen Gesichtspunkten organisiert sein — als auch seine Bilder oder Beziehungen zu anderen Dingen, welche er zur Verfügung hat.

Im Laufe von langen Debatten haben wir mancherlei Ausdrücke gebraucht, um den Begriff »Plan« in ganz spezieller Art abzuwandeln. Sie werden hier nicht aufgeführt. Wir werden die neuen Begriffe definieren und entwickeln, wenn sie in den folgenden neun Kapiteln nötig werden. Für den jetzigen Augenblick haben wir genug geklärt, um sagen zu können, daß das zentrale Problem dieses Buches darin besteht, *die Beziehungen zwischen »Bild« und »Plan« zu erforschen.*

So nebeneinandergestellt, mag es scheinen, wir stellen uns die beiden Begriffe scharf zweigeteilt vor, so daß man sinnvollerweise fragen könnte: »Befindet sich dieser oder jener Prozeß ausschließlich im ›Plan‹ oder ausschließlich im ›Bild‹?« Daß die beiden Gesichtspunkte nicht so benützt werden können, daß die Prozesse in gegenseitig sich umschließende Kategorien eingeteilt werden, wird dann deutlich, wenn wir Überlegungen wie diese anstellen:

— Ein »Plan« kann gelernt werden und ist somit ein Bestandteil des »Bildes«.

— Die Namen, die Menschen ihren Plänen geben, müssen einen Teil ihres Selbstbildes einschließen, da es ja ein Bestandteil des Selbstbildes der Person ist, imstande zu sein, diesen und jenen Plan ausführen zu können.

---

[8] Der Begriff Bild (engl. *Image*), wird im Original durchwegs mit großem Anfangsbuchstaben geschrieben und damit wie »Plan« vom üblichen Sprachgebrauch abgehoben. Im deutschen Text kommt dieser Unterschied nicht zum Ausdruck. (Anm. d. Übers.)

— Wissen muß im Plan eingegliedert sein, sonst könnte es keine Grundlage für die Anleitung des Verhaltens zur Verfügung stellen. Folglich können Bilder Bestandteile von Plänen sein.
— Änderungen in den Bildern können nur von ausgeführten Plänen für das Sammeln, Aufbewahren oder Umwandeln von Informationen ausgehen.
— Änderungen in den Plänen können nur von Information, welche aus Bildern stammt, ausgehen.
— Die Umwandlung von Beschreibungen in Instruktionen ist für Menschen ein einfaches sprachliches Kunststück.

Wer gewohnt ist, seine Forschungsfragen als eine Untersuchung der Beziehungen zwischen Reiz und Reaktion zu betrachten, ist geneigt, unsere Untersuchung parallel einzuordnen, nämlich als eine Untersuchung der Beziehungen zwischen einem subjektiven Reiz und einer subjektiven Reaktion. Wäre das alles, was wir zu sagen hätten, würden wir kaum ein Buch geschrieben haben. Reiz und Reaktion sind physiologische Konzepte, welche von der Reflextheorie entlehnt sind. Die klassische Auffassung, daß der Reflexbogen ein grundlegendes Muster für alle Verhaltensorganisation sei, haben wir aber verworfen und sehen deshalb auch keine Notwendigkeit, die klassische Aufsplitterung zwischen Reiz- und Reaktionsvariablen in den Bereich von Bildern und Plänen weiterzutragen. Wenn man annimmt, daß ein Plan eine verdeckte Reaktion auf ein inneres Bild eines Reizes ist, parallelisiert man nur objektive Konzepte mit subjektiven Entsprechungen und läßt den Reflexbogen immer noch die Verstandesmaschinerie leiten — obgleich er ein sehr undurchsichtiger Leiter ist. Es wird uns kaum gelingen, einen alten Meister abzusetzen, ohne die Hilfe eines neuen. Somit müssen wir uns zunächst der Aufgabe zuwenden, einen solchen neuen zu suchen.

2

Die Analyseeinheit

Es wird in der Psychologie meistens als selbstverständlich angenommen, daß ein wissenschaftliches Werk über das Verhalten mit Definitionen von feststehenden, erkennbaren und elementaren Verhaltenseinheiten beginnen muß — mit etwas, das der Psychologe verwenden kann, wie der Biologe Zellen, der Astronom Sterne, der Physiker Atome usw. Hat man eine einfache Einheit, so sind die komplizierten Phänomene als gesetzmäßige Zusammensetzungen beschreibbar. Das ist das Wesen der erfolgreichen Strategie, die man »wissenschaftliche Analyse« nennt.

Die modernen Experimentalpsychologen wählen im allgemeinen den *Reflex* als ihre Analyseeinheit. »Die Isolierung eines Reflexes«, sagt uns B. F. Skinner (1938), »ist die Demonstration einer vorhersagbaren Verhaltensgleichförmigkeit. Keine Wissenschaft vom Verhalten kann ohne das Reflexkonzept in der einen oder anderen Form auskommen ... Der Reflex ist selbstverständlich nicht eine Theorie. Er ist eine Tatsache. Er ist eine Analyseeinheit, welche die Erforschung des Verhaltens ermöglicht« (Seite 9). Skinner achtet sehr darauf, den Reflex als eine Verhaltenseinheit, die normalen Gesetzmäßigkeiten unterworfen ist, zu definieren: »Das Hervortreten von glatten Kurven in dynamischen Prozessen bezeichnet einen einzigartigen Punkt in der zunehmenden Einschränkung einer experimentellen Analyse, und dieser einzigartig abgegrenzten Größe kann man den Begriff Reflex beilegen« (Seite 40). Dieser etwas unübliche Zugang zum Reflex, der über die glatten Kurven führt, ergibt sich aus Skinners durchgehendem Versuch, eine Verhaltenseinheit aus dem Verhalten selbst zu definieren, anstatt auf Konzepte, die von andern Zweigen der Wissenschaft stammen, zurückzugreifen.

Skinners Theorie entlastet den Psychologen zwar von gewissen schwerwiegenden Verantwortungen seinen Kollegen in der naturwissenschaftlichen Fakultät gegenüber, jedoch bleibt die Tatsache bestehen, daß der Reflex ein ursprünglich physiologischer Begriff ist, dem nur durch den Mythos des Reflexbogens: Reiz — Reizrezeptor — afferente Nerven — verbindende Nervenfasern — efferente Nerven — Effektor — Reaktion, der Anschein psychologischer Substanz gegeben wurde. Während vieler Jahre stellten die Verfasser von Einführungsbüchern der Psychologie das traditionelle, vereinfachte Diagramm des Reflexbogens in den Vordergrund. Einen Behavioristen, der behauptet, der Reflex sei eine Tatsache, kann man ignorieren. Man versuche aber, einem Physiologen zu widersprechen, wenn er einem den Reflexbogen als Zeichnung präsentiert. Man kann ja auch nicht einem Mediziner sagen, es gebe keine Nebenniere oder keine *medulla oblongata.* Sogar der hartnäckigste Gegner von physiologischen Erklärungen in der Psychologie kann kaum das blutende Gewebe vergessen, in dem man ihm den Reflex — wenn auch ohne Bogen — ursprünglich gezeigt hat.

Doch wir wollen nun in einem wilden und unverantwortlichen Höhenflug der Phantasie annehmen, daß die Physiologen und Neurologen plötzlich erklärten, sie hätten nur irrtümlicherweise angenommen, es gebe einen Reflexbogen, währenddem man nun wisse, daß es in Wirklichkeit keinen gebe. Die Daten, auf welche sich die Theorie gestützt habe, sähen in Wirklichkeit ganz anders aus, als man geglaubt habe. Was würden die Psychologen nun sagen? Würden Sie weiter von Reflexen sprechen? Ist das Reflexkonzept so ungeheuer wertvoll, daß man nicht darauf verzichten könnte, auch wenn keine biologische Grundlage da wäre?

Es gibt durchaus Gründe zur Annahme, daß die Brauchbarkeit der Reflexeinheit weitgehend überschätzt wurde und daß viele Psychologen gerne aus dem ganzen Gebäude ausbrechen würden. Der Reflexbogen mag seinen Dienst geleistet haben, um die Psychologie erst einmal auf wissenschaftliche Bahnen zu bringen, aber der Verdacht, daß der Reflexgedanke zu einfach und das Element zu elementar ist, nahm in den letzten Jahren zu. Die Verhaltensforscher mußten das Problem der Einheiten meistens gänzlich meiden, wenn sie ernsthaft vorgehen wollten. Oder aber sie mußten ihre Einheiten für jede neue Datengruppe so drastisch ändern, daß es eine äußerst schamlose Sophistik wäre, sie noch als Grundelemente zu bezeichnen. Nachdem CHOMSKY (1959), der Linguist und Logiker, den unter der schweren Bürde der konditionierten Reflexe schwankenden Psychologen zugeschaut hatte, faßte er ihre schlimme Lage wie folgt zusammen:

Die Vorstellungen »Reaktion«, »Verstärkung« sind in bezug auf Versuche, in denen Tiere lernen, Hebel und dergleichen zu betätigen, verhältnismäßig gut definiert. Bevor sie jedoch auf Verhalten im realen Leben angewendet werden, müssen gewisse Schwierigkeiten erkannt werden. Wir müssen zuerst einmal unterscheiden, ob bei einer gegebenen Situation jedes physische Ereignis, das eine Reaktion auslösen kann, als Reiz bezeichnet werden soll oder ob wir nur solche einschließen wollen, auf welche der Organismus wirklich reagiert. Analog dazu muß entschieden werden, ob alle Bestandteile des Verhaltens Reaktion genannt werden sollen oder nur die, welche auf gesetzmäßige Art mit Reizen verbunden sind. Fragen dieser Art bringen den Experimentalpsychologen in ein Dilemma. Nimmt er die breiten Definitionen und bezeichnet jedes physische Ereignis, das auf den Organismus einwirkt, als Reiz und jeden Teil des Verhaltens als Reaktion, so muß er zum Schluß kommen, daß die Demonstration von gesetzmäßigem Verhalten nicht gelingt. Beim gegenwärtigen Stand unseres Wissens müssen wir schlecht definierten Faktoren, wie Aufmerksamkeit, Haltung, Willenskraft und Laune, einen überwältigenden Einfluß auf das aktuelle Verhalten zuschreiben. Nehmen wir hingegen die engeren Definitionen an, dann ist Verhalten definitionsgemäß gesetzmäßig (wenn es aus Reaktionen besteht); doch ist die Bedeutung dieser Aussage sehr eingeschränkt, da das meiste, was ein Tier oder ein Mensch tut, einfach nicht als Verhalten bezeichnet wird.

Die Wahl vor Augen zu haben, entweder vage oder irrelevant sein zu müssen, macht viele Psychologen ungeduldig und unglücklich, weiter mit diesen geliehenen Ausdrücken arbeiten zu müssen. Wo ging es schief? Wie und für welchen Zweck wurde der Reflexbogen ursprünglich konzipiert? Können wir den Reflexbogen durch eine andere Reflextheorie, die besser zu unserem jetzigen Wissen und zu den jetzigen Interessen paßt, ersetzen?

Sir Charles Sherrington und Awan Petrowitch Pawlow sind die beiden Männer, die wohl am meisten dafür verantwortlich sind, daß die Psychologen den Menschen als ein Bündel von Reiz-Reaktions-Reflexen ansehen. Aber man kann sich die Spekulation erlauben, daß keiner von diesen beiden damit einverstanden wäre, wie ihre Anschauungen von der Psychologie ausgewertet wurden. In seinem Werk *Integrative Action of the Nervous System* (1906) ist Sherrington mit seinen Einschränkungen und Warnungen über die Reflexe besonders deutlich. Er sagt wieder und wieder, daß »der einfache Reflex eine nützliche Fiktion« sei — nützlich zum Studium von Rückenmarkpräparaten. Er drückt beträchtliche Zweifel aus, ob der Streckreflex, von welchem der Kniescheibenreflex das am meisten erwähnte Beispiel ist, seiner Vorstellung eines einfachen Reflexes entspreche, und fragt sich, ob er überhaupt als Reflex betrachtet werden dürfe. Das Konzept der Synapse wurde von Sherrington erfunden, für die Unterscheidung zwischen den beobachteten Eigenschaften von Nervenstämmen und den Eigenschaften, welche man annehmen mußte, um das Nervengewebe zu beschreiben, das zwischen der Reizung eines Rezeptors und der Reaktion eines Effektors vermittelt. Einerseits beobachtete er an den Nervenstämmen, daß sie Signale in beiden Richtungen übermitteln und daß diese dem Alles-oder-Nichts-Gesetz gehorchen. Die Reflexhandlungen andererseits sind einbahnig, und die Reaktion ist dadurch charakterisiert, daß sie nach der Intensität des Reizes abgestuft ist. Auslöser der Reaktionen können also nicht die Nervenstämme sein, sondern es muß zusätzliches

Nervengewebe angenommen werden. SHERRINGTON löste die Schwierigkeit, indem er seine Neutronenlehre aufstellte: Das Nervensystem ist aus diskreten neuralen Einheiten aufgebaut, welche die Eigenschaften der Nervenstämme haben. Zwischen diese Einheiten sind Unterbrechungen, die er »Synapsen« taufte, geschaltet. Diese haben Eigenschaften, die nur den Reflexen eigen sind.

In den letzten Jahren hat es sich gezeigt, daß abgestufte Reaktionen doch nicht nur ein vorherrschendes Charakteristikum der Synapsen, sondern von allen erregbaren Nervengeweben sind, zum Beispiel der feinen Verästelungen der Nervenzellen. Nach GEORGE BISHOP (1956) arbeitet die graue Rinde, die wir Menschen gerne für den Beweis unserer phylogenetischen Höhe bemühen, »immer noch weithin mit Verbindungskanälen, wie sie für primitivere Neuropils charakteristisch sind. Es handelt sich dabei um den geeignetsten Mechanismus für die Aufrechterhaltung eines stabilen Zustandes, im Gegensatz zur Informationsübermittlung über solche Zustände.«

Weitere Tatsachen sind bekanntgeworden. Wir wissen heute, daß Nerven- und Rezeptorgewebe spontan aktiv sind, d. h., ihre Energie stammt aus ihnen selbst und nicht von einer außen wirkenden Erregung. Diese spontane Aktivität wird natürlich durch das, was in der Umwelt geschieht, verändert — und der veränderte Zustand der spontanen Aktivität kann Stunden oder sogar Tage länger dauern als die direkte Erregung selbst. Im weiteren wissen wir heute, daß die Tätigkeit der Rezeptoren von efferenten Nervenbahnen gesteuert wird, die vom zentralen Nervensystem zu ihnen führen. Als Beispiel wollen wir die Geschehnisse, welche eine Muskelkontraktion steuern, betrachten (auf ähnliche — wenn auch nicht auf gleiche Art — könnten die Mechanismen für verschiedene Sinnessysteme beschrieben werden). Ein Drittel der »motorischen« Nervenfasern, welche zu den Muskeln führen, münden in Spindeln, die die streckempfindlichen Rezeptoren sind. Elektrische Reizung dieser Nerven führt keine Kontraktion der Muskeln herbei. Hingegen wird dadurch die Anzahl der Signale pro Zeiteinheit, welche von den von den Spindeln herkommenden sensorischen Nerven aufgenommen werden, drastisch verändert. Es wird deshalb angenommen, daß der Mechanismus im Zentralnervensystem das hereinkommende Signalbild mit dem im Zentrum selbst geschaffenen Signalbild zur Steuerung der Spindeln vergleichen muß, um festzustellen, welchen Beitrag die bisherige Muskelbewegung schon zum Muster der Spindelempfindung geleistet hat. Das Resultat dieses Vergleiches oder dieser *Prüfung (test)* ergibt den Reiz (den *proximalen* Reiz der Psychophysiologen), auf welchen der Organismus anspricht. Der Test setzt die Bedingungen fest, welche erfüllt sein müssen, bevor eine Reaktion geschehen kann. Er kann im Rezeptor selbst durchgeführt werden (z. B. in der Retina) oder in einem zentraler gelegenen Nervenaggregat (wie das vermutlich bei den Muskelbewegungen der Fall ist).

Aus Beispielen wie diesem wird deutlich, daß ein einfacher Reflexbogen oder gar nur eine Reiz-Reaktions-Kette nicht genügen, um alles darzustellen, was während einer Reflexhandlung im Nervensystem geschieht. Viel komplexere Arten der Leitung von Energien oder Testverfahren, als der klassische Reflexbogen je zu erklären vermag, liegen in üblichen Reflexhandlungen vor. Die einzigen Hindernisse, die der Stimulus in der klassischen Elementenkette überspringen muß, ist die Schwelle: wenn der distale Stimulus stark genug ist, alle Schwellen des ganzen Bogens zu überwinden, tritt die Reaktion ein. In einem gewissen Sinne ist auch die Schwelle eine Art Test, aber sie stellt nur die Reizstärke auf die Probe. Sie muß die Psychologen ermutigt haben zu glauben, daß das einzige, was man bei einem Reflex sinnvollerweise messen kann, seine Stärke (Wahrscheinlichkeit, Umfang oder Latenz) ist.

In Wirklichkeit ist jedoch die Schwelle nur eine von vielen Möglichkeiten, wie eine Eingangsenergie geprüft werden kann. Darüber hinaus hängt die Effektorreaktion vom Resultat des Testes ab, und sie wird am bequemsten als eine Anstrengung, das Resultat des Testes abzuändern, betrachtet. Es beginnt mit einer »Inkongruenz« zwischen dem Zustand des Organismus und dem geprüften Zustand, und die Aktion hält an, bis die Inkongruenz (die den proximalen Reiz bewirkt) beseitigt ist. Also geht das Muster einer Reflexhandlung so vor sich: Eingangsenergien werden in der Prüfung (Test) mit gewissen Kriterien, welche im Organismus festgehalten sind, verglichen. Eine Reaktion erfolgt, wenn das Resultat des Testes eine Inkongruenz aufweist. Die Reaktion geht weiter, bis die Inkongruenz verschwindet, womit der Reflex zu Ende gekommen ist. Wir haben also eine Rückkopplung vom Handlungsresultat zur Testphase, eine rekursive Schleife. Das einfachste mögliche Diagramm, das diese Konzepte darstellt — und sich vom klassischen Reflexbogen unterscheidet —, müßte ungefähr wie in Abbildung 1 aussehen.

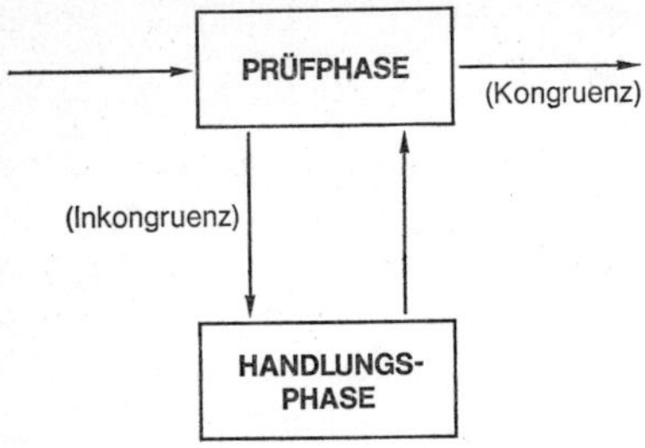

Abb. 1: Die Test-Operation – Test – Exit – Einheit (TOTE – Einheit)

Unsere Argumentationsweise nähert sich nun der Auslegung, welche die »kybernetische Hypothese« genannt wird. Demnach ist der Rückkopplungskreis der grundlegende Baustein des Nervensystems[1].

Diskussionen und Spekulationen über Anlagen, wie sie Figur 1 zeigt, haben weite Kreise gezogen. Angeregt wurden sie von der Entwicklung der mathematischen Theorie der Servomechanismen, welche in enger Verbindung mit den physiologischen Überlegungen zu homöostatischen Modellen stand. Wir nähern uns damit eingefahrenen Wegen.

Aber wozu ist diese andere Erklärung des Reflexes nötig? Der Psychologe war an Reflexen interessiert, weil er damit die Einheiten zu gewinnen hoffte, welche er für die Erklärung des Verhaltens brauchte. Aber die einfachen Reflexe reichten dazu nicht aus. Und wenn Reflexe, die aus afferenten-efferenten Kreisen bestehen, es nicht schaffen, warum sollten es Vorstellungen leisten, die auf Rückkopplungskreisen aufbauen? Der Begriff des Reflexes selbst — und nicht bloß derjenige des Reflexbogens — hat versagt. Wie soll ein bloßes Ausbessern der neurologischen Theorie, welche ihm zugrunde liegt, die hoffnungslose Lage wenden? Was erhoffen wir eigentlich von einer solchen neuen Interpretation?

Es geht uns offensichtlich um etwas anderes: Nicht mehr den Reflex, sondern den Rückkopplungskreis selbst wollen wir als Grundelement des Verhaltens ansehen. Wenn wir uns die Test-Operate-Test-Exit-Einheit — der Bequemlichkeit halber werden wir sie die TOTE-Einheit nennen — wie den Reflexbogen in rein anatomischen Begriffen vorstellen, kann sie Reflexe beschreiben, aber kaum mehr. Mit anderen Wor-

---

1 Siehe Wiener (1948). Einen kurzen Überblick der ersten Entwicklung dieser Gedanken gibt Wisdom (1951) und ausführlichere Darstellung Sluckin (1954). Einiges wenige über die Kybernetik ist im nächsten Kapitel zusammengefaßt.

ten: der Reflex ist nur eine von vielen möglichen Aktualisierungen des TOTE-Modelles. Die nächste Aufgabe wird es sein, die TOTE-Einheit in eine allgemeinere Form zu bringen, so daß sie für viele — wir hoffen für alle — Verhaltensbeschreibungen brauchbar ist.

Wir betrachten nun die Teile von Abb. 1. Was könnte es sein, das über sie von einem Rechteck ins andere fließt? Wir werden drei Möglichkeiten besprechen: Energie, Information und Steuerung. Im Falle von Energie würden die Pfeile identifizierbaren physikalischen Strukturen entsprechen. Wenn beispielsweise neurologische Impulse über die Pfeile von einem Ort zum anderen fließen, würden den Pfeilen selbst Neuronen entsprechen. Die TOTE-Einheit, wie sie in Abb. 1 beschrieben ist, wäre dann ein Diagramm der verborgenen Pfade der Energie und würde einen einfachen Reflex darstellen. Sie könnte aber ebenso einen Servomechanismus zur Darstellung bringen. Psychologen ziehen allerdings normalerweise eine abstraktere Betrachtung unserer Abbildung vor. Wir können uns vorstellen, daß es Information ist, die über die Pfeile von einem Ort zum anderen fließt. Im Sinne der Informationsmessungsmethode, welche Norbert Wiener und Claude Shannon entwickelten, findet Übermittlung von Information über einen Kanal in dem Maße statt, wie Ausgangs- und Eingangsgröße desselben korrelieren[2]. Auf einer zweiten Abstraktionsebene können wir uns deshalb eine Vermittlung von Korrelationen über den Weg der beiden Pfeile vorstellen. Wir interessieren uns in diesem Falle weder für die betreffenden Strukturen noch für die Art Energie, welche die Korrelation zustande kommen läßt; wir beschäftigen uns vielmehr allein mit der Tatsache, daß die Geschehnisse an den beiden Pfeilen korrelieren. Diese Situation ist dem Psychologen recht vertraut, denn sie entspricht genau dem, was er meint, wenn er in einem S-R-Diagramm einen Pfeil vom Reiz zur Reaktion einzeichnet oder wenn er einen Reflex als Korrelation zwischen Reiz und Reaktion definiert und sich weigert, über die neurologische Grundlage dieser Korrelation zu sprechen.

Aber für die Anschauungen, welche wir in den folgenden Seiten darlegen werden, ist eine dritte Ebene der Abstraktion von größter Wichtigkeit. Es ist die Vorstellung, daß das, was den Pfeilen der Abb. 1 entlangfließt, ein unfaßbares Etwas ist, welches wir Steuerung nennen. Vielleicht könnte man auch sagen, daß der Pfeil nur die Ablaufsfolge angibt. Ein solches Konzept erscheint am häufigsten bei der Beschreibung

---

[2] Miller (1953) gibt für Psychologen eine kurze Einführung in dieses Gebiet. Vollständiger orientiert Attneave (1959). Dazu sei auch auf den sehr leicht lesbaren Bericht von Cherry (1957) aufmerksam gemacht.

von Rechenautomaten, wo die Steuerung der Operationen von einer Instruktion auf die andere hinübergeht. Dies geschieht Schritt für Schritt, während die Maschine die Instruktionsliste — das ihr eingegebene Programm — ausführt. Die Idee ist jedoch keinesfalls auf Rechenautomaten beschränkt. Um ein einfaches Beispiel aus uns vertrauteren Tätigkeiten zu wählen, stellen wir uns vor, wir wollten in einem Buch nachschlagen, was der Verfasser zu einer bestimmten Sache zu sagen hat. Wir schlagen das Sachverzeichnis auf und finden das Stichwort. Diesem folgt eine Reihe von Zahlen, nämlich alle Seitenzahlen, wo etwas dazu zu finden ist. Wenn wir nun die Seiten der Reihe nach aufschlagen, kann unser Verhalten als von der Zahlenreihe gesteuert beschrieben werden. Und wie wir der Zahlenreihe folgen, geht die Steuerung unseres Verhaltens von einer Zahl auf die andere über. Die Übertragung der Steuerung könnte durch Pfeile von einer Zahl zur anderen dargestellt werden, aber die Pfeile hätten eine ganz andere Bedeutung als auf den oben erwähnten ersten beiden Abstraktionsebenen. Wir beschäftigen uns hier nicht mit einem Energiestrom oder einer Informationsübermittlung von einer Zahl zur nächsten, sondern bloß mit der Reihenfolge, in welcher »Instruktionen« ausgeführt werden.

Auf dieser Abstraktionsebene brauchen wir die Prüfung nicht mehr als bloße Schwelle, welche eine bestimmte Stimulusenergie überschreiten muß, zu betrachten. Vielmehr können wir die Prüfphase als irgendeinen Prozeß ansehen, der entscheidet, ob die Handlungsphase der Situation entsprechend abläuft. Um es drastisch zu sagen: Wir versuchen nicht, die Quadratwurzel aus »Wurzel« zu ziehen. Auch wenn wir das Wurzelziehen noch so gut beherrschen, so müssen wir doch Zahlen zur Verfügung haben, um diese Operation ausführen zu können. Wurzel ziehen ist ganz einfach irrelevant, wenn wir es mit Wörtern zu tun haben. Um sicherzustellen, daß eine Operation relevant ist, muß ein Test eingebaut werden. Wenn die Prüfung keine geeigneten Ergebnisse liefert, so kann die Steuerung die Handlungsphase nicht auslösen.

In der Behandlung eines einfachen Reflexes stellt Abb. 1 gleichzeitig alle 3 Ebenen dar. Wird sie aber verwendet, um komplexere Tätigkeiten zu beschreiben, möchten wir manchmal nur den Informations- und Steuerungstransfer, und oft auch den Steuerungstransfer allein, ins Auge fassen. In allen Fällen jedoch soll das Vorhandensein einer TOTE-Einheit darauf hinweisen, daß eine organisierende, koordinierende Einheit entstanden und ein Plan vorhanden ist.

Somit haben wir Verfasser den Eindruck, daß die TOTE-Einheit mit ihrem Einbezug der wichtigen Rückkopplungsvorgänge beides erklären kann: das Verhalten allgemein und die Reflexhandlung als Sonderfall davon. Die Erklärung ist allerdings von Grund auf anders, als wenn sie mit Hilfe des Reflexbogens geschieht. Als Folge dieser grundsätzlich anderen Erklärungsart müssen auch die alten Anschauungen von Reiz und Reaktion neu definiert und im anderen Rahmen neu interpretiert werden. Beide müssen als Phasen des organisierten, koordinierten Vorgangs gesehen werden. Wir könnten sie in den Worten DEWEYS (1896) so zusammenfassen:

> Der Reiz ist die Phase der entstehenden Koordination, welche die Bedingungen darstellt, die für einen erfolgreichen Ablauf vorhanden sein müssen; die Reaktion ist die Phase von derselben entstehenden Koordination, die den Schlüssel zur Erfüllung dieser Bedingungen gibt, d. h., die als Instrument zur Verwirklichung der erfolgreichen Koordination dient. Reiz und Reaktion sind deshalb eng korrelativ und laufen gleichzeitig ab [3].

Da Reiz und Reaktion korrelativ und gleichzeitig sind, dürfen wir uns nicht vorstellen, daß die Reizprozesse vorausgehen, sondern daß sie den Prozeß bis zur erfolgreichen Aufhebung der Inkongruenz leiten. Das heißt: Reiz und Reaktion müssen als Teil derselben Rückkopplungskreise angesehen werden.

Die meisten Reflextheoretiker anerkennen ohne weiteres, daß man das Verhalten nicht beschreiben kann, ohne irgendeinen Rückkopplungskanal anzunehmen, aber sie führten ihn auf merkwürdige Weise ein. Es ist für sie z. B. gebräuchlich, gewisse Folgen der Reflexhandlung als diese verstärkend oder bekräftigend zu bezeichnen. Solche verstärkenden Folgen sind ein klares Beispiel für Rückkopplung. Bekräftigungen sind allerdings eine besondere Art von Rückkopplung, welche nicht für die der TOTE-Einheit gehalten werden dürfen. Der Unterschied ist im einzelnen: 1. Eine bekräftigende Rückkopplung muß etwas verstärken, wohingegen diejenige der TOTE-Einheit etwas vergleichen und prüfen muß; 2. eine Verstärkung wird als Reiz betrachtet (z. B. Futterkugeln), während Rückkopplung in der TOTE-Einheit ein Reiz oder aber eine Information sein kann (z. B. Kenntnis von Resultaten) oder eine Steuerung (z. B. eine Instruktion); und 3. eine bekräftigende Rückkopplung wird oft als für den Organismus wertvoll oder »den Triebzustand reduzierend« betrachtet und hat damit Eigenschaften, die TOTE-Rückkopplungen nicht besitzen (vgl. 4. Kapitel).

Wenn eine TOTE-Einheit ausgeführt ist (d. h., die Handlungen [Ope-

---

[3] Dieser Abschnitt ist dem Aufsatz, *The Reflex Arc Concept in Psychology*, von JOHN DEWEY entnommen, der seiner Weisheit und Einsicht wegen heute noch so wertvoll ist wie 1896.

rationen] sind ausgeführt, die Prüfungen [Test T] haben befriedigt, und die Steuerung ist zum Programmende [Exit E] gekommen), mag das Lebewesen tatsächlich dem Anschein nach einen wünschenswerteren Zustand erreicht haben. Es mag sogar wahr sein, daß im allgemeinen die TOTE-Einheiten, die in einer Situation erfolgreich vollendet wurden, mit größerer Wahrscheinlichkeit wieder aufzutreten pflegen, auch wenn eine direkte Beziehung zwischen Erfolg und Ausführungswahrscheinlichkeit nicht unbedingt bestehen muß. Es ist also möglich, auch in Begriffen der Verstärkungstheorie über die TOTE-Einheiten zu sprechen. Immerhin enthält unsere Einheit eine viel breitere Sicht der Rückkopplung. Das Bekräftigungskonzept war schon ein wichtiger Schritt vom Reflexbogen in Richtung des Rückkopplungskreises, doch müssen wir noch viel kühner voranschreiten, wenn die Verhaltenstheorie über die Beschreibung simpler Konditionierungsexperimente hinauskommen will. Vielleicht werden sich noch andere Spielarten des Grundmusters von Abb. 1 als nötig erweisen, und so wollen wir im Rahmen unserer Arbeit das dort gezeigte Diagramm nur als eine Hypothese und nicht als Tatsache betrachten. Es ist jedoch eine Hypothese, die für das Grundthema dieses Buches sehr wichtig ist. Sie enthält in konzentrierter Form das, was wir über das Verhältnis zwischen *Bild* und Handlung zu sagen haben. Die TOTE-Einheit stellt das Grundmuster dar, nach dem unsere Pläne entworfen werden. Die Testphase enthält die Spezifikation des Wissens, das jeweils für das Vergleichen nötig ist, und die Handlungsphase stellt dar, was der Organismus dann tut. In diesem Tun sind oft beobachtbare Handlungen mit eingeschlossen. So kann man sagen, daß die Abb. 1 das Problem des ersten Kapitels neu formuliert: Wie verbindet ein Plan das *Bild*, das sich ein Organismus von sich selbst und der Welt macht, mit den Handlungen, den Reaktionen und dem Verhalten, die dieser Organismus hervorbringt?

Wir müssen nun noch etwas unternehmen, um die vorgeschlagene Fragestellung zu erweitern, daß sie für uns brauchbar wird. Eine erste Schwierigkeit — nur eine geringe zwar — besteht darin, genauer zu sagen, was wir unter der »Inkongruenz«, die die Testphase feststellen kann, verstehen. Warum sagen wir nicht einfach, daß ein Unterschied — und nicht eine Inkongruenz — den proximalen Reiz darstelle? Die Antwort ist einfach: Wir wollen uns nicht dabei aufhalten, zu unterscheiden zwischen TOTE-Einheiten, in denen die Operationen nur ausgeführt werden, wenn ein Unterschied gemeldet wird (und wo sie dazu dienen, den Unterschied zum Verschwinden zu bringen), und solchen, in welchen Operationen nur ausgelöst werden, wenn kein Unterschied da ist. Wenn das Diagramm zum Beispiel zur Beschreibung von Servomechanismen gebraucht wird, ist es recht wichtig, zwischen »positiver« und »negativer« Rückkopplung zu unterscheiden. Wir werden uns jedoch vor allem für die Rückkopplung zur Steuerung interessieren. Deshalb sind solche Unterscheidungen nicht wichtig. Es scheint uns besser, alle diese Fälle als Beispiele eines allgemeineren Typus des »Inkongruenz-empfindlichen Mechanismus« zu behandeln, anstatt jeden als eine besondere Analyse-Einheit anzusehen[4].

Die Frage, wie man die TOTE-Einheit in die hierarchische Struktur, von der wir gesprochen haben, einordnen kann, bildet nun die zweite, bedeutendere Schwierigkeit. Wie können die beiden Anschauungen: Rückkopplung und Hierarchie, in Übereinstimmung gebracht werden? Eine Methode, die Rückkopplungskomponenten in eine Hierarchie einzuordnen, hat D. M. MacKay (1956) beschrieben, indem er vorschlug, das, was aus der Handlungsphase einer Teileinheit resultiert, als Eingangssignal des Komparators der zweiten Teileinheit anzusehen. MacKays Vorschlag führt zu einer Kette von solchen Rückkopplungskomponenten, wobei jedes Glied einen zunehmend höheren Abstraktionsgrad gegenüber der äußeren Realität darstellt. Auch wenn MacKays System recht einfallsreich ist, sind wir überzeugt, daß eine etwas andere Methode, die Hierarchie aufzubauen, dem Psychologen eine bessere Beschreibungsmöglichkeit an die Hand gibt. Ein Leitgedanke dieses Buches besagt, daß die Handlungskomponenten der TOTE-Einheit selber auch wieder TOTE-Einheiten sind. Das bedeutet, daß unser TOTE-Muster sowohl strategische wie taktische Verhaltenseinheiten beschreibt. So kann die Handlungsphase einer TOTE-Einheit höherer Ordnung selbst wieder aus einer Kette von anderen TOTE-Einheiten bestehen und jede von diesen ihrerseits noch eine andere Kette enthalten usw. Es wirkt zunächst verwirrend, wenn wir das gleiche Beschreibungsmodell sowohl für höhere, mehr strategische, als auch für niedrigere, mehr taktische Einheiten beibehalten. Deshalb wollen wir nun ein Beispiel betrachten. R. S. Woodworth (1958) zeigte, wie Verhaltensweisen oft in zwei Stufen organisiert sind. Woodworth spricht von »Zweiphasen-Bewegungseinheiten«. Die erste Phase ist vorbereitend oder mobilisierend; die zweite effektiv oder vollendend. Um zu springen, biegt man zuerst Hüftgelenk und Knie und streckt sie dann kräftig; die Bewegung bereitet den Sprung vor. Um einen Gegenstand zu ergreifen, wird in der ersten Phase die Hand geöffnet, in der zweiten die Hand um den Gegen-

[4] Diese Idee eines »Inkongruenz-empfindlichen Mechanismus« scheint uns mit Festingers (1957) Vorstellungen von »Kognitiver Dissonanz« verwandt zu sein, doch versuchten wir nicht, diese Möglichkeit zu erforschen oder zu entwickeln.

stand geschlossen. Bevor man husten kann, muß man den Mund öffnen; bevor man schlagen kann, muß man mit dem Arm ausholen, usw. Die zwei Phasen sind sehr verschiedenartige Bewegungen, doch werden sie offensichtlich als eine Handlungseinheit ausgeführt. Wenn der richtige Reiz da ist, der die Handlung auslöst, wird zuerst die Vorbereitungs-TOTE-Einheit ausgeführt, und wenn diese zum Abschluß gekommen ist, ist damit der richtige Reiz für die Zielhandlungs-TOTE-Einheit gegeben: die Handlung wird ausgeführt. Viele dieser Zweiphasenhandlungen wiederholen sich: Der Abschluß der zweiten Phase ruft seinerseits einen Reiz hervor, der anzeigt, daß die Ausführung der ersten Phase wieder möglich ist. Somit ist eine regelmäßige Abwechslung zwischen zwei Phasen entstanden, wie wir es vom Gehen, Laufen, Kauen, Trinken, Wischen, Stricken und von vielem anderen kennen.
Man muß dabei aber beachten, daß eine »Zweiphasen«-TOTE-Einheit aus zwei einfacheren TOTE-Einheiten aufgebaut ist. Als Beispiel analysieren wir nun das Einschlagen eines Nagels. Als Plan hat Nagel-

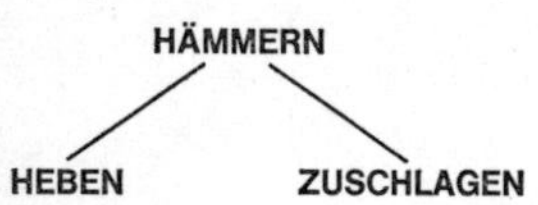

Abb. 2: Nageleinschlagen als Hierarchie

einschlagen natürlich zwei Phasen: Heben des Hammers und Zuschlagen. Wir könnten diesen nun als Baum oder als Hierarchie wie in Abb. 2 aufzeichnen. Wenn wir hingegen Einzelheiten wissen wollen, ist die Aufzeichnung vom Nageleinschlagen von Abb. 2 als einfache Liste mit zwei Posten zu skizzenhaft. Fürs erste sagt sie uns nicht, wie lange das

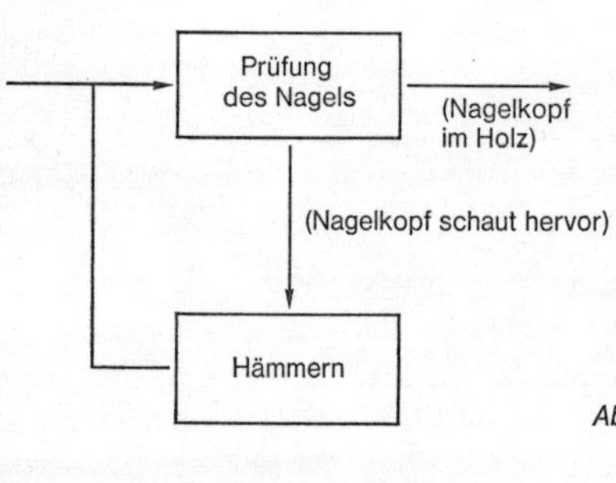

Abb. 3: Nageleinschlagen als TOTE-Einheit

Einschlagen dauern soll. Welches ist das Stop-Signal? Dazu müssen wir die Testphase, wie in Abb. 3 angehen. Das Diagramm zeigt: wenn die Steuerung auf die TOTE-Einheit »Hämmern« übergegangen ist, geht dieses weiter, bis der Kopf des Nagels mit der Oberfläche des Werkstückes eine Ebene bildet. Wenn die Prüfung ergibt, daß der Nagel eingeschlagen ist, geht die Steuerung an eine anderes Programm über. Nun scheint es, daß wir die hierarchische Struktur verloren haben. Diese erscheint wieder, wenn wir das mit »Hämmern« bezeichnete Feld anschauen, denn dort finden wir zwei TOTE-Einheiten, jede mit ihrem eigenen Test, wie Abb. 4 zeigt. Wenn das TOTE-Einheiten-Paar von

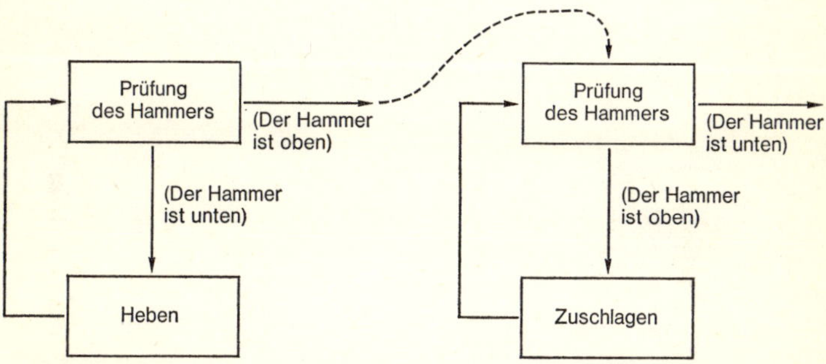

Abb. 4: Die gestrichelte Linie weist darauf hin, wie zwei einfache TOTE-Einheiten miteinander verbunden sind und die Handlungsphase der umfassenderen TOTE-Einheit von Abb. 3 bilden

Abb. 4 in die Handlungsphase von Figur 5 eingebaut wird, resultiert der hierarchische Plan des Nageleinschlagens, wie wir ihn in Abb. 5 zeigen. Wenn diese Beschreibung des Nageleinschlagens stimmt, kann erwartet werden, daß die Geschehnisse in dieser Reihenfolge ablaufen: Prüfe den Nagel! (Kopf schaut hervor.) Prüfe den Hammer! (Der Hammer ist unten.) Hebe den Hammer! Prüfe den Hammer! (Hammer ist oben.) Schlage zu! Prüfe den Hammer! (Hammer ist unten.) Prüfe Nagel! (Kopf schaut hervor.) Prüfe Hammer!... Das geht so weiter, bis die Prüfung ergibt, daß der Nagelkopf mit der Holzoberfläche eben ist, worauf die Steuerung weiter transferiert werden kann. Die zusammengesetzte TOTE-Einheit entpuppt sich ganz einfach als eine koordinierte Folge von Prüfungen und Handlungen, obwohl die dahinterliegende Struktur, die das Verhalten organisiert und koordiniert, in sich selber hierarchisch und nicht sequentiell ist.

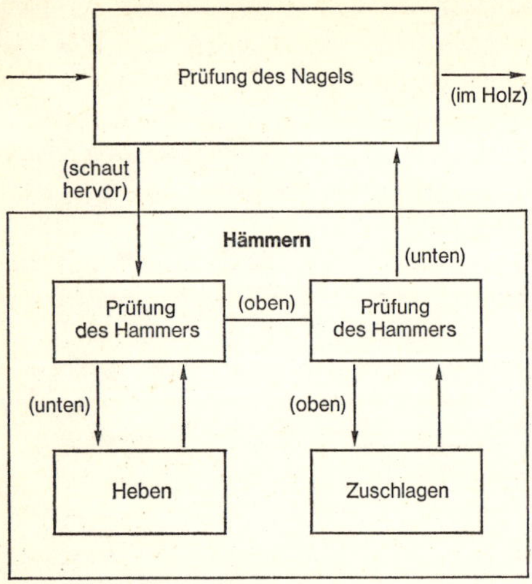

Abb. 5:
Der hierarchische Plan für das Nageleinschlagen

Es mag etwas sonderbar aussehen, die Bewegungen, die beim Einschlagen eines Nagels erfolgen, in dieser Weise zu analysieren; doch ist es besser, den Leser zum Lächeln zu bringen, als ihn zu verwirren. Wir veranschaulichen bloß, wie sich verschiedene TOTE-Einheiten, von denen jede ihren eigenen Rückkopplungskreis hat, in die Handlungsphase einer größeren Einheit mit ihrem eigenen Rückkopplungskreis einfügen können. Ohne diese ins einzelne gehende Veranschaulichung wäre es nicht sofort deutlich geworden, wie diese Kreise innerhalb von Kreisen in hierarchische Bäume hineinpassen.

Komplexere Pläne — Woodworth spricht von »polyphasischen Bewegungseinheiten« — können ähnlich als TOTE-Einheiten, welche aus Unterplänen, die ihrerseits selbst TOTE-Einheiten sind, beschrieben werden. Ein Vogel fliegt weg, macht einige wenige Flügelschläge, gleitet, bremst mit den Flügeln, wirft die Füße nach vorn und landet auf einem Zweig. Die ganze Handlung wird als Einheit durchgeführt, wird von einem einzigen Plan gesteuert und ist doch aus verschiedenen Phasen zusammengesetzt, von denen jede ihren eigenen Plan hat, der auch wieder aus Unterplänen bestehen mag usw.

Wir müssen beachten, daß es die Handlungsphase der TOTE-Einheit ist, welche zu einer Liste von anderen TOTE-Einheiten erweitert wird. Mit Hilfe des TOTE-Einheiten-Musters, wie es in Abb. 1 dargestellt ist, können wir keine komplizierteren Prüfverfahren aufbauen[5]. Die damit beschreibbaren Prüfverfahren werden deshalb als verhältnismäßig fest angesehen; die Handlungsphase dagegen kann recht variiert und komplex sein. Sie kann natürlich sowohl aus einer Liste von TOTEs bestehen oder in eine efferente Handlung einmünden[6]. Wenn wir komplexe Pläne ansehen — TOTE-Hierarchien, in welchen die Handlung einer TOTE-Einheit selbst eine Liste von solchen ist —, kommen einige allgemeine Eigenschaften dieser Systeme zum Vorschein:

— Die hierarchische Struktur, die dem Verhalten zugrunde liegt, wird von uns in einer Form beschrieben, die es ermöglicht, daß sie mit der Computersprache zur Verarbeitung von Listen, wie sie NEWELL, SHAW und SIMON entwickelten, auf einfache Art beschrieben werden kann.

— Das Planen kann man sich als ein Aufstellen einer Reihe von Prüfkriterien, welche erfüllt sein müssen, vorstellen. Wenn wir ein klares Bild vom gewünschten Endresultat haben, können wir von dort aus die Bedingungen für die einzelnen Tests aufstellen. Wenn diese Prüfungen in einer Reihe angeordnet werden, ergeben sie eine rohe Stra-

---

[5] Daß die TOTE-Einheit von Abb. 1 nur in ihrer Handlungsphase erweitert werden kann, hat rein formale Gründe und kann durch ein einfaches Abzählen eingesehen werden: Vier Pfeile haben mit dem »Prüf«-Rechteck und zwei mit dem »Handlungs«-Rechteck zu tun. Zwei beziehen sich auf die TOTE-Einheit als ganze. Wenn nun die zweipfeilige TOTE-Einheit gebraucht wird, um irgendeine Komponente einer andern TOTE-Einheit zu ersetzen, muß der zu ersetzende Teil ebenfalls mit zwei Pfeilen ausgerüstet sein. Dies ist nur beim »Handlungs«-Rechteck der Fall. Trotzdem sind so deutliche Einschränkungen wie diese unrealistisch und nur als vorläufige Vereinfachung gerechtfertigt, um dem Leser entgegenzukommen. Wer die hierarchisch organisierten Programme zur Simulation von menschlichem Problemlösen von NEWELL, SHAW und SIMON studiert hat, wird erkennen, wie primitiv und wenig ausgebaut unsere TOTE-Hierarchien wirklich sind.

[6] Wenn wir die vorgeschlagene Form der TOTE-Einheit ernst nehmen, kann das System leicht eine endlose Schleife bilden. Eine solche haben wir z. B., wenn die die Erweiterung einer Handlungsphase darstellenden Subtests alle ein positives Ergebnis zeitigen, der Test der Haupteinheit jedoch nicht befriedigt, so daß die Steuerung nicht transferiert werden kann. Um solches zu verhindern, könnten wir darauf bestehen, daß die Prüfung der Haupteinheit die Disjunktion der Untertests impliziere. Eine realistischere Lösung würde das Vorkommen von endlosen Schleifen als Hinweis darauf annehmen, daß es dem Plan nicht gelungen ist, das Resultat zu erreichen, auf welches die Prüfphase in der Haupteinheit geeicht ist. Der Organismus müßte dann auf einem anderen Weg suchen, den Kreislauf zu entdecken und zu unterbrechen.

tegie für den möglichen Plan. (Vielleicht würden wir besser sagen: Die Bedingungen, auf welche hin wir prüfen müssen, *sind* ein Bild des gewünschten Endresultates.)

— Die Handlungsphase kann sowohl Prüfungen wie Handlungen enthalten. Deshalb muß die Durchführung eines etwas komplizierteren Planes mehr Prüfungen als Handlungen enthalten. Schon dieses Grundmuster könnte die allgemeine Qualitätsverschlechterung der Information erklären, die immer eintritt, wenn Menschen als Kommunikationskanäle verwendet werden.

Es scheint, daß das Verhaltensmuster bei niederen Tieren normalerweise mehr oder weniger zufällig von der Umwelt bestimmt wird — nur der Mensch ist in die Illusion verliebt, er sei Herr seines Schicksals. Die Umwelt gibt also die Reize ab, welche beim Tier die nächste Stufe der Aktivität auslösen. Die Frage ist eher philosophischer Art, ob wir an Pläne glauben wollen, die irgendwo außerhalb des Nervensystems existieren. Wir wollen bloß soviel sagen: niedere Tiere scheinen mehr taktische als strategische Verhaltensmuster zu haben.

Bei den Säugetieren — etwas höher in der Evolutionsskala stehend — stellen wir fest, daß sie komplexere Prüfungen durchführen können. Der Mensch hat die einzigartige Fähigkeit, Symbole zu schaffen und zu verändern. Wenn diese Gewandtheit dazu benützt wird, den TOTE-Einheiten Namen beizulegen, kann er die Sprache dazu verwenden, um die Symbole anders anzuordnen und neue Pläne zu bilden. Wir haben jeden Grund, anzunehmen, daß die sprachlichen Fähigkeiten sehr eng mit den Planungsfähigkeiten verknüpft sind. Weil die menschlichen Pläne so häufig sprachliche Form haben, können sie mitgeteilt werden. Dies ist eine Tatsache von entscheidender Wichtigkeit in der Entwicklung der sozialen Anpassung.

Diese Dinge sind es wert, in verschiedenen Einzelkapiteln behandelt zu werden, doch wollen wir zuerst etwas Geschichte dazwischenschalten. Leser, die mit dem historischen Hintergrund, auf dem ein Vorschlag wie derjenige der TOTE-Hierarchie entstehen konnte, vertraut sind, ziehen es vielleicht vor, gleich Kapitel 4 vorzunehmen. Wer jedoch gerne die Wanderung durch die Landschaft der geistigen Entwicklungen mitmacht, um den Standort des neuen Konzeptes klarer zu erkennen, möchte etwas von den Gesprächen und Experimenten, die für die Verfasser wegleitend waren, vernehmen. Kapitel 3 enthält etwas von diesem Material, begleitet von Hinweisen auf Bücher und Zeitschriften, die noch viel mehr zur Verfügung halten.

3
Die Simulation von psychologischen Prozessen

Wenn wir von einem Reflextheoretiker verlangen, sein nach einem Telephonschaltpult geformtes Netzwerk von Stimulus-Reaktions-Verbindungen und die handgreiflichen Begriffe von Reiz und Reaktion aufzugeben, um das alles durch geisterhafte Bilder und ungreifbare Pläne zu ersetzen, so muß ihm das vorkommen, als verlangten wir von ihm, auf Luft zu schreiten. Er wird abwehren: »Wie soll ein ernsthafter Wissenschaftler mit diesem kognitiven Mondenschein etwas Vernünftiges anfangen?« So war denn die Anklage, daß die kognitiven Psychologen der Sache nach eigentlich Vitalisten seien, jahrelang ein immer vorrätiger Artikel im Laden des Reflextheoretikers. Solche Vitalisten würden nie einen glaubwürdigen Mechanismus zustande bringen, der die Funktionen veranschaulichen könne, die der Reflextheoretiker dem lebenden Gehirn zuschreiben müsse. »Es sieht doch jeder ein«, wird er sagen, »daß der Vergleich des Gehirns mit dem Kartenraum eines Hauptquartiers nur eine Metapher ist. Wenn wir sie ernst nehmen wollten, müßten wir uns vorstellen, daß im Kopf ein kleiner Mann sitzt, ein Homunkulus, der Karten lesen und daraus Entscheidungen fällen kann.« [1] Mindestens seit DESCARTES, der die Reflextheorie als Teil seiner These, der Körper sei nur eine Maschine, erfand, schienen die Reflextheoretiker mit ihrem Beharren auf mechanischen Modellen für lebende Systeme immer wieder recht zu erhalten.

---

[1] Es ist geradezu erheiternd, daß viele Psychologen, die subjektivistische und anthropomorphe Erklärungen verabscheuen, trotzdem ohne zu zögern Telephonschaltpulte in unseren Kopf setzen. CLARK HULL zum Beispiel (1943) konnte es als selbstverständlich annehmen, daß das Gehirn wie eine automatische Telephonzentrale funktioniere (Seite 18 und 384). Dabei waren es natürlich damals nicht automatische Zentralen, die ohne Menschen funktionierten. Die wichtige Eigenschaft, »automatisch« zu sein, ist eine neue Errungenschaft. Die Telephontechniker, welche die alten, von den Reflextheoretikern so geliebten Schaltpulte bauen und unterhalten mußten, waren so lange nicht damit zufrieden, wie sie Telephonistinnen brauchten, um die Verbindungen herzustellen. Schließlich wurde die Telephonistin durch besser ausgearbeitete Systeme ersetzt, so daß dadurch am Schluß die Reflextheorie makellos dastand. Aber im Jahre 1892 beschrieb KARL PEARSON in *The Grammar of Science* die Gehirnfunktionen so, daß er ohne Skrupel einen fiktiven »Angestellten« einsetzte, der die gleichen wichtigen Aufgaben erfüllte wie ein Telephonoperateur in der Zentrale.

Heute kann man plötzlich kein solches Argument mehr gegen die kognitiven Psychologen ins Feld führen. Nach langem gibt es jetzt Maschinen, die kompliziert genug sind, alles das zu tun, wovon die kognitiven Theoretiker gesprochen haben. DESCARTES war beeindruckt von den Uhrwerkfiguren, die aus dem Kasten hüpften, um einen Passanten zu erschrecken. Man denke sich, wie viel mehr er von einem modernen, elektronischen Computer, der in Blitzgeschwindigkeit Berechnungen auswirft, beeindruckt wäre. LEIBNIZ träumte von einer solchen Maschine und versuchte, ein logistisches Rechensystem zu beschreiben, das Antworten auf Denkaufgaben zu berechnen vermöchte. Zu Hunderten sind heute solche Maschinen im Einsatz. Der Reflextheoretiker ist nicht mehr der einzige Psychologe, der einen greifbaren Mechanismus ins Feld führen kann, um seine Behauptungen glaubwürdiger klingen zu lassen. Auch einem kognitiven Theoretiker steht es heute frei, ein wohlangesehener Materialist zu werden, wenn er dies vor allem anstrebt. Typisch für die neue Freiheit, die aus dem tieferen Verständnis für das, was Maschinen tun können und wirklich tun, herauskommt, ist die Entdeckung, daß Maschinen zielgerichtet handeln können. ROSENBLUETH, WIENER und BIGELOV schockierten 1943 viele Psychologen, indem sie ihren Ruf als »harte« Forscher hinter die Behauptung stellten, daß Maschinen mit negativer Rückkopplung teleologische Mechanismen wären[2]. Zu dieser Zeit bedeuteten »teleologisch« und »unwissenschaftlich« in der Psychologie im allgemeinen dasselbe, und schon deshalb war es eine überraschende Nachricht, daß es Maschinen geben sollte, die Zielen zustreben konnten, welche Informationen über den Unterschied ihrer Absichten und ihrer Ausgangsleistungen sammelten und die anschließend etwas taten, um diesen Unterschied zu verkleinern. Wenn Entelechie mit Mechanik vereinbar war, konnte sie auch als ein respektierliches Konzept in die Psychologie eingehen. WIENER (1954) drückte es so aus:

> Meiner Meinung nach laufen die physischen Funktionen des lebenden Individuums einerseits und die Operationen einiger der neueren Kommunikationsmaschinen andererseits genau parallel in ihrem analogen Versuch, die Entropie durch Rückkopplung zu steuern. Beide haben sensorische Rezeptoren als eine Stufe ihres Handlungsablaufes, d. h. in beiden hat es einen speziellen Apparat, der, mit kleinsten Energien arbeitend, Informationen aus der Außenwelt sammelt, um sie für die Operationen des Individuums oder der Maschine zur Ver-

---

[2] ASHBY führte schon 1940 den Rückkopplungsmechanismus ein, doch ist es unsicher, welcher der erste war. Da dieses Gedankengut ein Teil der Entwicklung von Servomechanismen war, welche während des Krieges Sicherheitsbeschränkungen unterworfen waren, können Prioritäten nicht ausgemacht werden.

fügung zu haben. In beiden Fällen werden diese äußeren Botschaften nicht unverändert übernommen, sondern unterliegen den internen Umwandlungskräften des lebenden oder toten Apparates. Die Information wird in neuer Form für die weiteren Stufen der Ausführung bereitgehalten. In beiden, im Tier und in der Maschine, wird diese Ausführungshandlung auf die Außenwelt wirksam. In beiden Fällen wird die *ausgeführte* und nicht nur die *intendierte* Handlung dem zentralen Regelapparat zurückgemeldet (Seite 26 f.).

Zuerst waren solche Erklärungen aufsehenerregend. Nach einiger Zeit des Nachdenkens merkte man, daß solche zielgerichteten Maschinen in der Psychologie schon recht bekannt waren, wenn auch die Sprache, in der man sie nun beschrieb, neu war. Schon 1896 beschrieb der Philosoph und Psychologe John Dewey den Servomechanismus, der wirksam ist, wenn wir uns mit der Hand einer Kerzenflamme nähern und dann zurückzucken. »Reiz und Reaktion«, sagte er, »sind nicht existente Unterscheidungen, sondern teleologische, d. h. Unterscheidungen in der Funktion oder Rolle im Zusammenhang mit der Erreichung oder Erhaltung eines Zweckes.« [3]

Die neuen Begriffe und expliziten Analysen, welche die technische Entwicklung hervorbrachte, waren jedoch nötig, bevor Deweys Einsicht voll gewürdigt werden konnte. Nachdem ein teleologischer Mechanismus aus Stahl und Glas gebaut werden konnte, erkannten die Psychologen, daß man sich nun wissenschaftlich Respekt verschafft, wenn man zugibt, daß man eigentlich alles schon vorher gewußt hätte. Zum Beispiel war ihnen der von Walter B. Cannon und seinen Kollegen in den zwanziger Jahren erforschte homöostatische Mechanismus bereits bekannt. Ebenso kannten sie L. T. Troland, der 1928 den Begriff *retroflex* einführte, um die sensorische Rückkopplung zu benennen [4]. Bekannt waren weiter die »zirkulären Reflexe«, die E. B. Holt 1931 wiederaufnahm und weitererforschte. Und genauso bekannt war ihnen Eward Tolman, der mindestens zwei Jahrzehnte vor allen anderen die neue Bedeutung der Teleologie ernst nahm. 1939 brachte er eine beachtliche Beschreibung eines richtigen Rückkopplungsmechanismus heraus, den er die »schematische Holzlaus« nannte. Tolman aber war sogar im Jahre 1939 nicht mehr der erste; denn den zentralen Gedanken hatte er beim mechanistischen Biologen Jacques Loeb geliehen. Es war jedoch für die

[3] Deweys Aufsatz (1896) ist ein Eckpfeiler der amerikanischen funktionalen Psychologie. Er nimmt schon die Erkenntnisse der Gestaltpsychologie voraus und kritisiert den Behaviorismus vor dessen Aufkommen.

[4] W. Dennis (1954) stellt die Geschichte des zirkulären Reflexes dar, welchen er bis zu David Hartley 1749 zurückverfolgt.

damaligen Psychologen etwas mehr, als sie bisher schon immer gewußt hatten. LOEBS Tropismustheorie (1890) war eine der ersten Beschreibungen einer Maschine, die fähig gewesen wäre, zielgerichtete, taxische Handlungen auszuführen[5]. Die Vorstellung von biologischen Servomechanismen war schon immer dagewesen, aber ihre mechanische Nachbildung lieferte erst die Art von Demonstration, die man nicht länger übersehen konnte. Heute kann man fast mit Selbstverständlichkeit teleologische Systeme aufstellen, wie zum Beispiel die TOTE-Einheit, die wir im letzten Kapitel dargestellt haben. Wie eine solche Einheit dann im Einzelfall zu realisieren ist, sei es mit organischem Gewebe oder totem Metall, braucht uns nicht aufzuhalten; denn wir wissen, daß es auf die verschiedensten Arten möglich ist.

Woher kommt es, daß das Vertrauen in psychologische Thesen so frappant zunimmt, sobald sie ins Mechanische übertragen werden können? HULL (1943) war der Ansicht, daß das Bauen von Robotern eine »Prophylaxe gegen anthropomorphen Subjektivismus« sei und empfahl seinen Lesern:

> Betrachten wir den Organismus als einen sich völlig selbst erhaltenden Roboter, gebaut aus irgendwelchen Materialien. Die technischen Einzelprobleme, die sich beim Bau einer solchen Kreatur ergeben, müssen wir dabei nicht zu lösen versuchen. Eine heilsame und aufschlußreiche Übung ist es jedoch, die vielen offenen Probleme der allgemeinen Verhaltensdynamik näher anzusehen, welche beim Bau eines sich wirklich selbst erhaltenden Roboters gelöst sein müssen. Die Versuchung, eine Entelechie, eine Seele, einen Geist oder gar einen Dämon im Roboter unterzubringen, ist gering; man sieht verhältnismäßig leicht ein, *daß die Unterbringung der Entelechie beim Bau eines Roboters keine Hilfe wäre; denn es würde noch immer das Problem übrigbleiben, die Entelechie selbst zu bauen. Somit wäre das ganze Kernproblem wieder da.* Das Roboter-Bauen hilft uns somit, dem sehr natürlichen, aber kindlichen Hang zu widerstehen, zwar leichte, aber falsche Lösungen zu wählen. Es beraubt uns aller Ausreden, uns den Problemen nicht geradewegs und ohne Ausflucht zu stellen (Seite 27 f.)[6].

---

[5] Vgl. CROZIER (1929). Auch ein anderer Biologe, LOTKA (1925), veranschaulichte in einer klaren und bedeutsamen Abhandlung über teleologische Mechanismen seine These mit einem mechanischen Käfer, der vermeiden konnte, über die Tischkante zu fallen. Er spottet über Denker, die ein System nur so lange teleologisch nennen, wie sie nicht wissen, wie es funktioniert.

[6] Der Abschnitt drückt HULLS Abneigung gegen den Vitalismus des 19. Jahrhunderts aus, besonders gegen das absichtsvolle, gestaltende, vitale Prinzip, das HANS DRIESCH Entelechie nannte. Im 20. Jahrhundert stellte es sich heraus, daß DRIESCH unrecht hatte, jedoch nicht wegen der Gründe, die HULL angibt. HULL meinte, die vitalistische Unterscheidung zwischen Tieren und Robotern sei des-

Abschnitte wie diese machen deutlich, daß es nichts Geringeres als eine teleologische Maschine braucht, um einen Experimentalpsychologen zu überzeugen, daß in Begriffen wie »Ziel«, »Absicht«, »Erwartung«, »Entelechie« nicht etwas Okkultes eingeschlossen ist.

Gewiß ist mehr daran als ein bloßer Triumph über den Subjektivismus, wenn der Psychologe bei jeder geglückten mechanischen Simulation materialistische Befriedigung spürt und seinen Theorien besser vertraut. Aber Maschinen sind nicht die einzige Methode, um »sich Problemen gerade und ausweglos zu stellen«. In Wirklichkeit ist es vielmehr so, daß Psychologen am ehesten für die Funktionen, deren objektiver Charakter am wenigsten in Frage steht, Maschinen konstruieren, also dort, wo der drohende Subjektivismus am entferntesten ist. Der bedingte Reflex, zum Beispiel, wird selten als ein Beispiel des anthropomorphen Subjektivismus genannt; dennoch wurden schon viele Maschinen entworfen und gebaut, um das Phänomen des bedingten Reflexes oder der Konditionierung durch das Gesetz des Effektes zu veranschaulichen[7].

---

halb nicht möglich, weil die Tiere nichts als Maschinen seien und somit auch nicht absichtsgemäß handeln könnten. Die Unterscheidung trifft aber aus dem Grund nicht zu, weil *beide*, Organismen und Maschinen, Operationen einer absichtsvollen Entelechie vollziehen können. Es ist für einen Elektrotechniker keinerlei Kunststück mehr, eine Entelechie zu entwerfen. Trotz dieses eklatanten Mißerfolgs ist der Vitalismus jedoch nicht tot. Er hat sich bloß zurückgezogen. Um etwas Unterscheidendes zwischen lebenden und toten Systemen zu finden, hat sich der moderne Vitalist von der Zielgerichtetheit auf das Gedächtnis zurückgezogen, wie das zuerst von Henri Bergson vorgeschlagen wurde. Die jetzt gängige Behauptung ist die, daß dic Stabilität des genetischen und des persönlichen Gedächtnisses nach den Gesetzen der Quantenmechanik mit den mikroskopischen Ausmaßen der Gene und der Synapsen unvereinbar sei. Deshalb verlange die Stabilität des Gedächtnisses außerphysikalische Erklärungen. Eine sophistische Verteidigung des Gedankens, daß die Informationserhaltung in einem Organismus im allgemeinen nicht durch mechanische Mittel erreicht wird, bringt Elsässer (1958). Seiner Ansicht nach würde auch ein sich selbst erhaltender Roboter, der sich wie ein Organismus verhielte, nichts beweisen, wenn seine Teile nicht auf das extrem kleine Ausmaß, das die biologischen Systeme charakterisiert, verkleinert werden könnten.

[7] Boring (1946) zählt folgende Versuche auf, lernende Roboter zu entwerfen: Stephens (1929), Walton (1930), Baernstein und Hull (1931), Kreuger und Hull (1931), Bennet und Ward (1933), Ellson (1935), Bradner (1937), Ross (1938). Die Häufigkeit, mit der diese Spielzeuge in den Zeitschriften beschrieben wurden (und wer weiß, wie viele weitere ohne Bericht verschwanden), ist ein beredtes Zeugnis für die Bedeutung, die die Psychologen glaubwürdigen Mechanismen zur Unterstützung ihrer theoretischen Spekulationen beimessen.

Sie wurden nicht entworfen, um eine mentale Funktion zu übernehmen, sondern nur, um die bloß mechanische Tatsache zur Schau zu bringen, daß eine neue Verbindung geformt worden war.

Es scheint uns Autoren, daß die Versuche, psychologische Prozesse mit Maschinen zu simulieren, größtenteils dem Wunsch entspringen, zu prüfen — oder zu demonstrieren —, daß der Entwerfer die zugrunde liegende Theorie verstanden hat. Aus der Geschichte geht hervor, daß der Mensch sozusagen alles bauen kann, was er sich klar vorstellen kann. Die Schaffung eines Modells ist der Beweis für die Klarheit der Einsicht. Wenn wir eine Sache so gut verstanden haben, daß wir sie uns selber bauen können, muß unser Verständnis fast perfekt sein.

Der Mathematiker A. M. TURING hat den Kern dieser intuitiven Einsicht 1937 explizit gemacht. Die Wirkung von TURINGS Arbeit auf die Psychologie war die Erkenntnis, daß immer dann, wenn Forscher klar und unzweideutig beschreiben konnten, was ein Organismus tut, auch ein Computer gebaut werden konnte, der dasselbe Verhalten mit genügender Genauigkeit hervorbrachte, um den Beobachter zu täuschen. Das Vorhandensein der Maschine wurde zum Beweis für die Genauigkeit der Beschreibung.

Nehmen wir Turings Theorem ernst, so wird als eine der Folgen die Aufmerksamkeit auf den elektronischen Computer als die richtige Art von Maschine zur Simulation von menschlichem Verhalten gelenkt. Im Gegensatz dazu befürworten viele Psychologen, ihrem intuitiven Gefühl folgend, stochastische Modelle, d. h. Modelle, die mehr auf den zufällig auftretenden Verhaltensformen gründen; denn sie sind vor allem davon beeindruckt, wie zufällig und unvorhersagbar das Verhalten im allgemeinen ist. So scheinen die beiden Modelle, das deterministische und das stochastische, miteinander um die Aufmerksamkeit der Psychologen zu wetteifern. KOCHEN und GALANTER (1958) belegen, daß Computermodelle auf deterministischer Grundlage, wenn es um die Beschreibung von menschlichem Entscheidungsverhalten geht, den Sachverhalten besser Rechnung tragen als die stochastischen Modelle:

Man nimmt an, daß in einem Entscheidungsvorgang die Entscheidungen nach einem Plan getroffen werden. Dabei lassen wir die Frage offen, ob die Entscheidung bei jedem Durchgang »bewußt« sei oder nicht. Solch ein Plan soll *Strategie* genannt werden. Er unterscheidet sich hauptsächlich graduell von einem relativ »stochastischen Entscheidungsprozeß«, wie er vielleicht beim Verhalten von Ratten in einem T-Labyrinth beobachtet werden könnte. Scheinbar ist der letztere Verhaltenstyp mit gewissen Arten von stochastisch arbeitenden Simulationsmechanismen am besten zu beschreiben. Im Gegensatz dazu steht das »planmäßige« Verhalten, in dem Zufallselemente eine zweitrangige Rolle spielen. Hier scheint ein computerartiger Mechanismus ein fruchtbringenderes Modell abzugeben [8].

Obwohl die Arbeit an stochastischen Modellen von mathematisch arbeitenden Psychologen tatkräftig weiterverfolgt wird, soll sie hier nicht wiedergegeben werden. Wir befassen uns hier in erster Linie mit geplantem Verhalten und legen deshalb mehr Gewicht auf deterministische Automaten.

TURINGS Theorem leistete noch etwas anderes — oder sollte es wenigstens getan haben: Es lenkte die Aufmerksamkeit auf die Angemessenheit der Verhaltensbeschreibung als solcher. Man kann nicht von einer Maschine erwarten, daß sie etwas simuliert, das noch nie beschrieben wurde; sie kann nur für die Verhaltensaspekte verantwortlich gemacht werden, die ein Beobachter aufgezeichnet hat. Eine Simulation ist nie vollständig, und eine Simulation enthält nie alle Verhaltensmerkmale. Wenn wir beim Bau einer Maschine, die das Verhalten einer gegen das Licht fliegenden Mücke simuliert, Räder benützen, so daß sie rollt statt fliegt, so ist die Simulation bis auf die Umwandlung der Bewegungsart adäquat. In gewissem Sinn sagen wir damit, daß es uns gleich ist, wie das Ding dort ankommt, solange seine Flugbahn die gleiche ist wie die der Mücke. Auch das ist nur annehmbar, wenn wir eine Verschiebung von der dreidimensionalen zur zweidimensionalen Bewegung erlauben.

Eine Simulation ist dem nachgeahmten Verhalten nur in gewissen Grenzen isomorph. Z. B. muß der Simulator zum voraus mit seinen Kritikern einig werden, welche Verhaltensaspekte bei Organismus und Maschine gleichbleiben müssen. Das gegenseitige Einvernehmen besteht gewöhnlich darin, daß von der Maschine nicht verlangt wird, das Verhalten per se, sondern die *Aufzeichnung* des Psychologen davon zu simulieren. Deshalb ist ein Theoretiker der Gnade des Beobachters ausgeliefert, die entscheidet, welche Verhaltensaspekte der Aufzeichnung und Simulation würdig sind.

Eine Simulation ist dann erfolgreich, wenn der Organismus und die Maschine vertauscht werden können, ohne daß sich spezifizierte Situationsaspekte ändern. Ein geglücktes Modell braucht nicht wie der Organismus *auszusehen*. Wenn Modellierkünstler fähig sind, eine mechanische Maus der Form nach wie eine Maus oder eine mechanische Mücke wie eine Taube zu gestalten, so sind das nur Dekorationskunststücke. Eine Frau,

[8] Ein elektronischer Computer kann natürlich sowohl für die Darstellung und die Erforschung von stochastischen als auch von deterministischen Modellen benützt werden. Siehe GORN (1959).

der eine wertvolle Vase zerbrochen war, brachte die Scherben zum Töpfer und bat ihn, ein »genaues Duplikat« zu machen. Sie war zu Recht enttäuscht, als er von jeder einzelnen Scherbe und jedem Splitter ein Duplikat herstellte.

Am bekanntesten ist die Sache vielleicht bei den Synonymen. Wir sagen, »Fräulein« und »ledige Frau« seien Synonyme, weil sie in (fast) allen Zusammenhängen ausgetauscht werden können, ohne die Wahrheit des Satzes, in dem sie vorkommen, zu verändern. In diesem Fall ist es der Wahrheitsgehalt, der invariant bleiben muß. Bei einem guten Modell muß der *Verhaltensaspekt* eines Organismus, den der Versuchsleiter für sein Verhaltensprotokoll gewählt hat, invariant bleiben.

Da nur das Protokoll des Tierverhaltens und nicht das Tier selbst simuliert werden muß, konnten die nach dem Zweiten Weltkrieg entwickelten großen und schnellen Digitalcomputer verwendet werden. Sie rannten nicht im Zimmer herum wie eine Ratte im Labyrinth und glichen keineswegs den anderthalb Litern Hirnmasse, die sie nachahmen sollten. Der Computer brauchte nicht einmal die gleichen Zeitspannen einzuhalten. Die Aufgabe des Computers bestand nur darin, jene Aspekte einer experimentellen Situation zu simulieren bzw. zu berechnen, für die sich die Verhaltensforscher gerade interessierten. Ein Theoretiker konnte seine Ideen in einem Programm von Instruktionen verkörpern; dieses konnte im »Gedächtnis« des Computers aufbewahrt werden, und wenn die »Reize« dargeboten wurden, hatte der Computer wie ein Organismus, gemäß seinen Instruktionen mit der eingegebenen Information, zu operieren, um eine »Reaktion« hervorzubringen.

Das klingt im Prinzip sehr einfach.

Aber während mehrerer Jahre wurde mehr geredet als getan. Die Herstellung des komplizierten Programms für die Simulation von menschlichen Wesen verlangt einen enormen Aufwand an Zeit und Genialität. Während die Computerzahl zunahm und die Programmierkunst Fortschritte machte, diskutierten die Theoretiker, wie diese am besten für die Simulationsprozesse eingesetzt werden könnten. Zuerst zielten die Gespräche mehr auf neurologische statt auf psychologische Simulationen. Diese Richtung schien vor allem wegen der langen Analogieliste vielversprechend zu werden: Das offene oder geschlossene Relais war analog zum »Alles oder Nichts« des Neurons, die elektrischen Impulse des Computers waren analog denen des Nervensystems, die *mercury-delay lines* analog den reverberierenden Schaltungen im Nervensystem, die Gedächtnisschaltungen im Computer analog zu den Assoziationsbereichen im Gehirn usw. Die neurologische Richtung schien auch deshalb vielversprechend, weil McCULLOCK und PITTS (1943) eine formale Darstellung der neuralen Netze erfunden hatten und sie dazu benützten, um darzulegen, daß jene Funktion, die logisch, strikte und unzweideutig in einer endlichen Anzahl Worte gefaßt werden könne, auch in solchen Netzen zu realisieren wäre[9]. Sie zeigten damit, daß ihr neurales Netz auch eine TURING-Maschine enthalte.

Diese Formalisierung machte schon vor der Simulation durch Computer einige reichlich sophistizierte Analysen über neurologische Funktionen und Eigenschaften möglich. Die Spekulationen über neurale Netze wurden oft publiziert und scheinen die Neurologie und Neurophysiologie sehr angeregt zu haben. Wir haben jeden Grund, anzunehmen, daß auf diesem Gebiet noch große Fortschritte zu erwarten sind. Aber sie sind für unser Buch nicht von direktem Interesse. Unser Interesse gilt dem Gebrauch von Computern als Automaten zur Veranschaulichung von verschiedenen psychologischen Theorien. Verglichen mit dem tüchtigen Vorwärtsschreiten der Arbeiten im Feld der neurologischen Simulation, sind wir hier im Rückstand. Die psychologischen Theoretiker schlugen meistens zwei Wege ein. Die einen zielten darauf ab, das »Bild« zu simulieren, und die anderen den »Plan«. Erst Ende der fünfziger Jahre flossen die beiden Linien ineinander.

Betrachten wir zuerst die von der Arbeit am Bild inspirierte Theorie. Einer der frühen Versuche, die Computersimulation zum Verständnis von psychologischen (anstatt neurologischen) Vorgängen zu verwenden, wurde vom britischen Psychologen KENNETH CRAIK (1943) unternommen. Er war überzeugt, daß Gedanken von Bildern abhängig seien. Aber wie konnte dem Computer ein Bild eingegeben werden? Seine Antwort lautete, daß dieses eine Form von Symbol sein müsse. Gedanken haben besteht darin, durch Verarbeitung der Information, welche von den Sinnesorganen kommt, Symbole aufzubauen und zu verändern. Der Computer »denkt« in dem Ausmaß, wie er Information verarbeitet und in Symbole umwandelt. CRAIK sagte:

> Somit besteht meine Hypothese darin, daß Gedanken die Realität modellieren oder parallelisieren. Ihr wesentliches Merkmal sind nicht »der Verstand«, das Selbst, Wahrnehmungsdaten oder Aussagen, sondern Symbolisierungen. Diese Symbolisierung ist weitgehend von gleicher Art wie das, was uns von mechanischen Geräten her, die Denken und Rechnen erleichtern, vertraut ist (Seite 57).

---

[9] Weitere Literatur: Frühere: z. B. RASHEVSKY (1938). Spätere: z. B. MINSKY (1954). Vgl. auch SHANNON und MCCARTHY (1956) und NEUMANN (1958) für einen allgemeinen Überblick.

Craik benützte Begriffe, die wir in diesem Buch nun eingeführt haben, um mit dem Problem, wie ein Bild durch den Computer dargestellt werden könnte, zu Leibe zu rücken.

Craiks vorzeitiger Tod erlaubte ihm nicht, diese Gedanken weiterzuverfolgen, und die Weiterarbeit am Problem des Aufbaus und der Wiedererkennung von Bildern durch Computer geschah vor allem in neurologischen anstatt in psychologischen Begriffen [10].

Donald McKay (1951) nahm den Faden wieder auf und spann ihn weiter. Er zeigte, daß ein Bild dann in einer Maschine konstruiert werden kann, wenn diese die notwendigen Reaktionen speichern kann, um die Eingangsgrößen nachzuahmen. Der Kopierprozeß könnte mit Rückkopplung verbunden sein, der Unterschied zwischen der hereinkommenden Konfiguration und der internen Kopie würde ein Irrtumssignal ergeben, welches die Maschine reduzieren müßte. Mit jeder neuen Rückkopplungsschleife würde der Unterschied vermindert. Diese Kopierprozesse würden dann ein »Grundvokabular« ergeben, mit welchem die Maschine ihre eigenen Erfahrungen beschreiben könnte. (Diese Auffassung ist mit Hebbs neurologischen »Phasensequenzen« verwandt.)

So klug diese Theorien auch waren, so scheint es doch, daß sie das Motivationsproblem nicht in den Griff bekamen. Es blieb Galanter, Gerstenhaber und Smith (1956, 1958) vorbehalten, die Bedeutung der Motivation herauszustellen und eine Theorie vorzuschlagen, welche die Bilder bestimmt, die als Denkmodelle dienen können. Verschiedenartige Bewertungen verändern tatsächlich das Bild, das sich eine Person von ihrem Problem macht, und führt somit zu anderen Verhaltensformen.

Die eindrucksvollste Arbeit über maschinelle Simulation von Vorstellungsbildern jedoch ist die von Gelernter und Rochester (1958, 1959). Sie haben einen Computer so programmiert, daß er Theoreme der Planimetrie beweisen kann, und außerdem die Maschine mit der Fähigkeit ausgerüstet, ganz ähnlich wie ein Schüler, experimentelle Dia-

---

[10] Beiträge, die sich auf eine neurologische Wahrnehmungstheorie beziehen sind etwa: Pitts und McCulloch (1947), Hebb (1949), Clark und Farley (1955), Selfridge (1955), Dinneen (1955), Rochester et al. (1956), Milner (1957), Rosenblatt (1958). Die Aufzählung ist bei weitem nicht vollständig. Da wir in diesem Buch mehr am Plan als am Bild interessiert sind, glauben wir uns entschuldigt, wenn wir diese wertvollen und interessanten Beiträge zur Wahrnehmungstheorie hier nicht zusammenfassen; aber wir erwähnten sie als einen Teil der sich häufenden Nachweise, daß Computersimulation eine zunehmend wichtige Rolle für die Entwicklung der neurologischen wie der psychologischen Theorie spielen wird.

gramme zu zeichnen. Überaus stark vereinfachen dabei die Diagramme den Vorgang des Beweissuchens. Man kann kaum überzeugender zeigen, daß es keinen Homunkulus braucht, der im Kommandoraum — eine Analogie TOLMANS — die Landkarten lesen muß, um eine Bewegung zu steuern. Die Psychologen scheinen etwas mehr Zeit gebraucht zu haben, bis sie erkannten, daß die Organisationsart und die Muster auf der Verhaltensebene die gleichen Probleme aufgeben wie auf der Ebene der Vorstellungsbilder. Vielleicht war es die nicht enden wollende Diskussion über Versuch-und-Irrtums-Lernen, die dem allgemeinen Glauben Vorschub leistete, verhältnismäßig einfache stochastische Modelle würden als Theorien genügen. Im Jahre 1949 versuchten MILLER und FRICK diese einfache Beschreibungsart durch Verwendung der MARKOV-Prozesse zu erweitern, um die sequentielle Organisation des Verhaltens zu erklären[11]. Es wurde dabei recht offensichtlich, daß man SHANNONS Anregung (1948), mit MARKOV-Vorgängen die sequentielle Organisation von Nachrichten zu erklären, verallgemeinern kann[12]. Es ist klar, daß die Beschreibung des Verhaltens als sequentielle Organisation nirgends so wichtig ist wie beim Kommunikationsverhalten. Wenn MARKOVsche Anlagen grammatikalisches Englisch hervorbringen konnten, so schien es, daß sie dann auch imstande sein müßten, alle anderen Verhaltensformen zu simulieren. Aber die phantastisch große Zahl von internen Zuständen, die die Maschine benötigt hätte, um auch nur annähernd ein effektives Verhalten nachzuahmen, verunmöglichte die Schaffung solcher Anlagen. Der letzte Grund für das Scheitern des Unternehmens blieb unklar, bis CHOMSKY (1956) nachwies, daß jede Maschine über eine unendlich große Zahl von internen Zuständen verfügen müßte, wenn sie wie die MARKOVsche versucht, alle die notwendigen grammatikalischen Wortreihen dadurch hervorzubringen, daß sie in strikter Reihenfolge vorgeht und von links nach rechts Wort für Wort verarbeitet[13]. Da es bei einer Theorie auf Vereinfachung ankommt, können Maschinen mit unendlich vielen Parametern nicht ernstlich in Betracht gezogen werden. Die einzige Alternative scheint darin zu bestehen, die hierarchische Struktur einer Sequenz ernst zu nehmen — also die Art von ordnender Maschine, wie wir sie schon in Kapitel 1 erwähnt haben.

---

[11] Ebenso FRICK und MILLER (1951) und MILLER (1952).

[12] MARKOV selbst verwendete seine Methode, um schriftliche Texte zu beschreiben.

[13] Die Schwierigkeiten, die sich ergeben, wenn eine stochastische Theorie bei hierarchisch geordneten Reaktionssequenzen Anwendung finden soll, wurde jedoch schon früher von CAROLL (1953) festgestellt (Seite 107).

Ein Beweggrund der Linguisten, die Sprachbeschreibung in Begriffe der Kommunikationstheorie und Computersprache zu fassen, war ihr Interesse an mechanischen Übersetzungen. Die Entwicklung der Kommunikationstheorie seit 1948 hat unser Denken auf einem Dutzend verschiedener Gebiete von der Elektronik bis zu den Sozialwissenschaften revolutioniert[14]. Die meisten Auswirkungen dieser Forschungen liegen nicht im Blickwinkel dieses Buches, aber der Versuch, Computer zu verwenden, um Mitteilungen von einer Sprache in die andere zu übersetzen, hat besonders enge Beziehungen zu unserem Thema[15]. Der erste Schritt in dieser Richtung besteht natürlich darin, einen Computer als automatisches Wörterbuch zu benützen. Vor allem kann seine hohe Arbeitsgeschwindigkeit ausgenützt werden; man entledigt sich der zeitraubenden Routinearbeit, im ganzen Wörterbuch immer wieder nach möglichen äquivalenten Ausdrücken zu suchen. Aber wörtliche Übersetzungen ergeben nicht einmal in nahverwandten Sprachen grammatikalisch richtige, geschweige denn verständliche Übersetzungen. Die Maschine muß etwas von der Grammatik und vom Wortschatz der Sprachen, die sie bearbeitet, wissen. Genauer ausgedrückt, sie muß eine Instruktionsliste haben, nach der sie unter Alternativmöglichkeiten der Übersetzung entscheidet, Idiome erkennt, die Wortstellung ändert, Vorsilben abspaltet oder hinzufügt usw. Prinzipiell besteht kein Grund, warum man nicht ein zweisprachiges Wörterbuch und einige hundert kodierte Grammatikregeln speichern und dann ein brauchbares Ausgangsresultat erhalten könnte. In der Praxis aber stellen die effektiven Kodierungsaufgaben des Wortschatzes und die effiziente Fassung von Sprachregeln in Computersprache viele mühsame und verwirrende Probleme. Es wird vielleicht gelingen, sie zu überwinden. Zur Zeit der Niederschrift dieses Buches wird jedoch nirgends in den Vereinigten Staaten mechanische Übersetzung routinemäßig betrieben.

Beim gegenwärtigen Stand der Weltlage ist das Übersetzungsproblem eine wichtige Frage für das Überleben unserer Gesellschaft. Wir wollen hoffen, daß die Linguisten und ihre Programmierer bald Erfolg haben werden. Sogar wenn sie erfolglos blieben, können wir manch eine Lektion aus ihren Erfahrungen ziehen, die den Psychologen und Linguisten manches erhellen können.

Bis vor ganz kurzer Zeit war vor allem die gewaltige Informations-

---

[14] Siehe Miller (1951).

[15] Eine Einführung in das Problem der mechanischen Übersetzung bringen Locke und Boothe (1955). Dann gibt es eine Zeitschrift *Mechanical Translation*, die sich nur diesen Fragen widmet. Siehe auch Brower (1959).

menge, die für den Computer kodiert werden mußte, einer der Flaschenhälse bei der Ausführung des Projektes. Ein Computer ist einfach nicht groß genug, um einen ganzen Wortschatz aufzunehmen und um dennoch aus dem Gedächtnis Einzelheiten so schnell hervorzuholen, wie das für — sagen wir einmal — normale Sprechgeschwindigkeit nötig wäre. In Begriffen dieses Buches kann man sagen: Das Bild eines mittleren, geschulten Europäers oder Amerikaners muß eine unglaublich große, zum raschen Zugriff organisierte Wissensmenge enthalten. Offensichtlich ist in einigen Aspekten unser Gehirn immer noch sehr viel komplizierter als der größte Computer, der je gebaut wurde.

In zweiter Linie wird deutlich, daß man gegenüber dem Unternehmen zwei sehr verschiedene Haltungen einnehmen kann. In der einen Haltung sagt sich der Programmierer: »Jeder Weg zur Erreichung meines Ziels ist mir recht, aber je einfacher er ist, um so besser.« In der anderen wird er sagen: »Ich will, daß der Computer die Arbeit so ausführt, wie Menschen sie tun würden, auch wenn es nicht nach der wirksamsten Methode aussieht.« Als Staatsbürger und Steuerzahler sollten wir der ersten applaudieren, aber als Psychologen, Linguisten, Neurologen — als Erforscher des Menschen — sind wir notgedrungen mehr der zweiten zugetan. Man schlug vor, den Versuch, den Computer einen möglichst effizienten Weg gehen zu lassen, als das Problem der »künstlichen Intelligenz« zu bezeichnen, während das Problem der Nachahmung des Menschen als ein »Simulationsproblem« bezeichnet wird. Bis heute wurde wenig unternommen, das Übersetzungsproblem in diesem letzten Sinn zu bearbeiten.

Schließlich muß gesagt werden, daß man nichts als ein niederschmetternd vages Kriterium hat, um zu bestimmen, ob der Computer Erfolg hat oder nicht[16]. Eine Übersetzung ist multidimensional, und wer kann uns sagen, wieviel besser eine Dimension sein muß, um eine Schwäche in einer anderen Dimension auszugleichen? Die Bewertung müßte vielleicht auf den Vergleich mit der Leistung eines professionellen Übersetzers gegründet werden; aber es ist recht schwierig zu sagen, wie dann der Vergleich genau gezogen werden müßte. In den erfolgreichsten Wissenschaftszweigen kam man dazu, Diskrepanzen zwischen den Theorien und den tatsächlichen Beobachtungen genau zu messen; aber zu den Simulationsarten, die heute möglich sind, müssen die Kriterien für die Anpassungsgüte noch festgelegt werden.

Das mechanische Übersetzen illustriert eine Gruppe von nichtnumerischen Problemen, auf die der Computer nun gerichtet worden ist. Die

---

[16] Siehe Miller und Beebe-Center (1956).

Arbeit wurde nicht von der Hoffnung inspiriert, neue neurologische oder psychologische Theorien zu verstehen oder zu entwickeln, sondern aus dem Übersetzungsproblem selbst und aus dem Wunsch, einmal zu sehen, wie gut unsere Computer wirklich sind. Es waren hauptsächlich die Computeringenieure zusammen mit einigen wenigen Mathematikern, die versuchten, den Computer Schach spielen, logische Theoreme beweisen oder ein Sonderproblem der Mathematik lösen zu lassen[17]. Insoweit als die Anstrengungen meistens auf Probleme der »künstlichen Intelligenz« und nicht auf das Simulieren von Menschen gerichtet waren, brachten sie dem Psychologen höchstens einige Illustrationen zu seinen Fragen. Aber in gewissem Sinne sind die Aufgaben, die die Ingenieure und Mathematiker für die Erforschung durch den Computer gewählt haben, nicht leicht so zu definieren, daß sie für einen Computer das richtige Ausmaß haben. Um Schach zu spielen oder Probleme der Aussagelogik zu lösen, genügt dem Computer ein recht eingeschränktes und recht gut abgegrenztes Bild und überlädt ihn darum nicht. Gleichzeitig sind diese Aufgaben weit und kompliziert genug, um den Forscher zu fesseln und die Maschine in den Stand zu setzen, uns mit ihren Erfolgen zu überraschen[18]. Es sind echte Fragen. Aber was vom psychologischen Standpunkt aus notwendig ist, ist der Versuch, den Schachspieler zu simulieren und nicht bloß, ihn zu ersetzen oder ihn zu schlagen.
Den ersten intensiven Anlauf in dieser Richtung unternahmen NEWELL, SHAW und SIMON (1957, 1958, 1959), die in der psychologischen Simulation erfolgreicher waren und weiter gekommen sind als irgend jemand anderer. Wir werden später, besonders im 13. Kapitel, ihre Vorstellungen im einzelnen betrachten. Wir erwähnen hier nur, daß sie eine Informations-Verarbeitungssprache (*information-processing language*) geschaffen haben, die ihnen ermöglicht, den Computer in nichtnumerischer Art zu verwenden. Ihre Sprache verwertet systematisch ein hierarchisches Organisationssystem (Listenstruktur), mit dem man nur heuristische Problemlösungsprogramme schreiben kann. Solche Programme ma-

---

17 Wir erwähnen einige Arbeiten, die uns nicht nur interessieren, weil sie attraktive Effekte vorführen können. Zum Schachspiel: SHANNON (1950), NEWELL (1955), KISTER et al. (1957), BERNSTEIN und ROBERTS (1958), NEWELL, SHAW und SIMON (1958), SAMUEL (1959). — Zum logischen Problemlösen: GARDNER (1958, Darstellung der Arbeit von sieben Jahrhunderten zur mechanischen Lösung logischer Probleme), GELERNTER und ROCHESTER (1958), NEWELL, SHAW und SIMON (1959).

18 Einen breiten, imaginativen, jedoch gedrängten Überblick über das Problem der künstlichen Intelligenz findet man bei MINSKY (1956). MINSKYS Psychologie ist im allgemeinen recht sophistiziert.

chen es dem Computer möglich, Informationsverarbeitung so zu simulieren, wie Menschen die gleiche Aufgabe lösen[19]. NEWELL, SHAW und SIMON verwendeten ihre Techniken für die Simulation des menschlichen Problemlösens in der Logik, im Schachspiel und in der Trigonometrie und fanden auf viele verschiedene Situationen anwendbare Prinzipien. Sie sehen sie als charakteristisch dafür an, wie die Menschen ganz allgemein Probleme lösen. Ihre Errungenschaften haben die Verfasser dieses Buches auf vielerlei Arten beeinflußt: nicht nur durch die speziellen Lösungen, die sie für nicht-numerische Probleme gefunden haben, sondern auch ganz allgemein dadurch, daß sie zeigten, daß das, was schon so viele so lange beschrieben haben, endlich nun auch technisch verwirklicht werden kann.

Es ist beeindruckend zu sehen und zu erfahren, wie sehr das Vertrauen in eine abstrakte Idee wächst, sobald diese konkret aktualisiert werden kann. Der Reflextheoretiker muß ein ähnlich zuversichtliches Gefühl erlebt haben, als er in den dreißiger Jahren eine Maschine sah, die wie ein Hund konditioniert werden konnte. Heute haben nicht nur Reflextheoretiker den Vorteil dieser Vertrauensstütze. Vielleicht sollten nun einige der phantastischeren Spekulationen der »Mentalisten« wieder ernsthaft in Betracht gezogen werden. Die Psychologen haben einen neuen Freipaß zur Verfolgung ihrer Mutmaßungen erhalten. Was werden sie damit tun? Werden die neuen Vorstellungen in die bestehende Theorie eingegliedert werden? Oder wird es einfacher sein, ganz von vorne anzufangen?

Die Leitidee, die zur Niederschrift dieses Buches führte, war die Überzeugung, daß die neuen Ideen mit den alten, vertrauten und etablierten psychologischen Prinzipien zusammengefügt werden können und sie erweitern. Auf den folgenden Seiten soll ein Versuch gemacht werden zu zeigen, worin diese Prinzipien bestehen und wie der Mensch, angesichts der neuen Entwicklungen, als ein System der Informationsverarbeitung neu begriffen werden kann.

---

[19] Seither sind neben der Informations-Verarbeitungssprache (IPL) von NEWELL, SHAW und SIMON aus der Idee der Listenstruktur noch zwei andere Programmiersprachen geschaffen worden: Am *Massachusetts Institute of Technology* entwickelte MCCARTHY LISP und bei IBM GELERNTER FLPL. Zur Zeit sind beide noch nicht in Veröffentlichungen beschrieben worden.

4

Werte, Vorsätze und wie sie bei der Ausführung von Plänen zusammenwirken

Alle Tätigkeiten sind beabsichtigt oder gewollt. Dieses Charakteristikum haben sie gemeinsam. Eine unterscheidet sich von der anderen durch ihren Inhalt, nämlich durch das von ihr erwartete Ergebnis, das wir hier als ihren Vorsatz bezeichnen. Dieser Vorsatz muß im einzelnen angegeben werden, wenn man sagen will, welche Tätigkeit man im Auge hat.

C. I. Lewis (1946, Seite 367) erinnert uns in diesem Abschnitt aus seinen Carus-Vorlesungen daran, daß man die menschlichen Handlungen nicht charakterisieren kann, indem man die zeitliche Reihenfolge ihrer Teile einzeln angibt, so wie man etwa die Bewegung einer Billardkugel oder eines fallenden Steines beschreiben kann. Mit dem Begriff »Absicht« versucht Lewis dieses schwer faßbare und einmalige Merkmal des Verhaltens von lebenden Systemen einzufangen. Dieser Ausdruck entspricht dem üblichen Sprachgebrauch, wenn man sagen will, was Handlungen bedeutsam macht — aber mit dieser Definition unterscheidet sich Lewis sehr von den meisten experimentellen Psychologen.

Absicht als psychologisches Konzept kam aus der Mode, als die Reflextheorie und ihre Ableitungen die Grundlage für unsere wissenschaftlichen Verhaltenstheorien wurden. Außerhalb der klinischen Psychologie wurde der Begriff in den letzten Jahren nur selten als Fachwort verwendet, um etwas zu erklären. Die wenigen ausdrücklichen Verwendungen können wohl auf den Einfluß Kurt Lewins (1951) zurückgeführt werden.

Lewin benützte das Konzept der Absicht, um eine übervereinfachte Theorie zu bekämpfen, nach welcher Handlungen immer verstärkt werden, wenn sie erfolgreich sind. Als Beispiel nimmt er jemanden, der einen Brief aufgeben will. Der erste Briefkasten, an dem er vorbeikommt, erinnert ihn an sein Vorhaben. Er wirft den Brief ein. Alle weiteren Briefkästen, an denen er vorbeikommt, sind ihm gleichgültig. Er sieht sie nicht einmal. Nach Lewin erweckt der Vorsatz, einen Brief einzuwerfen, eine positive *Valenz* auf den Briefkasten hin, welcher die Aufmerksamkeit der Person anzieht. Nachdem die Gelegenheit gekommen und die dem Vorsatz entsprechende Tat ausgeführt ist, verschwindet die Valenz, und weitere Briefkästen werden übersehen. Nach der klassischen Theorie müßte das Einwerfen des Briefes eine verstärkende Wirkung auf die Assoziation zwischen dem Stimulus »Briefkästen« und der Reaktion, den Brief aus der Tasche zu ziehen, haben. Der arme Kerl müßte vergebliche Reaktionen vor drei oder vier Briefkästen erlebt haben, bevor sich die Assoziation abgeschwächt hätte. Statt daß die Gewohnheitsstärke zugenommen hätte, ist das Interesse jedoch sofort verschwunden. Daraus schloß LEWIN, daß die einfachere Theorie nicht ausreiche und eine vielschichtigere Darstellung eines Lebensausschnittes, die mit den aus Absichten entstandenen Valenzen ergänzt wird, nötig ist. Wir stimmen LEWIN grundsätzlich zu. Das Begriffsfeld Absicht stellt der Psychologie interessante und wichtige Probleme. Wir meinen auch, daß die erwähnte Assoziationslehre nie eine befriedigende Erklärung ermöglichen wird. Aber LEWIN beschreibt in der Folge eine interessante Analogie, welche wir verwerfen möchten. Er sagt, daß eine Absicht ein Quasi-Bedürfnis schaffe. Es braucht nur Hunger, um der Nahrung eine positive Valenz zu geben, wie die Absicht, einen Brief zu versenden, dem Briefkasten eine positive Valenz gibt. Genauso, wie das Essen die positive Valenz von Nahrung herabsetzt, so reduziert das Einwerfen des Briefes dieses Quasi-Bedürfnis nach einem Briefkasten und bringt dessen positive Valenz zum Verschwinden. Für LEWIN geht die Dynamik von Vorsätzen mit der Dynamik von jeder anderen Art motivierten Verhaltens parallel. Gerade diese dynamische Eigenschaft scheint uns jedoch verwirrend, und wir möchten sie anders fassen.

Es gibt einfachere Alternativen. Was bedeutet es, wenn ein gewöhnlicher Mensch einen gewöhnlichen Vorsatz hat? Es heißt, daß er mit der Ausführung eines Planes angefangen hat und daß die beabsichtigte Handlung ein Teil davon ist. »Ich habe vor, Jones zu sehen, wenn ich dorthin komme«, bedeutet, daß ich mich schon für den Reiseplan entschieden habe und daß ein Teil dieses Planes darin besteht, Jones zu sehen. »Wollen Sie auch Smith sehen?« ist eine Frage, die einen anderen Teil des Planes betrifft. »Ja« wäre eine klare Antwort. »Nein« ist etwas zweideutig, bedeutet jedoch wahrscheinlich, daß es zu meinem Plan gehört, Smith auszulassen. »Ich weiß es nicht«, heißt, daß dieser Teil des Planes noch nicht bis zu diesen Einzelheiten ausgebildet ist; wenn er soweit entstanden ist, wird er Smith ein- oder ausschließen. Der allgemeine Sprachgebrauch von »Vorsatz« ist einigermaßen genau. Man benützt den Begriff nicht, um zu sagen, daß etwas nur eine Zeitlang gilt oder daß man besondere Real- oder Quasi-Bedürfnisse habe. Mit dem Ausdruck »Ich habe vor« meint man die *unausgeführten Teile eines Planes, dessen Ausführung schon begonnen hat*[1].

---

[1] Nach gewöhnlichem Sprachgebrauch scheint zum Begriff »Vorsatz« weiter zu gehören, daß der Plan bewußt sei. Die Autoren sind bereit, auch »unbe-

Strafrechtler haben mit der Unterscheidung zwischen Vorsatz und Motivation ständig Schwierigkeiten. Zum Beispiel: Jones wirbt Smith an, um jemanden zu töten. Smith führt den Mord aus, wird erwischt und bekennt, daß er für die Tat angeworben worden ist. Frage: Ist Smith schuldig? Wenn wir nur die verwendeten Motive berücksichtigen, ist der Anführer schuldig, da er zum Töten motiviert war, der Schütze jedoch nicht, denn sein Motiv war ja bloß, Geld zu verdienen (in einer kapitalistischen Gesellschaft sicher ein anerkanntes Motiv). Betrachten wir aber die Absichten, dann sind beide Parteien gleichermaßen schuldig, denn beide unternahmen es bewußt, einen Plan auszuführen, dessen Ziel der Mord war. Die Verwirrungen im Rechtsverfahren beginnen, wenn die Rechtsgelehrten zu argumentieren beginnen, Smith könne nicht vorgehabt haben, jemanden zu töten, da ihm die Motive dafür fehlten. Nur Motive, sagen sie, schaffen Vorsätze. Lewin und seine Leute würden noch mehr Verwirrung stiften, indem sie sagen, daß ein Vorsatz ein Motiv schaffen wird. Wir sind der Ansicht, daß ein Motiv sich aus zwei unabhängigen Teilen zusammensetzt: Wert und Vorsatz. Ein Wert bezieht sich auf ein Vorstellungsbild, während sich der Vorsatz auf einen Plan bezieht.

Ein normaler Erwachsener verfügt vermutlich über eine riesige Vielfalt von Plänen, die er ausführen könnte, wenn er wollte. Er kann Federball spielen; in der Küche steht ein Rezeptbuch zum Kuchenbacken; er weiß, wie man nach Hamburg fährt, usw. Solange er sie nicht braucht, sind diese verschiedenen verfügbaren Pläne nicht ein Teil seiner Vorsätze. Sobald aber der Auftrag für einen bestimmten Plan gegeben ist, beginnt er von dessen unausgeführten Teilen zu sprechen (falls er sie kennt), als von Dingen, die er zu tun beabsichtigt.

Darin liegt ein entscheidender Unterschied zwischen einer Handlungskette und einem Handlungsplan. Wenn eine Kette ohne innere Vorstellung des ganzen Handlungsablaufes beginnt, sind die nachfolgenden späteren Teile desselben nicht beabsichtigt. Wird jedoch ein Plan begonnen, so ist der Vorsatz klar vorhanden, auch die späteren Teile durchzuführen.

Wo aber sind nun die Werte? Eine Bewertung ist eine Form empirischen Wissens und hilft uns das Bild zu formen. Haben aber Werte keinen besonderen Einfluß auf unsere Pläne? Wenn nicht, warum sollte irgendein

wußte Vorsätze« gelten zu lassen. Dies scheint Tolmans (1935) Stellungnahme zu sein, ist aber natürlich ein Grundkonzept von Freud. Vergleiche auch Anscombe (1958).

Plan je zur Ausführung kommen? Um die zweite Frage zuerst zu beantworten: Pläne werden ausgeführt, weil die Menschen leben. Das ist nicht als Scherz gemeint; denn solange Menschen leben und handeln, müssen sie immer dem einen oder anderen Plan folgen. Damit ändert sich die Fragestellung. Wir werden nicht mehr nach dem *Warum* fragen, sondern untersuchen, *welche* Pläne ausgeführt werden. Um dem Problem der Wahl gerecht zu werden, brauchen wir notgedrungen zusätzliche Konzepte aus dem Bereich der Wertmaßstäbe.

Wie die Handlungsphase eines Planes zu Taten führen kann, so kann die Prüfphase weitgehend vom Bild beeinflußt sein. Die gelernten Bewertungen stehen der Prüfphase des Planes zur Verfügung; wir müssen annehmen, daß jede Prüfphase in jeder TOTE-Einheit mit einer Bewertungsfunktion verbunden sein kann. Normalerweise sollte die Handlungsphase der TOTE-Einheit die Situation für das handelnde Lebewesen verbessern. Das geschieht, indem der Wert einer Situation, so wie ihn die Testphase festgestellt hat, erhöht wird. Doch ist das keineswegs eine notwendige Bedingung für die Ausführung einer TOTE-Einheit. Bei einem komplexen Plan, der aus einer Hierarchie von Teilplänen besteht, kann es vorkommen, daß die Testphasen einiger Unterpläne mit negativen Werten assoziiert sind. Um zu einem positiven Ergebnis zu gelangen, muß man in diesen Handlungsvorsätzen Dinge tun, die, für sich allein betrachtet, negativen Wert haben. In diesem Fall kann man mit Recht von einem Menschen sagen, daß er sowohl zuerst den Vorsatz hat, Dinge zu tun, die er nicht als wünschenswert betrachtet, und daß er diese Dinge dann auch ausführt.

Eine beabsichtigte Handlung — noch unausgeführter Teil innerhalb eines weitgespannten Planes —, die eines Tages den zum voraus festgelegten Wert liefern soll, kann fast endlos aufgeschoben werden. Der Handelnde führt gleichzeitig immer weitere vorbereitende Unterpläne aus, deren Ergebnisse jedesmal zu negativen Bewertungen führen. Solche Aktionen kommen offensichtlich im Leben von Erwachsenen sehr häufig vor, und eine zivilisierte Gesellschaft könnte ohne diese kaum gedacht werden. Solche Handlungen sind jedoch ungewöhnlich schwer zu erfassen mit dem Wortschatz einer psychologischen Theorie, die — wie ein einfacher Hedonismus oder eine simple Verstärkungstheorie — für kognitive Strukturen, Bilder und Pläne keinen Raum hat.

Sinnvollerweise stellt man sich die Prüfphasen als die mehr strategischen Teile eines Planes vor, da sie mit übergeordneten Bewertungsmaßstäben verbunden sind. Es kann also eine Hierarchie von TOTE-Einheiten auch eine solche von Werten darstellen. Wir können dabei annehmen, daß an der Spitze der Hierarchie eine Art von Prototest steht. Dieser trägt,

wenn er befriedigend erfüllt wird, eine größere positive Bewertung in sich, als durch irgendeine Anhäufung von negativen Werten oder einen noch so großen Aufwand von untergeordneten TOTEs dagegengestellt werden könnte. Wenn wir einen Plan wählen und ihn auszuführen beginnen, achten wir wahrscheinlich nicht auf alle einzelnen Taktiken, die dann nötig sein werden, um ihn ganz auszuführen. Logischerweise gewahren wir also auch die Werte, die mit diesen nicht vorausgesehenen Schritten verbunden sind, erst, wenn der Plan schon recht weit fortgeschritten ist. Wenn aber die negativen Werte sich häufen, bis sie mehr Gewicht haben als jeder vorstellbare positive Wert, der mit dem Haupttest verbunden ist, können wir die weitere Ausführung des Planes aufgeben. Wenn wir zum Beispiel aus dem Zimmer des Zahnarztes laufen, bevor wir im Behandlungsstuhl gesessen haben, muß eine Art von Änderung in den Bewertungen vorgekommen sein. (Wir wollen hingegen festhalten, daß der Vorsatz unverändert bleiben kann, während die Bewertungen sich ändern. Die Absicht, einen Zahnarzt aufzusuchen, verschwindet erst, wenn ein neuer Plan ausgeführt wird — sie verliert ihre Stärke nicht nach und nach, wenn der Wunsch, zum Zahnarzt zu gehen, abnimmt.)
Wenn wir sagen: »Ich brauche einen Briefkasten, um diesen Brief einzuwerfen«, darf das Wort »brauchen« nicht so genommen werden, als ob damit eine dynamische oder bewertende Eigenschaft gemeint wäre, die zeitweise oder dauernd mit Briefkästen in Verbindung stünde. Das Briefeinwerfen kann ein Teil einer äußerst verhaßten Obliegenheit sein — positive, negative oder neutrale Werte können mit dem Brief oder dem Briefkasten assoziiert sein —, die einfache, mechanische Tatsache bleibt aber bestehen, daß selbst Salomon keinen Brief in einen Briefkasten werfen konnte, wenn er keinen hatte. Es ist wichtig, solche mechanischen »Notwendigkeiten« von dynamischen oder bewertenden zu unterscheiden. LEWIN erkannte dieses Problem klar, löste es aber nicht. Er sagt ausdrücklich, daß der Wert (*value*) einer Sache nicht identisch mit ihrer Valenz (*valence*) ist. Er gebraucht das Beispiel eines Goldstückes, das für jemanden einen großen Wert darstellt, ohne ihn in Versuchung zu führen, es zu stehlen. Für den andern kann das gleiche Gold eine hohe Valenz besitzen, die ihn zum Diebstahl veranlaßt. Nachdem LEWIN aber den Unterschied zwischen Wert und Valenz klar herausgearbeitet hat, läßt er die Sache mit der Bemerkung fallen, daß die beiden manchmal miteinander in Beziehung stehen und manchmal nicht. Wenn das LEWINsche Valenzkonzept durch unser Konzept von spezifischen Kriterien, die erfüllt sein müssen, damit ein Plan sich weiter abwickeln kann, ersetzt wird, besteht noch kein Grund anzunehmen, daß Dinge, die diese spezi-

fischen Kriterien erfüllen, immer wertvoll sein oder immer Bedürfnisse befriedigen müssen. Es kann so sein; es kann auch anders sein.

Wir hoffen, daß der Leser uns verzeiht, wenn wir ihn mit diesen Banalitäten aufhalten. Aber manchmal ist gerade das Offensichtliche schwer zu erkennen. Die allem zugrunde liegende Banalität ist natürlich die, daß ein biologischer Apparat, wenn er einmal angelaufen ist, Tag und Nacht weiterläuft, bis er stirbt. Der dynamische »Motor«, der unser Verhalten den vorgefahrenen Geleisen entlang vorantreibt, ist weder in unseren Absichten noch in unseren Plänen oder in unseren Entscheidungen lokalisiert, sondern in der Natur des Lebens selbst. Es ist so, wie es William James klar ausdrückt: Der Gedankenstrom kann nie aufhören zu fließen. Oft haben wir die Wahl zwischen verschiedenen Plänen, aber die Zurückweisung des einen schließt notwendigerweise die Ausführung eines anderen ein. Im Schlaf etwa sind wir so planlos, wie das überhaupt möglich ist.

Wenn wir also auf die dynamischen Eigenschaften von Plänen verzichten[2], so wollen wir doch die Tatsache nicht aus den Augen verlieren, daß mit dem Plan etwas Wichtiges geschieht, wenn entschieden wird, ihn auszuführen. Er wird aus dem toten Vorrat hervorgeholt und wird unter die Steuerung eines Ausschnittes unserer Informationsverarbeitungsfähigkeit gestellt. Er wird in den Brennpunkt der Aufmerksamkeit gerückt, und mit dem Beginn der Ausführung übernehmen wir eine Anzahl untergeordneter, aber nötiger Aufgaben wie etwa Datensammeln oder ständiges Erinnern, wie weit wir in jedem gegebenen Augenblick im Plan vorangekommen sind, usw. Meistens wird der Plan auch noch während der Ausführung mit anderen Plänen um den Vorrang kämpfen, und es mag beträchtlichen Gedankenaufwand kosten, um den

[2] Aus den Diskussionen dieses Punktes mit einigen unserer Kollegen ging hervor, daß wir den Plänen nicht eigentlich die dynamischen Eigenschaften abgesprochen hätten, sondern daß wir sie erklärt hätten. Wenn es wirklich so ist, dann ist jedenfalls das Wort »dynamisch« merkwürdig definiert. Die »Erklärung« besagt ganz einfach, daß ein psycho-biologischer Mechanismus fortwährend die aufeinanderfolgenden Schritte irgendeines Planes ausführen muß, solange er lebt. Wir hatten den Eindruck, daß die meisten Psychologen nicht das meinten, wenn sie den Begriff »dynamisch« brauchten. Wie wir glauben, meinen sie damit, daß der Organismus einem Zustand oder einem Objekt zustrebt, um mit der Erreichung des Zieles weniger unangenehme Spannungen usw. zu verspüren. Diese »Zustände«, »Ziele« oder »Spannungen« müssen — wenn sie überhaupt existieren — im Bild und nicht im Plan dargestellt sein. Somit bezeichnen wir unsere Position weiterhin als einen »Verzicht auf dynamische Eigenschaften des Planes«.

Verhaltensstrom dazu zu benützen, um gleichzeitig verschiedene Pläne voranzutreiben.

Die Teile des Planes, die eben ausgeführt werden, haben besonderen Zugang zum Bewußtsein und besondere Weise, in Erinnerung gerufen zu werden, wie sie nötig sind, um Teile verschiedener Pläne miteinander zu koordinieren oder dies mit Plänen anderer Menschen zu tun. Wenn wir uns für die Ausführung eines bestimmten Planes entschieden haben, wird dieser vermutlich in einen besonderen Zustand oder an einen bestimmten Ort gebracht, wo er während der Ausführung erinnert werden kann. Vor allem, wenn es um eine vorübergehende temporäre Art von Plan geht, den wir zwar heute, aber dann nie wieder brauchen, ist ein besonderer Ort zum Aufbewahren nötig. Dieser besondere Ort kann auf einem Blatt Papier sein. Oder (wer weiß?) er kann sich irgendwo in den vorderen Hirnfalten befinden. Wir möchten uns nicht auf bestimmte Vorstellungen über die Maschinerie der Ausführung eines Planes festlegen, wenn wir sagen, daß das Gedächtnis, das für die Ausführung von Plänen gebraucht wird, eine Art von schnell zugänglichem »Arbeitsgedächtnis« ist. Dort mögen gleichzeitig verschiedene Pläne oder verschiedene Teile eines einzigen Planes miteinander aufbewahrt sein. Vor allem, wenn ein Plan der Erfordernisse eines anderen wegen unterbrochen werden muß, müssen wir imstande sein, uns an den unterbrochenen *Plan* zu erinnern, um ihn fortzusetzen, sobald sich die Möglichkeit dazu ergibt. Wenn ein Plan in dieses Arbeitsgedächtnis transferiert wurde, anerkennen wir den besonderen Status der noch nicht ausgeführten Teile, indem wir sie »Absichten« nennen.

Das Zurückrufen und Wiederaufnehmen von unterbrochenen Aufgaben hat eine gewisse Beachtung in psychologischen Laboratorien gefunden. Dies ist hauptsächlich LEWINS Interesse an diesem Problem zu verdanken. Die Forschungsberichte sind wohlbekannt, und zwar in LEWINS Interpretationsweise, wo von Spannungssystemen gesprochen wird, die reduziert werden, wenn die Aufgabe erfolgreich beendet wird. Da sowohl LEWINS Spannungssystem als auch unser Arbeitsgedächtnis sorgfältig erwogene Erklärungen sind, ziehen sie beide die meisten der beobachteten Phänomene in Betracht, und es ist daher schwierig, klare Kontrastpunkte zwischen ihnen zu finden. (Diese Schwierigkeit wird noch größer, weil LEWIN sein »Spannungssystem« auf eine wunderbar freie und leichte Art interpretiert hat.) Doch hat es einige wenige Punkte, wo man die beiden Theorien vergleichen kann, und wir werden uns auf diese konzentrieren.

Gehen wir zuerst von der wohlbekannten Tatsache aus, daß unterbrochene Aufgaben erstens darauf tendieren, wiederaufgenommen zu werden, und, zweitens, gut in Erinnerung zu bleiben. Die Aufgaben müssen jedoch ein bißchen kompliziert sein. Kleine, zu wiederholende, dauernde Aufgaben — Kreuze auf ein Blatt Papier zeichnen, Perlen aufreihen usw. — werden normalerweise nicht wiederaufgenommen und nehmen keinen hervorragenden Platz im Gedächtnis einer Versuchsperson ein, die nachher gefragt wird, welche Aufgaben sie ausgeführt habe. Diese Beobachtung erscheint sowohl von unserem als auch von LEWINS Gesichtspunkt aus unmittelbar einleuchtend. Unserer Erklärung entsprechend, brauchen solche Aufgaben wenig oder keine Aufzeichnung des schon Erfüllten und noch zu Erfüllenden. Deshalb haben sie keine besondere Repräsentation im Arbeitsgedächtnis. LEWINS Begründung hieß, daß solche Aufgaben nicht unterbrochen, sondern nur angehalten werden können. Die Unterbrechung dient also nicht der Fortsetzung oder Aufrechterhaltung des Spannungssystems. Soweit widerlegen sich die beiden Ansichten nicht. Es gilt zusätzlich als anerkannte Tatsache, daß sogar solche Daueraufgaben auch unterbrochen werden können, wenn man der Versuchsperson zum voraus sagt, daß eine bestimmte Tätigkeitsmenge zur Aufgabe gehöre. Wenn man ihr zum Beispiel sagt, sie solle dreißig Perlen auf eine Schnur aufreihen, kann sie unterbrochen werden, bevor sie diese Zahl erreicht. Die beiden Theorien sind immer noch vereinbar, da wir voraussagen, die Person werde sich an die Aufgabe erinnern, weil sie zählen und eine Zahl behalten mußte, um den Ort der Unterbrechung zu behalten. LEWIN sagt das gleiche Resultat voraus, weil die Aufgabe nun unterbrechbar geworden sei. Nehmen wir jedoch an, die Versuchsperson erhalte eine Handvoll Perlen und man sage ihr, sie müsse *alle* aufziehen, ohne eine Zahl zu nennen. Nun werden die Voraussagen verschieden sein. Wir sagen, es sei keine Tendenz vorhanden, die Aufgabe wiederaufzunehmen und zu erinnern, da die Gedächtnisfunktion außerhalb der Person durch den Haufen Perlen vor sich geht. Nach LEWINS Ansicht müßte das Perlenaufreihen in diesem Fall eher wiederaufgenommen werden und häufiger erinnert werden als andere Tätigkeiten, da ja das Spannungssystem nicht entladen ist. Wir haben keine Resultate aus Experimenten, mit denen die Sache entschieden werden könnte; aber es scheint uns, daß hier solche Resultate zum Ziele führen könnten. Auch ohne diese bleibt uns die ermutigende Feststellung, daß unsere Theorie nicht nur eine Neuformulierung derjenigen von LEWIN ist, denn ein recht klarer Unterschied konnte herausgeschält werden.

Um zum zweiten Punkt zu kommen, stellen wir uns eine Person vor, die beabsichtigt, fünf verschiedenen Leuten Briefe zu schreiben. Die Frage hier ist nun: Wird ihre Tendenz, die Arbeit nach einer Unterbrechung wieder aufzunehmen, größer sein, wenn diese mitten in einem Brief anstatt zwischen zwei Briefen geschah? Unserer Ansicht nach wäre ein Unterschied feststellbar. Eine Unterbrechung zwischen Briefen hinterläßt kein Gedächtnisproblem, und so erhält der unterbrochene Plan keinen besonderen Platz im Arbeitsgedächtnis, von wo aus er uns daran erinnern würde, die Arbeit fertigzumachen. Was LEWIN vorausgesagt hätte, ist uns nicht klar. Einerseits ist jeder Brief eine eigene Aufgabe mit ihrem eigenen Spannungssystem, das abgebaut würde. Von da aus würde LEWIN dieselbe Voraussage machen wie wir. Andererseits könnte auch unter beiden Bedingungen sehr wenig Tendenz zur Wiederaufnahme der Arbeit vorhanden sein, weil nach seiner Theorie eine »stellvertretende Zielhandlung« eintritt, wenn der Teil, der dem Unterbruch folgt, »ähnlich« ist wie der erste.

In unseren Begriffen müßte »Briefe schreiben« ein »flexibler« Plan genannt werden, weil seine Teile in beliebiger Reihenfolge ausgeführt werden können. Normalerweise ist mehr Arbeitsgedächtnis im Spiel, um inflexible Pläne zu verfolgen, weil solche Pläne eher ausgeklügelter und spezifischer sind. Wir würden also eine allgemeine Voraussage in dem Sinne machen, daß — solange keine äußeren Gedächtnishilfen gebraucht werden — eine Aufgabe, die einen inflexiblen Plan verlangt, nach Unterbrechungen häufiger wiederaufgenommen und erinnert wird.

Auf den dritten Punkt stößt man mit folgendem Versuchsplan: Im einen Durchgang sagt man den Versuchspersonen bei der Hälfte der unterbrochenen Aufgaben, daß diese wiederaufgenommen würden, und bei der anderen Hälfte, daß dies nicht der Fall sei. Diese Voraussage ergibt einen nur sehr kleinen Unterschied in ihrer Tendenz, die Aufgabe zu erinnern. Aufgrund dieses Versuches schloß ZEIGARNIK, daß die Wiederaufnahmemöglichkeit keinen Einfluß auf das Erinnern habe. Aber eine ebenso gültige Schlußfolgerung könnte lauten, daß mündliche Instruktionen, die beim Unterbruch gegeben werden, das Ausmaß, in welchem das Arbeitsgedächtnis auf die Ausführung des Planes gerichtet sei, nicht mehr verändern kann. Weitere Versuche könnten diese unterschiedliche Erklärung prüfen. Schließlich wollen wir auf die folgende Äußerung LEWINS eingehen[3]: »Es wurde oft beobachtet, daß sogar die schriftliche Notiz einer Absicht dazu beiträgt, daß sie vergessen wird. Nach der Assoziationstheorie müßte die Verkoppelung der betreffenden Notiz mit der Handlungserinnerung diese verstärken. Eine Notiz zu machen ist eine Art Zielhandlung, eine Entladung.« Diese Beobachtung hat für uns natürlich eine besondere Bedeutung, da nach unserer Ansicht

[3] Siehe RAPAPORT (1951), Seite 111.

der Gebrauch einer externen Gedächtnisstütze naturgemäß das Gewicht unseres persönlichen Gedächtnisses herabsetzt. Das Vergessen wäre dann nach uns nicht mit der Zielhandlung oder Spannungsentladung zu begründen, sondern vielmehr damit, daß das entlastete Arbeitsgedächtnis für andere Planungsaufgaben frei wird.

Ganz allgemein wurde in ZEIGARNIKS Untersuchungen beobachtet, daß die Erwachsenen nicht so enthusiastisch mitmachten wie die Kinder und daß sie keine so starke Tendenz aufwiesen, die unterbrochenen Aufgaben wiederaufzunehmen. Es scheint, daß ein Erwachsener verschiedene eigene Pläne hat, deren Ausführung während des Experiments eine gewisse Zeit aufgeschoben werden muß, und daß er deshalb nur zögernd mitmacht, um die Spur dieser eigenen Pläne während der Laboratoriumsspiele nicht zu verlieren. Ebenso scheint uns wahrscheinlich, daß ein Erwachsener gelernt hat, möglichst alle externen Gedächtnishilfen für seine Pläne auszunützen, und daß er deshalb sein internes Arbeitsgedächtnis nicht so braucht wie ein Kind.

Mit diesen Beobachtungen sind wir vielleicht etwas weit in die Einzelheiten eines besonderen Forschungszweiges eingedrungen, und die Autoren mögen gegenüber Professor LEWIN etwas intolerant erscheinen, obwohl dieser so viel zu unserem Verständnis der Psychologie des Willens beigetragen hat. Unsere Rechtfertigung besteht darin, daß LEWIN in seinem frühen Werk sehr nahe daran war, einige der Dinge zu sagen, die dieses Buch sagen möchte. Seine Schriften sind, sowohl was die Theorie als auch die Beobachtungen betrifft, eine Herausforderung. In den meisten Punkten stimmt die vorliegende Interpretation mit seinen Voraussagen überein, doch haben wir die Unterschiede der Theorie deshalb betont, weil wir hoffen, damit zu Laboratoriumsversuchen anzuregen, die sie klären könnten.

Wenn der Vorsatz — wie hier dargestellt — der noch nicht ausgeführte Teil eines Planes ist, wie kann dann irgend jemand vergessen, was er zu tun beabsichtigt? Und doch vergißt man jeden Tag Vorsätze. Verschiedene Psychologen haben dafür Erklärungen angeboten. Man nimmt allgemein an, daß das Vergessen eines Vorsatzes nicht dasselbe ist, wie wenn man eine Telephonnummer vergißt, auch wenn gelegentlich der gleiche Mechanismus dafür verantwortlich sein mag. Das Vergessen von Vorsätzen zeigt eine gewisse aktive Qualität, die in dem von EBBINGHAUS studierten Vergessen fehlt. Das klassische Werk über die aktiven Komponenten beim Vergessen von Vorsätzen ist natürlich FREUDS *Psychopathologie des Alltagslebens*. Naturgemäß lag dabei FREUDS Betonung auf den dynamischen und bewertenden Aspekten solchen Vergessens, nämlich auf der Verdrängung des Vorhabens durch andere psychische Kräfte, die ihm in irgendeiner Weise entgegenwirken. Das offensichtlichste an einem vergessenen Vorsatz ist, daß der Plan, der sie ins Leben rief, nicht vollständig ausgeführt war. Die grundlegendere Frage heißt deshalb, warum ein Plan verlassen und ein anderer weiterverfolgt wurde. Wenn wir versuchen, FREUDS dynamische Sprache in die Sprache dieses Buches zu übersetzen, müssen wir sagen: Pläne werden dann aufgegeben, wenn ihre Ausführung beginnt, Änderungen im Bild hervorzurufen, die nicht so wertvoll sind, wie wir es erwartet haben. (Das wäre mit FREUDS Ansicht in Einklang, ist aber nicht die einzige Erklärungsmöglichkeit.) Der diagnostische Wert eines vergessenen Vorsatzes besteht darin, daß er oft eine Planänderung unterstreicht, die sonst hätte übersehen werden können. Die Planänderung wiederum gibt einen Schlüssel zu Aspekten des Bildes, die normalerweise der Introspektion nicht zugänglich gewesen wären. Wir könnten nun natürlich die Bedingungen untersuchen, die dafür verantwortlich sind, daß wir Planänderungen nicht bemerken, doch ist anzunehmen, daß es im wesentlichen Bedingungen sind, von denen die Psychoanalytiker sagen, sie verursachten die Verdrängung. Wir machen uns also die Ansicht zu eigen, daß dynamische Änderungen im Bild — besonders in bezug auf seine bewertenden Aspekte — unmittelbaren Einfluß auf den Plan haben, den wir auszuführen versuchen. Die Änderung des Bildes ist ein wichtiger dynamischer Mechanismus, der unsere Pläne und damit unser Verhalten verändert. Sozialpsychologen, die sich mit dem Problem des Überzeugens befassen, sind sich im allgemeinen einig, daß die besten Überredungsmethoden unter anderem darauf abzielen, das Wertsystem der Zuhörer zu verändern. Aber wir befassen uns hier (wie fast durch das ganze Buch hindurch) mehr mit der *Ausführung* als mit der *Bildung* von Plänen.

Wir können uns leicht auch andere, nicht-dynamische Bedingungen vorstellen, die dazu führen, einen Plan aufzugeben und einen Vorsatz zu vergessen. Das Arbeitsgedächtnis kann verwirrt werden, besonders wenn die Ausführung des Plans irgendwie unterbrochen wurde, so wie es das Beispiel zeigt: Wenn jemandem die Agenda mit allen Vereinbarungen ohne eigene Schuld zerstört wurde, wird er die Spur von vielen Plänen verloren haben, von erfreulichen wie von unangenehmen. Wenn der Plan neu, vorübergehend oder kompliziert ist, ist es sehr schwierig, sich seiner ohne externe Krücken zu erinnern. Ist er bis in die Einzelheiten schriftlich festgehalten, wird er oft wiederholt oder sind mehrere aufeinanderfolgende Unterpläne mit im Spiel, hat es das Arbeitsgedächtnis leichter. Wir nehmen deshalb aus rein mechanischen Gründen an, daß Absichten in den Situationen der komplizierten Pläne häufiger vergessen werden als in den übrigen erwähnten Fällen. EBBINGHAUS wäre damit auch einverstanden.

Vermutlich revidieren wir unsere Pläne ununterbrochen, nachdem wir mit der Ausführung begonnen haben. Normalerweise registrieren wir diese Änderungen nicht, sondern führen bloß so rasch als möglich den neuen Plan aus. Aber ein besonderes Problem ergibt sich bei Plänen, die andere Menschen betreffen. Wenn wir unsere Vorhaben bekanntgemacht haben, kann es sein, daß sich andere Menschen darauf verlassen, daß wir sie auch ausführen. Nachherige Änderungen müssen also mitberücksichtigen, was gesagt wurde. Aus hundert Gründen kann ich meinen Plan ändern, dann aber vergessen, in den neuen Plan einen Unterplan einzugliedern, nämlich den, meinem Freund von der Änderung Mitteilung zu machen. Ein solches Vergessen ist ein ganz anderer Vorgang als der des Vergessens von Vorsätzen.

Noch ein weiterer, nicht-dynamischer Grund für das Vergessen von Vorsätzen kann darin bestehen, daß irgendein vorbereitender Teil des Planes, der zur beabsichtigten Tat führen sollte, sich als undurchführbar erweist. Ein Mathematiker kann zum Beispiel versuchen, ein Problem so zu lösen, daß er eine Matrix zuerst umkehrt, um gewisse Größen zu berechnen, bis er merkt, daß die gewählte Matrix keine Umkehrung gestattet. Er vergißt dann den Vorsatz, die Größen zu berechnen, jedoch nicht, weil er ihn verdrängt hat oder weil er potentiell gefährlich fand usw. Vielmehr müssen viele Vorsätze vergessen werden, weil wir nicht klug genug oder stark genug sind, die Pläne auszuführen, in welchen sie eingelagert waren. Nicht alle Pläne sind realisierbar.

Zwei allgemeine Forderungen des hier Behandelten sind es wert, noch kurz erwähnt zu werden, bevor wir das Kapitel schließen. Als erstes muß noch mehr erforscht werden, wie die Menschen externe Hilfen als Gedächtnisstützen brauchen, um ihre Pläne, ihre Vorsätze und Fortschritte in der Ausführung davon zu registrieren. In unserer Begeisterung für das Auswendiglernen von sinnlosen Silben übersahen wir die Wichtigkeit einiger dieser untergeordneten Arten des Gedächtnisses. Nicht nur die klinischen Psychologen sollten sich für den Zusammenhang von Gedächtnis und Vorsatz interessieren.

Zweitens: Was wir die »Willensanstrengung« nennen, scheint im großen und ganzen eine Art von emphatischer innerer Sprache zu sein. Viel, vielleicht das meiste unseres Planens, geschieht in Worten. Wenn wir eine besondere Anstrengung machen, wird die innere Sprache lauter und beherrschender. Dieses innere Rufen ist kein Epiphänomen ohne Bezug zur Anstrengung; in einem sehr realen Sinne *ist* es der Plan, der durch unsere Informationsverarbeitungsausrüstung fließt. Als Psychologen sollten wir sorgfältiger darauf hören. C. I. LEWIS (1946) drückt im folgenden Kommentar eigentlich nur aus, was dem gesunden Menschenverstand entspricht:

> Wissen, Handlung und Bewertung sind wesentlich miteinander verbunden. Die primäre und überzeugende Bedeutung von Wissen besteht darin, daß es zur Handlung führt: Wissen steht dem Tun zur Verfügung. Und Handlung ist offensichtlich in der Wertsetzung verwurzelt. Für ein Wesen, welches nicht vergleichende Werte unterscheiden kann, hätte absichtliche Handlung keinen Sinn; und für jemanden, dem das Wissen um diese Werte fehlt, wäre es unmöglich. Umkehrend kann man sagen, daß nur ein aktives Wesen Wissen haben kann, und nur ein solches Wesen kann Werte etwas anderem als seinem eigenen Fühlen zuschreiben. Ein Wesen, das nicht in den Prozeß der Realität eintritt, um einige Dinge ihres zukünftigen Inhaltes zu ändern, könnte die Welt nur im Sinne einer intuitiven oder ästhetischen Kontemplation verstehen. Solche Betrachtung hätte nicht die Bedeutung von Wissen, sondern nur die von Genuß und Leiden (Seite 1).

In diesem kurzen Abschnitt liegt die gegenwärtige Fragestellung noch einmal vor. Es ist so offensichtlich, daß das Wissen für das Tun da ist und daß das Tun im Bewerten begründet ist — aber wie? Wie in aller Welt soll das alles zusammen: der Verstand, das Herz und der Körper? Dann soll es noch psychologisch sein? Liefert ein Plan das Muster für diese wesentliche Verbindung von Wissen, Bewertung und Handlung? Jede Psychologie, die weniger aufzeigt — die einen Reflex zufällig, in Gedanken verloren oder in blinder Leidenschaft ablaufen läßt —, kann uns nie vollständig befriedigen.

5

Instinkte

Was sind Instinkte? Es gibt kaum einen psychologischen Begriff, der eine so wechselvolle Geschichte hat wie dieser. Der einen Generation diente er als bevorzugte Erklärung für alles Verhalten und der nächsten als bevorzugter Sündenbock, wenn die Theorien Schwierigkeiten machten.

Gewisse Definitionen des Instinkts haben seinen konativen, strebenden, zielorientierten und motivationalen Charakter betont. Der Aspekt des Getriebenseins scheint leider jedoch fragwürdig, sobald das Verhalten näher analysiert wird. Zum Beispiel schwimmt ein junger Salm instinktiv flußabwärts zum Meer. Man könnte sagen, er sei vom Instinkt getrieben, Salzwasser zu erreichen. Aber sobald die Tatsachen kritisch geprüft werden, zeigt es sich, daß der Salm photokinetisch und phototropisch auf Sonnenstrahlen reagiert, die im seichten Wasser auf seine noch schwach pigmentierte Haut treffen. Natürlich kann man sich darauf berufen, daß der Fisch Sonnenbrand instinktiv vermeide, doch scheint dieses Konzept ganz überflüssig. Aussagen über den »dynamischen« Aspekt der Instinkte verbergen meistens Unwissenheit über die physiologischen Prozesse, die im Spiele sind.

Andere Instinktdefinitionen betonen den ererbten, ungelernten, angeborenen Charakter des instinktiven Verhaltens. Tiere, die nach der Geburt von ihren Artgenossen getrennt werden, weisen charakteristische Aktionsmuster auf, die sie nicht durch Lernen oder Nachahmung erworben haben können. Aber ist es das *Verhalten*, das besondere Muster muskulärer Koordinationen, das ungelernt ist? Die Schwierigkeiten dieser Definition sind all denjenigen wohlbekannt, die gewissenhaft zu entscheiden versuchten, welcher Teil des tierischen Verhaltens erlernt und welcher angeboren ist. Zum Beispiel würde man bei den Ratten erwarten, daß die Kopulation eine instinktive Verhaltensweise sei. In einem gewissen Sinne ist sie es auch. Der Großteil des kopulatorischen Verhaltens einer Ratte, die noch keine Geschlechtserfahrung hat, läßt klar erkennen, daß eine gewisse Übung in diesen instinktiven Reaktionen notwendig ist. Nach fruchtlosen Bemühungen um die Aufspaltung des Verhaltens in Angeborenes und Erworbenes haben manche Psychologen den Begriff des Instinktes gänzlich fallengelassen. FRANK BEACH stellte einmal fest, je sorgfältiger eine Tiergattung erforscht worden sei, um so weniger höre man von ihren Instinkten.

Die Verfasser stellen sich auf den Standpunkt, daß das Studium der Instinkte viel weniger verwirrend wäre, wenn man sagte, daß nicht das Verhalten, sondern der Plan vererbt wird. Im Instinktbegriff liegt eben doch ein Körnchen Wahrheit. Dieses hat die Psychologen ermutigt, ihn trotz der notorischen Schwierigkeiten, die er verursachte, immer weiter zu verwenden. Und dieses goldene Korn kann, wie wir meinen, dann erhalten werden, wenn man den Instinkt als ererbten, starren und unwillkürlichen Plan definiert. Wenn wir sagen, daß der Plan *unwillkürlich (involuntary)* ist, meinen wir damit, daß er nicht ohne Folgen für den Organismus geändert werden kann. Unter dem Ausdruck »Der Plan ist starr *(inflexible)*« verstehen wir, daß seine Teile nicht anders zusammengestellt oder neu geordnet werden können. Und wenn wir sagen, der Plan sei *ererbt (inherited)*, meinen wir damit, daß er nicht erlernt oder entdeckt zu werden braucht. Die daraus hervorgehenden Handlungen mögen erlernt oder unerlernt sein; der Plan, der die grundlegende Struktur der Handlungen zur Verfügung stellt, ist angeboren. Der Instinkt in reinster Form wäre so beschaffen, daß die ganze Ausführung, von der allgemeinen Strategie bis hinunter zu den taktischen Einzelheiten und zu jeder einzelnen Muskelkontraktion, zum voraus programmiert wäre. Wir haben allerdings noch nie von einem solchen Instinkt gehört.

In den letzten Jahren erwachte das Interesse an den Instinkten, vor allem in Europa, von neuem. Das neue Gebiet der Ethologie stellt eine ständig wachsende Menge von detaillierten Beobachtungen zur Verfügung, an welchen die verschiedenen Interpretationen des Instinktes geprüft werden können. Wir haben diese Arbeiten nicht alle gelesen, aber wir haben überblicksmäßig die besser zugänglichen Sekundärquellen untersucht, um zu entscheiden, ob die gegenwärtige Forschung diejenige Art von Resultaten zutage fördert, die wir nach dem Konzept der ererbten Pläne erwarteten. Was dabei herauskam, war ermutigend, und einige der Hauptpunkte sind es wert, hier zusammengefaßt zu werden[1].
Als erstes entdeckten wir natürlich, daß die Ethologen viel über die Steuerung des Verhaltens mit Hilfe der Reize und darüber, daß die Tiere erkennen, ob die Bedingungen zur Ausführung eines Planes gegeben sind, zu sagen haben. Die meisten Ethologen brauchen den von Konrad Lorenz erfundenen Begriff des *angeborenen Auslösemechanis-*

[1] Eine gründliche geschichtliche Darstellung der Ideen und Beobachtungen einschließlich der Ethologie findet sich in Thorpe (1956). (Inzwischen sind noch erschienen. Hinde [1966] Marler [1966] und Hamilton [1966]. Letzteres Werk liegt in deutscher Übersetzung vor. Anm. d. Übers.)

mus, um die Tatsache zu beschreiben, daß ein Plan nicht ausgeführt wird, bevor nicht bestimmte Bedingungen erfüllt sind. Viele geniale Forschungen wurden durchgeführt, um genau zu bestimmen, welches Wahrnehmungsmuster notwendig ist, damit eine bestimmte Reaktion ausgelöst wird. Sie lassen erkennen, daß die Testphase einer TOTE-Einheit angeborenermaßen mit der dazugehörigen Handlungsphase verbunden ist.

Das Phänomen, das »Prägung« genannt wird, erhellt die Beziehung zwischen der Prüfungsphase und der Handlungsphase eines angeborenen Planes sehr gut. Ein junges Gänschen soll seiner Mutter folgen. Die Handlungsphase dieses Planes, das Laufen, kann im Gänschen schon vorhanden sein. Aber bevor es ausgebrütet ist, kann es nicht wissen, wie seine Mutter aussieht. Deshalb kann die Prüfphase noch nicht vollständig aufgebaut werden. Der Plan des Kückens, »jemandem nachfolgen«, hat ursprünglich noch keinen eingebauten Test, um das diesbezügliche »jemand« oder »etwas« zu charakterisieren. Dieser »jemand« wird während einer entscheidenden Periode in der Entwicklung des Kückens definiert, nämlich dann, wenn es das erstemal ein sich bewegendes Ding sieht. Das erste große, sich bewegende Ding, das ein Kücken normalerweise sieht, ist die Muttergans; also entwickelt sich der Plan entsprechend. Wenn aber das erste große Objekt, das das Gänschen sieht, ein Ethologe ist, kann dies erheiternde Folgen haben. Der wichtige Punkt besteht darin, daß das Kücken mit seinem geringen Vorstellungsvermögen irgendwo ein Mutterbild haben muß. Nur so kann es prüfen, ob ein bestimmtes Objekt dasjenige ist, dem es folgen soll oder nicht.

Zweitens waren wir von TINBERGENS Versuch (1951, Kapitel 5), Begriffe der Hierarchie in die ethologische Forschung des Instinktverhaltens einzubeziehen, beeindruckt[2]. Eine Hierarchie ist ein so wichtiger Gesichtspunkt dessen, was wir einen Plan genannt haben, daß wir uns nur ermutigt fühlen konnten. Für Leser, die TINBERGENS interessantes Buch schon lange nicht mehr in der Hand hatten, wollen wir kurz eines seiner bevorzugten Beispiele erwähnen, nämlich das Fortpflanzungsverhalten des Stichlingmännchens. Der Stichling ist ein kleiner, sehr aggressiver Fisch. Seine Fortpflanzungsinstinkte enthalten verschiedene Verhaltensweisen. Der Instinkt wird dadurch in Gang gesetzt, daß im Frühling die Tage länger werden. Er veranlaßt ihn, in seichte Gewässer abzuwandern. Hier sucht er sich sein eigenes Territorium, und

[2] Wir beziehen uns hier nur auf TINBERGENS Verhaltensbeschreibungen und nicht auf sein hierarchisches System von neuralen Zentren. (Deutsche Ausgabe S. 95 ff.)

visuelle Reize lösen ein typisches Verhalten aus. Er läßt sich häuslich nieder, beginnt ein Nest zu bauen, weist einige körperliche Veränderungen auf, beginnt auf Fremde mit Kampf zu reagieren usw. So führt TINBERGEN unter der großen Überschrift »Fortpflanzungsinstinkt« vier Untertitel auf: Kampf, Nestbau, Verpaarung und Brutpflege. Welche dieser vier Aktivitäten zu einer bestimmten Zeit stattfindet, hängt von den Umweltbedingungen ab. Wenn ein anderer männlicher Stichling in das Territorium eindringt, wird das Kampfverhaltensmuster ausgelöst. Aber es gibt verschiedene Arten zu kämpfen: Verfolgen, Beißen, Drohen usw. Der ausgelöste Typus hängt von den Aktionen des eindringenden Tieres ab. Oder, wenn kein anderer Stichling da ist und das Männchen sein Nest baut, gibt es verschiedene Aktionen, die es entsprechend den jeweilig vorhandenen Bedingungen vollziehen kann: Graben, Stoffe prüfen, Bohren, Zusammenfügen usw. In dieser Art entwickelt TINBERGEN seine hierarchische Beschreibung und arbeitet sie so aus, daß immer kleinere, diskretere Einheiten entstehen.

Die Instinkttheorie wird von den Verhaltensforschern in Begriffseinheiten, die »Endhandlungen« genannt werden, beschrieben. Eine Endhandlung wird — wie sie sagen — durch ein durchgehend stereotypes motorisches Muster charakterisiert. Im Falle des Fortpflanzungsinstinktes des Stichlingmännchens sind die Endhandlungen beim Kampf: Verfolgen, Beißen, Drohen, Fliehen usw. Die Endhandlungen beim Paaren schließen ein: Zickzacktanz, das Führen des Weibchens zum Nest, das Zeigen des Eingangs, Schnauzentriller, Befruchten der Eier usw. Dies sind Aktionen, die leicht durch direkte Beobachtung des Tierverhaltens erkannt werden können. Sie erschöpfen sich meist in sich selbst — sie »befriedigen« das Tier oder ändern die Bedingungen, die sie ausgelöst haben. Diese Endhandlungen scheinen den starren Plänen, nach denen wir Ausschau gehalten haben, zu entsprechen.

TINBERGEN macht überdies ausdrücklich darauf aufmerksam, daß jede Endhandlung in sich auch wieder hierarchisch organisiert ist. Eine Endhandlung ist viel komplexer als ein Reflex oder ein Tropismus. Sie ist ein Zusammenspiel verschiedener Teile des Tierkörpers, welche ihrerseits in Bewegungen von Muskelgruppen und schließlich in die Kontraktion einzelner Muskeln weiter zerlegt werden kann. Auf den höheren Ebenen der Hierarchie können die verschiedenen Komponenten des Instinktes recht flexibel umgeordnet werden, je nachdem, welche Umgebungsbedingungen vorherrschen. TINBERGEN interpretiert das so, daß die Instinkthierarchie fortschreitend starrer wird, je mehr sie sich der Ebene der tatsächlichen Einzelhandlung nähert.

Nun scheint es, daß der Variabilitätsgrad einzig von der gerade betrachteten Ebene der Hierarchie abhängt. Die höchsten Zentren steuern wirklich zielstrebiges Verhalten. Dieses kann sich anpassen, indem es jeweils den Mechanismus anwendet, der seinem Streben am besten entspricht. Je niedriger die Stufe in der Hierarchie, um so einfacher und starrer werden die Bewegungen. Ganz unten auf der Ebene der Endhandlungen schließlich haben wir es mit einem absolut starren Muster zu tun. Dies ist jedoch nur ein Teil der Endhandlung. Es ist mit den Taxien verschränkt, welche total von den Veränderungen in der Umwelt abhängig sind und somit also den mehr oder weniger variablen Anteil der Endhandlung bilden (TINBERGEN, 1952; deutsche Ausgabe S. 102).

Beim Vergleich von TINBERGENS hierarchischer Beschreibung mit der hierarchischen Ordnung, die wir als Plan bezeichnen, sind wir überrascht, daß die höheren Ebenen in seiner Beschreibung nicht planmäßig aufeinanderfolgend sondern bloß klassifikatorisch sind. Die TINBERGENsche Beschreibung nimmt die hierarchisch organisierte Aufeinanderfolge, die für den Plan typisch ist, erst auf dem Niveau der Endhandlung an. So kommen wir dazu, etwas anzunehmen, das die Aufgabe hat, Handlungen zu Endhandlungen umzuorganisieren, nämlich verhältnismäßig klar abgrenzbare, stereotype, angeborene Pläne. Dahinter steht jedoch noch ein weiterer Mechanismus, der das ganze Geschehen ordnet. Er tut dies entweder durch ein *Verketten* (*chaining*), wenn die Folge des einen Tuns die Situation ergibt, die für die nachfolgende Handlung als Auslöser wirkt, oder aber durch ein *Konkatenieren* (*concatenation*), wenn Umweltzustände oder Ereignisse die nachfolgende Handlung auslösen[3]. Diese Ereignisse sind nicht in jedem Fall Folge der vorausgegangenen Handlung. Konkatenationen sind flexibel, Ketten (*chains*) sind starr, und wenn Pläne auch flexibel sein können, angeborene Pläne sind es nicht. Die größeren, bloß konkatenierten Einheiten erscheinen daher variabel, plastisch und in ihrer Ordnung vertauschbar. Die kleineren Einheiten jedoch erscheinen starr, invariant und festgelegt.
Es ist natürlich schwierig, Verhalten, das auf einem Plan gründet, von Ketten von (einzelnen) Verhaltensweisen zu unterscheiden. Bloße Kon-

[3] Für *concatenation* existiert kein deutscher Begriff, da sowohl TINBERGEN selbst wie auch andere Ethologen (z. B. MORRIS [1963]) die verschiedenen Gefüge von Verhaltensweisen nicht mehr danach unterteilen, wieweit die einzelnen Verhaltenselemente auf Auslöser von außen angewiesen sind. In Anlehnung an TINBERGEN denken die Verfasser bei konkateniertem Verhalten an normalerweise mehr oder weniger gleich ablaufendes Wechselspiel zwischen Aktionen des Tieres und — meist daraus entstandenen — Umweltzuständen. (Anm. d. Übers.)

katenationen von Umgebungsereignissen und Handlungen heben sich jedoch deutlich von beiden ab. Organismen sind oft ihrer natürlichen Umgebung so gut angepaßt, daß eine Konkatenation wie vorsätzliches, zweckgerichtetes Verhalten aussieht — so, als ob die Umgebung selbst einen Teil des Tiergedächtnisses ausmachte. Man möchte meinen, der Plan sei nicht im Organismus allein, sondern in der Gesamtkonstellation von Organismus und Umgebung. Wieweit man willens ist, den Begriff des Planes über die Grenzen des Organismus hinaus zu erweitern, scheint eine Frage philosophischer Neigung zu sein. Wir werden versuchen, nur dann von Plänen zu sprechen, wenn diese dem Organismus entweder bekannt sind, waren oder sein könnten. Jedenfalls sprechen wir bei solchem konkatenierten Verhalten nicht von einem Plan, auch wenn es sehr anpassungsfähig ist. Nichtsdestoweniger kann der gleichbleibende Zustand der Umwelt selbst verschiedene Teile einer Instinkthandlung zu einem größeren Ganzen integrieren. Wenn zum Beispiel ein Stichling beim Nestbau durch einen Kampf unterbrochen wird, kann er nachher zum Nest zurückkehren und dort weiterfahren, wo er aufgehört hat, da das Nest daran »erinnert«, wo die Arbeit unterbrochen wurde. Oder, um es anders auszudrücken: Der Anblick des teilweise gebauten Nestes »löst« den nächsten Schritt beim Nestbau aus. Die Art von Flexibilität, die ein Tier auf den höheren, mehr »strategischen« Ebenen erreicht — obwohl anpassungsfähig — ist also noch von reaktivem, konkateniertem Charakter und damit sehr verschieden von der Art von Flexibilität, die der mit Intelligenz ausgerüstete Mensch erreicht.

Ein dritter und letzter Punkt über instinktive Pläne, der in die Augen springt, wenn man ethologische Arbeiten liest, betrifft die Fähigkeit vieler einfachster Tiere, gleichzeitig mit verschiedenen Plänen fortzufahren, sowohl in Isolation als auch, wenn sie zusammen leben. Wenn man jede einzelne Endhandlung in Tinbergens Hierarchie des Fortpflanzungsinstinktes als einen besonderen, von den anderen verschiedenen Plan betrachtet, dann kann die eben erfolgte Besprechung der Konkatenationen als eine Beschreibung einer Möglichkeit, verschiedene Pläne gleichzeitig fortzuführen, genommen werden. Einige weitere Beispiele dürften interessant sein.

Die von Baerends (1941) erforschte Sandwespe liefert uns ein sorgfältig analysiertes Beispiel, welches Tinbergen im obenerwähnten Werk wiedergibt. Das Weibchen, das ein Ei legen will, gräbt ein Loch, tötet oder lähmt eine Raupe, trägt das Opfer zum Loch, legt darauf ein Ei ab und verstaut es in der Grube. Sobald die Larve ausschlüpft und zu fressen beginnt, bringt die Wespe einige Mottenlarven. Dann bringt sie sechs oder sieben Raupen und schließt nachher die Grube und verläßt sie für immer. Dieser Plan für das Eierlegen ist verhältnismäßig einfach, und die Auslöser jedes einzelnen Teiles können in geduldiger Arbeit entdeckt werden. Doch ein interessantes Merkmal ist, daß die Sandwespe jeweils nicht nur an einem Loch arbeitet. Normalerweise hat sie zwei oder sogar drei Löcher, wovon jedes in einem verschiedenen Entwicklungsstadium ist. Der jeweilige Zustand jedes Loches löst in ihr die entsprechende Tätigkeit aus, oder — wie man auch sagen könnte — die Umwelt hilft hier, sich zu erinnern, welches der nächste Schritt in der anpassungsfähigen Konkatenation sein muß.

Ein anderes Beispiel ist das Verhalten der Arbeitsbiene im Bienenstock. Sie reagiert weitgehend auf Prüfkriterien oder Auslöser, die in ihr selber liegen, und tut, was immer der Situation, wie sie sie wahrnimmt, entspricht. Eine Zelle, die von der einen Biene angefangen wurde, kann von irgendeiner anderen weitergebaut werden. Der Bienenstock folgt somit einer Art von öffentlichem Plan, zu welchem jede Biene, auch die Königin, ihren Teil durch Ausführung des individuellen Planes beiträgt. In diesem Beispiel ist eine Menge von individuellen Plänen, und zwar durch eine Art Auslösemechanismus, zu einem größeren gemeinsamen Plan des ganzen Bienenstockes koordiniert. Eine noch bekanntere Situation, in welcher einzelne Pläne zu einem gemeinsamen Plan koordiniert werden müssen, haben wir immer dann, wenn sich Tiere paaren. Die gemeinsamen Pläne der Tiere werden jedoch besser »adaptive Konkatenationen« anstatt Pläne genannt.

Je mehr man die einzigartigen Eigenschaften der Auslöser betrachtet, desto mehr muß man darüber staunen, daß schon verhältnismäßig einfache biologische Systeme sich mit Hilfe dieser Auslöser sehr flexibel anpassen können. Je höher wir auf der phylogenetischen Skala steigen, um so mehr nimmt der Bereich, die Verschiedenartigkeit und Vielschichtigkeit der Prüfkriterien zu, nach denen Endhandlungen ausgelöst werden können. Das Paarungsverhalten von Schimpansen zum Beispiel wird von so komplexen Auslösern gelenkt, daß sie dem Laien nur noch durch Demonstration oberflächlich einleuchtend gemacht werden können. Indessen ist die Organisation dieser komplizierten instinktiven Verhaltensmuster der Säugetiere bis heute noch verhältnismäßig wenig erforscht. Der Beschreibungen der Instinkte, die gegenwärtig von Ethologen bejaht werden, weisen viele Züge auf, die den Thesen dieses Buches entsprechen. Ihre Forschungsberichte betonen, daß es Konfigurationen und Gestalten sowohl auf der Verhaltensseite wie auch auf der Wahrnehmungsseite des Organismus gibt. Eine solche Betonung ist wesentlich für jegliche Instinktbeschreibung, die eher auf Plänen gründet als auf verketteten oder sogar nur konkatenierten Reflexabfolgen.

6

Motorische Fertigkeiten und Gewohnheiten

Wir denken zuerst an den vertrauten Familienplattenspieler. Er hat einen gleichbleibenden Bewegungsablauf, ein Programm, dem er folgt, wenn er richtig eingestellt wird. Das Gerät hat eine Vorrichtung zum Plattenwechseln. Das Programm für den Plattenwechsel wird immer dann ausgeführt, wenn die entsprechenden Auslösebedingungen gegeben sind, z. B., wenn der Tonarm nahe genug an den Mittelpunkt der Platte gekommen ist oder wenn ein bestimmter Knopf gedrückt wurde. Es ist sogar ein »Sinnesorgan« vorhanden, das zwischen 24-cm- und 31-cm-Platten unterscheidet. Zusätzlich enthält es Effektoren, die die nächste Platte richtig plazieren und den Tonarm sanft auf der Platte absetzen. Dieser ganze Vorgang wird offensichtlich unwillkürlich ausgeführt; denn wie wir auch den Apparat verwünschen mögen, wenn er nicht die Platte spielt, die wir hören möchten, an der Reihenfolge seiner Operationen ändert sich dadurch nichts. Das Programm für den Plattenwechsel ist in diesen Apparat eingebaut. Es ist fest mit ihm verhaftet und wird nie ein anderes Gerät steuern: es ist unübertragbar.

Anders ist es mit der Schallplatte, die ein Plattenspieler abspielt. Auch sie ist ein Programm. Ihr Programm bewirkt die kleinen Bewegungen der Nadel und damit gleichzeitig die größeren und hörbaren Bewegungen der Lautsprechermembran. Die Platte ist nun — im Gegensatz zur Plattenwechsel-Automatik — ein *übertragbares* Programm. Sie kann auf jedem beliebigen Plattenspieler abgespielt werden. Geräte, die übertragbare Programme verwenden können, sind offensichtlich flexibler als solche, die dies nicht können. Der festgelegt-gleichbleibende Ablauf des Plattenwechselns macht den Automaten zu einem viel weniger flexiblen Gerät, als es die Nadel ist, welche einer unbegrenzten Anzahl verschiedenartiger Bewegungsmuster folgen kann. Übertragbarkeit oder Mitteilbarkeit ist eine überaus wichtige Eigenschaft eines Programmes oder eines Planes. Nicht nur auf dem Gebiet der Mechanik gibt es übertragbare Programme. Das Chromosom ist ein Beispiel für ein solches aus der Biologie. Auf der Ebene des menschlichen Verhaltens spielen natürlich in der Erziehung mitteilbare Programme eine zentrale Rolle.

Was sind nun Gewohnheiten und Fertigkeiten? Ursprünglich sind es willkürliche Pläne. Aber sie wurden zu verhältnismäßig starren, unwillkürlichen, automatischen Plänen. Wenn ein solcher Plan, der eine Folge von eingeübten Fertigkeiten steuert, sich einmal durch Überlernen gefestigt hat, wird er sehr ähnlich funktionieren wie ein angeborener Plan instinktiven Verhaltens. Die Bedingungen, unter welchen verschiedene eingeübte Komponenten ausgelöst werden, sind in beiden Fällen nahezu dieselben. Was neu auftaucht, wenn wir von Instinkten auf eingeübte Gewohnheiten und Fertigkeiten übergehen, ist die Frage, wie von außen übernommene Pläne automatisiert werden können.

Wenn ein Erwachsener darangeht, sich eine neue Fertigkeit anzueignen, beginnt er gewöhnlich mit einem mitteilbaren Programm von Instruktionen. Eine andere Person teilt ihm entweder sprachlich oder durch ihr Beispiel mehr oder weniger schematisch mit, was er tun soll. Doch heißt das nicht, daß der Lernende, der damit nur die grundlegende Strategie erfährt, auch die taktische Ausführung schon beim ersten Versuch fehlerfrei entwickeln und ausarbeiten kann. Wenn jemand zum Beispiel lernen will, ein Flugzeug zu steuern, erhält er von seinem Fluglehrer zuerst einen übertragbaren Plan[1]. Der Plan — oder eine rohe, symbolische Skizze seiner Strategie — kann etwa auf die folgende Art mitgeteilt werden:

Wenn Sie Ihr Flugzeug landen wollen, müssen Sie auf einer Höhe von ungefähr 30 Metern einpendeln. Nachdem Sie auf ungefähr einen halben Meter gesunken sind, ziehen Sie das Höhensteuer zurück. Sie berühren den Boden, wenn das Flugzeug fast die Leerlaufgeschwindigkeit hat. Sie müssen daran denken, daß die Kontrollgeräte beim Aufsetzen weniger empfindlich reagieren und daß jeder Windstoß Ihre Fluggeschwindigkeit erhöhen kann. Dadurch kann das Flugzeug wieder zu fliegen beginnen. Sie müssen darauf vorbereitet sein, um mit dem Gaspedal und dem Höhensteuer Korrekturmaßnahmen vorzunehmen. Wenn es Seitenwind hat, müssen Sie den dem Wind zugekehrten Flügel tiefer stellen und gleichzeitig das Flugzeug mit dem Gegensteuer parallel zur Landebahn halten.

[1] In Kalifornien, dem Land der 1000 Möglichkeiten, wo wir an diesem Buch arbeiteten, war die Versuchung zu ausgefallenen Verhaltensweisen groß. So waren wir nicht ganz unvorbereitet, als einer von uns begann, in den späten Nachmittagsstunden zu verschwinden und fliegen zu lernen. Als er zur Rede gestellt wurde, erklärte er, daß er an einem unserer Probleme Forschung betreibe: nämlich wie Einzelbewegungen zu größeren Einheiten zusammengefaßt würden, um einen fließend ablaufenden Handlungsplan zu bilden. Was zunächst als Pflichtvernachlässigung ausgesehen hatte, erwies sich als selbstlose Hingabe an die gemeinsame Sache. Im Laufe seiner Erklärungen wurde eine Anzahl Beispiele ins Gespräch gebracht, die mithalfen, die Niederschrift dieses Kapitels zu gestalten.

Das ist die Strategie, die man braucht, um Flugzeuge zu landen. Wenn sie geschickt ausgearbeitet und ausgeführt wird, dient sie dazu, das Flugzeug und den Piloten sicher zur Erde zurückzubringen. Der kurze Abschnitt kann in wenigen Minuten auswendig gelernt werden; doch ist es sehr fraglich, ob jemand, der den Abschnitt auswendig lernt, ein Flugzeug auch landen kann, auch wenn die Wetterbedingungen ideal wären. Wahrscheinlich könnte jemand alle Einzelhandlungen, die zur Ausführung des Planes nötig sind, lernen und wäre gleichwohl unfähig, fehlerfrei zu landen. Die einzelnen Bewegungen, die einzelnen Teile des Planes müssen miteinander verschmolzen werden, um einen glatten Bewegungsablauf zu bilden. Wenn der Lernende die Beschreibung dessen, was er tun soll, erhalten hat, steht ihm die Hauptaufgabe des Lernens, wie man es macht, immer noch bevor.

Es besteht so etwas wie eine gegenseitige Ergänzung im Verhalten zwischen Lehrer und Schüler. Für den Lehrer ist es leicht, die allgemeine Strategie zu beschreiben, aber schwierig, die detaillierten Taktiken, die gebraucht werden, zu übermitteln. Andererseits kann der Schüler zwar jede einzelne Muskelbewegung isoliert ausführen; aber es ist schwierig für ihn, die detaillierten Taktiken zu einem ganzheitlichen motorischen Ablauf zusammenzufügen, nämlich zu einem Rückkopplungsmechanismus, in dem alle Bewegungen derart reibungslos gesteuert sind, daß sich die Unterschiede zwischen seiner beabsichtigten und seiner tatsächlichen Handlung vermindern. Der angehende Pilot muß viele kleine verbindende Schritte, die nicht in der ursprünglichen Beschreibung seines Instruktors enthalten sind, erspüren, soll er den Plan als reibungslos ablaufende motorische Einheit ausführen können. Die allgemeine Strategie des Lehrers sagt über die Tätigkeit einzelner Muskelgruppen nichts aus. Der Fluglehrer »kennt« diese verbindenden Bewegungen, weil er selbst fliegen kann, aber sie sind in ihm beschlossen, implizit, unartikulierbar, nicht explizit und mitteilbar. Das Gesamtbild sieht also so aus: der Fluglehrer arbeitet vom strategischen Ende her auf das taktische hin, wenn er sich bemüht, seinem Schüler den Plan — zum Beispiel den des Landens — mitzuteilen. Der Schüler arbeitet vom taktischen Ende her auf das strategische hin, wenn er lernen will, den Plan auszuführen.

Auch wenn der Fluglehrer die verbindenden Handlungen kennt, mag es pädagogisch richtiger sein, den Schüler seine eigene, ihm am besten gelegene Taktik entwickeln zu lassen, um den Plan in seine Muskeltätigkeiten zu übersetzen.

Beim Start darf der Motor nur nach und nach beschleunigt werden, so daß gleichzeitig in zunehmendem Maße die Seitensteuer in Aktion treten können, um der zunehmenden Drehtendenz des Flugzeuges, welche als Reaktion auf die Propellerdrehung in Erscheinung tritt, entgegenwirken zu können, sobald das Flugzeug abhebt. Beschleunigen Sie den Motor nach und nach, währenddem Sie auf fünf zählen, so daß er bei der Zahl fünf auf vollen Touren arbeitet. Bei drei beginnen Sie das seitliche Seitensteuer zu betätigen.

Die Anweisung zu zählen ist ein Versuch, eine detailliertere Integration der aufeinanderfolgenden Planteile zu erreichen. Aber es ist eine schlechte Methode. Der Schüler spürt eine zusätzliche Spannung und Anforderung. Wenn er neben allem anderen, das er zu beachten hat, noch auf fünf zählen muß, hat das fast sicher zur Folge, daß dadurch die Ausführung anderer Planteile beeinträchtigt wird. Zählen kann einigen Flugschülern eine Hilfe sein; doch bei der ganzen von uns untersuchten Gruppe war es ein Fehlschlag. Die Schüler fanden eigene Tricks heraus, die ihnen viel besser zusagten. Einer der Schüler faßte den Knopf, den er zum Beschleunigen des Motors nach und nach hineindrücken muß, so, daß er einen Finger ausgestreckt an den Schaft des Knopfes legte. Sobald die Fingerspitze das Instrumentenbrett berührte, begann er das rechte Seitensteuer zu betätigen. Dieses einfache Vorgehen lieferte die benötigte Rückmeldung, die es ihm ermöglichte, eine Folge von Einzelhandlungen in eine koordinierte Verhaltenseinheit umzuwandeln.
Da ein Schüler die kleinen Tricks, die die aufeinanderfolgenden Teile zu einer *glatt* ablaufenden Fertigkeit verbinden, selbst entdecken muß, scheint es möglicherweise, als ob er nicht einen hierarchischen Plan, sondern lediglich eine Handlungskette aufbaut. Wenn aber eine Fertigkeit nur aus einer Kette von Reflexen besteht, in der jeder am nächsten hängt, so ist schwer zu verstehen, warum sich die Methode des Aneinanderkettens, die der Instruktor im vorangehenden Beispiel angewandt hat, nicht bewährt. Wenn es für die Fertigkeit kein die ganze Handlung umfassendes Grundmuster gibt — das der Instruktor und die Schüler je auf ihre Art sehen —, warum sollte dann ein verbindliches Zwischenglied besser oder schlechter als ein anderes sein?
Was würde geschehen, wenn alle Details einer Handlungsabfolge von einem Trainer ausgearbeitet und dann dem Lernenden mit sturer Unnachgiebigkeit auferlegt würden? Wenn Fertigkeiten nichts als Ketten von Reflexen wären, dann wäre eine detaillierte Zusammenstellung der korrekten Abfolge eine wirksame Lehrmethode. Die Experten der »Bewegungsforschung« *(motion study)* haben sich wohl am intensivsten in dieser Richtung bemüht, indem sie jeweils ganz genau umschreiben, was ein Arbeiter mit jeder einzelnen Bewegung tun muß. Am Fließband einer

Fabrik kann eine Aufgabe zum Beispiel darin bestehen, drei Unterlagsscheiben auf einen Bolzen zu montieren. Die Analyse dieser Aufgabe in »Mikrobewegungen« wird haargenau festlegen, in welcher Zeit sich die beiden Hände in welcher Richtung zu bewegen haben. Für die linke Hand kann die Instruktion etwa lauten: »Fassen Sie die Montage, und heben Sie sie zum Behälter!« »Lassen Sie die Montage los!« »Nehmen Sie einen Bolzen!« usw. Gleichzeitig erhält die rechte Hand die Anweisung: »Führen Sie die Hand zu den Unterlagsscheiben!« »Wählen Sie die Unterlagsscheiben aus, und nehmen Sie sie in die Hand!« »Bringen Sie die Unterlagsscheiben zum Bolzen!« usw. Für jede dieser Bewegungen wird eine feste Zeitdauer eingeräumt. Das ist ungefähr das Genaueste, was überhaupt als Programm für den Menschen aufgestellt werden kann, beinahe so genau detailliert wie ein Computerprogramm.

Die Beschreibung der Aufgabe kann mehrfach verändert werden, damit eine Abfolge der Bewegungen gefunden wird, die das Ergebnis am effizientesten erreicht und die wenigsten Bewegungen und die kürzeste Zeit erfordert. Die Fachleute, die derartige Analysen machen, haben gewisse allgemeine Regeln darüber entwickelt, wie Handlungsfolgen aufgestellt werden müssen, damit sie reibungslos und schnell ablaufen. Die beiden Hände sollten zum Beispiel zu gleicher Zeit mit ihren Handlungen beginnen und aufhören. Die Armbewegungen sollten entgegengesetzt und symmetrisch verlaufen. Alle Werkzeuge und Materialien müssen feste Plätze haben usw. Nach solchen Regeln können Bewegungstechniker Reaktionsketten entwickeln, die mit optimaler Wirkung ausgeführt werden können. Doch kommt es leider nicht selten vor, daß die Arbeiter die Strategien der Techniker nicht richtig übernehmen. Oft weigern sie sich, sich einem so straffen Reglement zu unterziehen, und sie scheinen zu spüren, daß der Chef versucht, sie auf unfaire Art auszubeuten.

Wenn die Menschen Zeit haben, ihre Fertigkeiten selbst aufzubauen, d. h. wenn sie einen Plan aufstellen können, der im groben die Handlungsabläufe führt, finden sie die Elemente, die dazwischengeschoben werden müssen, um die ganze Fertigkeit zu ergeben, selbst. Das ändert sich nicht, sogar dann, wenn der Plan als solcher unwirksam ist. Aber die Tatsache, ob diese Elemente gefunden werden können oder nicht, ist geradezu ein Test für die Angemessenheit der Strategie. Im Rahmen einer gut entwickelten Strategie werden ganz verschiedenartige praktische Handlungsformen möglich. Von jemandem, der verschiedene solche zur Verfügung hat, sagen wir, daß er sein Handwerk »versteht«.

In den meisten natürlichen Situationen schließt die Entwicklung von Fertigkeiten die Konstruktion einer Hierarchie von Verhaltenseinheiten ein, wobei jede Einheit durch ihren eigenen Plan angeleitet wird. Diese

Tatsache wird in den Bewegungsforschungsanalysen merkwürdigerweise selten erkannt, obschon BRYAN und HARTER schon ab 1897 auf den hierarchischen Charakter von Fertigkeiten ausdrücklich hingewiesen haben, als sie die aufeinanderfolgenden Niveaus der Fertigkeiten, die zum Telegraphieren gehören, darlegten. 1908 schloß BOOK eine Schreibmaschine an elektrische Meßgeräte an, um die Zeit zwischen aufeinanderfolgenden Anschlägen aufzuzeichnen, und sammelte damit die Daten, während die Leute die »Berührmethode« des Schreibmaschinenschreibens erlernten. Die Leute prägten sich zuerst die Positionen der verschiedenen Buchstaben auf der Tastatur ein. Dann folgten mehrere unterscheidbare Lernschritte: Blicken auf den nächsten Buchstaben im abzuschreibenden Text, Lokalisieren dieses Buchstabens in der Vorstellung der Tastatur, Abtasten der wirklichen Tastatur, um die der erinnerten Lage entsprechende Taste zu finden, Drücken der Taste und Kontrolle, ob es die richtige sei. Nach einigen Übungsstunden begannen diese Plankomponenten zu eingeübten Bewegungen zusammenzuwachsen, und die Lernenden hatten verläßliche »Buchstabengewohnheiten« erworben. Erhöhte Geschwindigkeit wurde möglich, als sie begannen, den nächsten Buchstaben vorwegzunehmen und kleine, untergeordnete Routinen für die häufigen Sequenzen wie -ung oder -ein zu entwickeln. Dann begannen sich zuverlässige »Wortgewohnheiten« zu entwickeln. Schließlich las der erfahrene Schreiber einige Worte voraus, so daß man sagen konnte, er habe »Satzteil-Gewohnheiten« entwickelt. Man könnte sagen, er lerne Rückkopplungsschleifen um immer größere Ausschnitte seines Verhaltens zu legen. Diese Stufenfolge beim Erwerb der Schreibfertigkeit ist jedem bekannt, der Maschineschreiben lernte und der beobachtete, wie die Einheiten auf einer Fertigkeitsstufe sich nach und nach zusammenfügten, um Einheiten höherer Stufe zu bilden. Das geht so weiter bis zur Stufe einer geübten Sekretärin, die sich ganz auf den Inhalt konzentrieren kann und die Ausführung der Einzelheiten ganz den Muskeln überläßt.

Schreibmaschinenschreiben ist jedoch eher ein Sonderfall. Die letzten Komponenten, die Bewegungen der Tasten, sind leicht auseinanderzuhalten und nicht weiter zerlegbar. Vermutlich sind die meisten Fertigkeiten, die wir zu erwerben haben, in der Ausführung viel fließender und gerade deshalb für den Psychologen viel schwieriger datenmäßig zu erfassen.

Wir haben angenommen, daß der Mensch, der eine neue Fertigkeit erwirbt, sich der Strategie bewußt ist, der er zu folgen versucht. Er ist sich ihrer wenigstens in dem Sinne bewußt, daß er über sie sprechen oder auf Beispiele hinweisen kann. Es ist natürlich auch möglich, Fertigkeiten aufzubauen, ohne die Strategie sprachlich zu erfassen. Das kleine Kind lernt so.

Fast niemand — einschließlich Physiker, Techniker, Fahrradhersteller — könnte die Strategie erklären, nach der der Radfahrer sein Gleichgewicht hält. Das dahinterstehende Prinzip würde auch nicht viel helfen, auch wenn man es sprachlich ausdrücken könnte: »Bringen Sie die Kurvung Ihrer Fahrradspur im Verhältnis zur Wurzel Ihres Ungleichgewichtes geteilt durch das Quadrat Ihrer Geschwindigkeit.« Nach dieser Anweisung weiß man noch weniger, was man tun soll, als vorher. Dem Anfänger sagen wir: »Drehen Sie die Lenkstange in die Richtung, in die Sie zu fallen beginnen.« Und er wird blindlings darauf eingehen, ohne anschließend oder später jemals zu verstehen, warum es geklappt hat. Andere stellen überhaupt keine Regel auf, sondern helfen einfach, indem sie neben dem Rad herrennen und es stützen, bis der Anfänger »es begriffen hat« [2].

Zum Glück muß man die Regeln, die für die gute Ausführung einer Fertigkeit gelten, nicht explizit kennen. Wenn das nötig wäre, hätte keiner von uns sich auch nur im Kinderwagen aufsetzen gelernt. Manchmal kann man einem Lernenden auch mit einer falschen Begründung helfen, das Richtige zu tun, zum Beispiel, wenn wir einem Skifahrer, der eine Linkswendung lernen will, sagen, er solle sich dabei vorstellen, er stecke die rechte Hand in die linke Hosentasche, oder wenn wir einem Golfspieler sagen, er solle sein Auge auf den Ball richten. Aber meistens müssen wir uns auf unartikuliertes Führen und Vorzeigen verlassen, bis der Schüler »anbeißt« oder »der Gefühl für etwas erwirbt«.

Die Tiere erwerben natürlich Fertigkeiten, ohne sprachliche Beschreibungen davon zu erhalten. Wenn wir einem Tier beibringen, eine Reihe von Reaktionen auszuführen, die ein bestimmtes Resultat ergeben, nimmt es keine Gesamtstrategie in seinem Gedächtnis auf. Nur der Mensch, der mit dem Tier arbeitet, muß den ganzen Plan kennen. Vom Tier wird nur erwartet, daß es die reibungslosen Übergänge aufbaut, die jede Handlung an die nächste reiht. Vermutlich haben die Bewegungsforschungsspezialisten sich diese Aufgabe zum Ziel gesetzt.

Wir möchten zum Beispiel ein Tier darauf dressieren, einen Hebel zu drücken, damit es eine Kugel erhält. Dann soll es sie in einen Trichter

---

[2] Das Fahrradbeispiel stammt von POLYANI (1958). In Kapitel 4 seines bemerkenswerten Buches betont er die Wichtigkeit von unartikulierten Fertigkeiten für alle Zweige des Wissens und das Ausmaß, in welchem wir einen Bezugsrahmen zwar blindlings annehmen, ihn aber beim Erlernen der Fertigkeit nicht rechtfertigen können.

rollen und anschließend zur Futternische zurückkehren. Wir können auf viele verschiedene Arten vorgehen, um diese Kette aneinanderzufügen. Jede der Komponenten kann dem Tier zu irgend einer Zeit beigebracht werden. Wenn dann die Bewegungen zusammengefügt werden, ergeben die Konsequenzen der einen Aktion den Anlaß für die nächste. So wird jeder neue Abschnitt im richtigen Augenblick ausgelöst. Vielleicht entscheiden wir uns dafür, die Reaktionenkette rückwärts aufzubauen, indem wir zuerst mit der Annäherung zum Futtertrog beginnen, dann die Kugelszene drannehmen usw. Viele Psychologen haben großes Geschick, Tiere auf lange und ausgeklügelte Kunststücke zu dressieren. Wir würden aber sagen, daß das Tier selten den ganzen Plan erwirbt. Die Strategie bleibt beim Versuchsleiter oder in dessen mechanischem Ersatz, den Experimentiergeräten. Das Tier hat eine Anzahl von verschiedenen Komponenten gelernt, die es zur Ausführung des Ganzen befähigen, so, als ob es einen größeren Plan hätte. Die Wahrheit kommt jedoch ans Tageslicht, wenn ein bestimmtes Zwischenresultat in der langen Kette nicht so herauskommt, wie es sollte. Das Tier wird nun nicht mit dem nächsten Schritt fortfahren. TOLMAN und seine Schüler behaupteten, daß Ratten fähig sind, einen ganzen Plan sowie seine einzelnen Teile zu beherrschen; es ist jedoch schwierig, die Fertigkeiten einer Ratte in dieser Hinsicht in einem Laboratorium zu demonstrieren[3]. In jedem Fall sind Ratten dem Menschen in ihrer Fähigkeit, sich an ausgearbeitete Pläne zu erinnern, so weit unterlegen, daß es schwer ist, einzusehen, warum die Psychologen annahmen, die bei Ratten gefundenen kognitiven Strukturen könnten auch für die Menschen Gültigkeit haben. Der Unterschied zwischen dem Tier und dem Menschen hat natürlich darin ein zentrales Merkmal, daß die Menschen die Sprache haben, womit sie ihre Pläne vom Könner zum Neuling und von einer Generation auf die andere übertragen können.

---

[3] Experimentelle Untersuchungen weisen darauf hin, daß Ratten und vermutlich alle sprachlosen Geschöpfe Pläne viel besser beherrschen können, wenn die zugrunde liegenden Bilder räumlich angeordnet werden können. Nach LASHLEYS (1929) wohlbekannter Beobachtung beherrschten Ratten auch nach einem chirurgischen Eingriff, der die gewohnte Bewegungsmöglichkeit vollkommen beseitigte, die vorher erlernte Fähigkeit, durch ein Labyrinth zu kommen. Dies muß bedeuten, daß innerhalb der gleichen allgemeinen Strategie die alten motorischen Taktiken durch neue ersetzt werden konnten; sicherlich kann es sich bei der Labyrinth-Fertigkeit nicht um eine gelernte Kette von Bewegungen handeln. Bei HUNTERS (1920) zeitlichem Labyrinth hingegen, wo die Organisation nicht räumlich dargestellt werden kann, hatten die Ratten große Schwierigkeiten. Siehe auch CAMPBELL (1954).

Sprachliche Pläne, wie der Plan des »Blickens, Lokalisierens, Suchens, Anschlagens und Kontrollierens« für das Schreibmaschinenschreiben oder der Plan des »Seitensteuer-Einschaltens, wenn die Fingerspitze das Schaltbrett berührt«, für das Starten, gehen in die Muskeln über, die sie ausführen, wenn eine Fertigkeit erworben wird[4].

Die sprachliche Form des Planes ist die Krücke des Lernenden, welche später fortgeworfen wird, wenn er allein zu gehen gelernt hat. Das ganze Bewegungsmuster, das über ständige Rückkopplungsvorgänge mit den Wahrnehmungsorganen gesteuert wird, kann dann in anderen Plänen so eingebaut sein, als wäre es eine geschlossene, unabhängige Einzelhandlung. Der gleiche Vorgang kann sich auf einer höheren Ebene wiederholen. Die neuen Einheiten können wieder mit anderen verschmelzen, so daß noch umfassendere Fertigkeiten, noch größere Einheiten entstehen. Schließlich kann der Maschinenschreiber ganze Abschnitte planen oder der Pilot ganze Flugreisen unternehmen, weil sie die Gewißheit haben, daß sie dann, wenn sie ihren Plan ausführen, alle eingeübten Unterpläne zur Verfügung haben und Befehle schnell und gut ausführen.

Die noch in Worten gefaßte Strategie des Anfängers kann zum gleichen Resultat führen wie die unwillkürliche, gewohnheitsmäßige Strategie des Geübten. Daran kann man erkennen, daß die beiden Strategien der »gleiche« Plan sind. Aber der Plan des Anfängers wird so ausgeführt, daß er bewußt gewollt, noch nicht fest geformt und mitteilbar ist, währenddem die Version des Geübten unwillkürlich, starr und meistens auf ihn persönlich zugeschnitten ist. Man kann sagen, daß die Entwicklung von automatisierten Fertigkeiten das in Worten arbeitende Planungszentrum in uns frei macht, um mit weitergesteckten Planeinheiten zu arbeiten.

Die Folge dieser Auffassung der Fertigkeiten und Gewohnheiten ist, daß man annimmt, der Mensch könne sich seine eigenen »Instinkte« aufbauen. Niedrige Tiere kommen mit eingebauten Strategien zur Welt; der Mensch baut sich seine Strategien bewußt selbst ein, die seinen eigenen Zwecken dienen. Wenn der Plan stark überlernt ist, wird er fast so unwillkürlich und resistent gegen jegliche Veränderung, wie ein angeborener, selbst wenn eine Abänderung ihm vom Resultat her naheläge. Denken wir an eine geübte Sekretärin, die sich während Jahren die Muskelbewegungen angewöhnt hat, zuerst d, dann i, dann e zu tippen, wenn sie »die« schreiben will. Bieten Sie ihr eine Geldsumme an, wenn sie mit

---

[4] Über die Integration und Symbolisierung von überlernten Reaktionen ist bei MANDLER (1954) mehr zu finden.

normaler Geschwindigkeit eine Seite schreiben kann, wo jedes »die« als »dei« erscheint! Dann schauen Sie ihr zu, wie sie es macht! Vermutlich wird sie es nicht können. Wenn sie es kann, wird sie es dadurch schaffen, daß sie langsam schreibt und indem sie versucht, wieder Einzelbuchstaben zusammenzusetzen statt ganze Wörter oder Sätze. Sie verläßt also ihren üblichen Schreibplan. Falls Sie sie drängen, rasch zu arbeiten, um das versprochene Geld zu verdienen, wird sie wohl den gewohnten Handlungsplan nicht unterdrücken können. Ihr Geld ist also nicht in Gefahr. Doch ein Wort der Warnung: Erhalten Sie das Angebot nicht zu lange aufrecht, denn Gewohnheiten kann man auch ändern. Wenn man sich Zeit nimmt, kann man sie durch andere ersetzen. Lassen Sie sie lange genug üben, und sie wird die Handlungseinheit, die sie zur Gewinnung Ihres Geldes benötigt, aufbauen.

Eine gute Sekretärin hat eine Serie von starren Strategien aufgebaut, welche die meisten Züge der Instinkte besitzen. Diese Tatsache erkennen Nichtpsychologen häufig, wenn sie von gewohnheitsmäßigen Handlungen als instinktiv sprechen. Oft wird der Mensch das Opfer von Auslösern, die zu seiner eingedrillten Fertigkeit gehören, genauso wie das niedrige Tier Auslöser für seine Instinkte hat. Ein geübter Sportler zum Beispiel wartet auf den Startschuß, bevor er seinen Plan für das Rennen auszuführen beginnt. Auch er hat seinen Start nicht vollständig unter Willenskontrolle, sonst würde er nie einen falschen Start machen oder den Schuß verfehlen. Der Vorteil des Menschen ist, daß seine Auslöser komplizierter sind und er zudem meistens bestimmen kann, unter welchen Bedingungen ein auslösender Reiz vorkommt. Beim instinktiven Handeln der Tiere hingegen ist der Auslöser meistens einfach und kommt aus einer Umwelt, die nicht unter seiner Kontrolle steht.

Der Aufbau von integrierten Strategien, der durch stete Übung und Wiederholung der Fertigkeiten stattfindet, hat eine weitere Einwirkung auf das menschliche Planen. Sie werden nun Unterpläne, und dies macht es dem Menschen möglich, mit einem »analogen« Prozeß »digital« umzugehen[5]. Zum Beispiel verändern sich die Eingangsgrößen, die ein

---

[5] In der Computersprache ist eine analog arbeitende Anlage dadurch gekennzeichnet, daß die Größen, die in den Berechnungen vorkommen, durch proportionale physikalische Quantitäten dargestellt werden, wie zum Beispiel die Stromstärke, die Zeitdauer, der Winkel eines rotierenden Armes usw. Somit werden kontinuierliche Veränderungen der Eingangsgrößen ebenso kontinuierliche Veränderungen der Größen während des Prozesses in der Maschine und als Ausgangsgrößen bewirken. Andererseits stellt ein Digitalcomputer die Größen, mit denen er arbeitet, mit Symbolen dar, die diskreten Zuständen der Ma-

Pilot aufnimmt, normalerweise ständig. Seine Reaktionen müssen der Stärke der Eingangsinformationen proportional entsprechen. Es sieht danach aus, als ob ein guter Pilot wie ein Analog-Computer funktioniert, wie ein Servomechanismus. Der Anfänger kann dies natürlich nicht, da seine Pläne sprachlich, symbolisch, digital formuliert sind, und er hat noch nicht gelernt, diese in kontinuierliche, proportionierte Bewegungen, wie sie sein sollten, zu übersetzen. Wenn er den Unterplan einmal beherrscht und seinen Muskeln überliefert hat, kann sich dieser jedoch verhalten, wie wenn er ein Unterprogramm in einem Analog-Computer wäre. Wir halten aber fest, daß dieses Programm, das in den unteren Ebenen der Hierarchie so kontinuierlich und wunderbar analog aussieht, in sich selbst eine verhältnismäßig feste Einheit ist, die in den höheren Ebenen der Hierarchie mit einem einzigen Symbol vertreten werden kann. D. h.: das Planen auf den höheren Ebenen sieht aus wie die Informationsverarbeitung in Digitalcomputern, während die Ausführung des Planes auf den untersten Ebenen aussieht wie ein Prozeß im Analogcomputer. Wer eine Fertigkeit entwickelt hat, hat etwas Ähnliches erreicht wie das Gerät am Ausgang eines Computers, das digitale in analoge Daten umwandelt. (Möglicherweise trifft auch zu, daß die Wahrnehmungsmechanismen die Eingangsgrößen für die höheren geistigen Prozesse von analogen zu digitalen Größen umformen. Wir werden auf diese Dinge hier jedoch nicht eingehen.) Eine intensiv eingeübte Handlungseinheit kann direkt ausgeführt werden, ohne daß sie zuerst in einer digitalen oder sprachlichen Form ausgedrückt werden muß oder ohne überhaupt beachtet zu werden[6].

Wir haben alle Sympathie für die Leser, denen solche groben mechanistischen Analogien und Hypothesen zuwider sind. Aber es ist schwierig, den Unterschied zwischen strategischen und taktischen Ebenen der ein-

---

schine entsprechen, zum Beispiel ein offenes oder geschlossenes Relais oder eine Wählscheibe, die eine von zehn Stellungen einnehmen kann. Es ist also keine einfache Analogie zwischen der Eingangsgröße eines Digitalcomputers und den Prozessen, die im Innern der Maschine vor sich gehen, vorhanden. Multipliziert man Zahlen auf einem Stück Papier miteinander, führt man einen digitalen Vorgang durch. Multipliziert man mit Hilfe eines Rechenschiebers, arbeitet man mit einem analogen Vorgang. Vgl. NEUMANN (1958).

[6] PAWLOWS bekannte Unterscheidung zwischen einem ersten Signalsystem, das sich mit direkt aufgenommenen Reizen befaßt, und dem zweiten Signalsystem, das sich auf sprachlich Erarbeitetes bezieht, scheint, sofern wir es verstehen, mit unserer Unterscheidung zwischen analogen und digitalen Systemen parallel zu laufen. Vgl. SIMON (1957).

geübten und Gewohnheit gewordenen Pläne auf andere Weise genau wiederzugeben. Der Sachverhalt könnte natürlich auch in neurologischen Begriffen ausgedrückt werden, die vielleicht ein bißchen weniger anstößig tönen. Das Cerebellum zum Beispiel, welches als Regulator und als Integrator von willentlichen Bewegungen betrachtet wurde, könnte die Rolle eines Digital-analog-Umformers spielen. RUCH (1951) bemerkte in einem Aufsatz über das Cerebellum als Rückkopplungsmechanismus, daß »die Langsamkeit der willentlichen Bewegungen charakteristisch ist für *cerebellar*-Patienten sowie für Normale, welche uneingeübte Bewegungen ausführen«. Wer auf der Grundlage der Neurologie Theorien über die Fertigkeiten aufstellen will, hat mit der Schwierigkeit zu kämpfen, daß die eingeübten Bewegungen so ungeheuer rasch ablaufen, daß zwischen zwei Bewegungen kaum Zeit bleibt für propriozeptive Rückkopplungsvorgänge. Jede einfache Konzeption in Begriffen wie Rückkopplung, Fehlerkorrektur oder Schaltkreis muß sich mit den relativ langsamen Transmissionsgeschwindigkeiten, die innerhalb des Nervensystems möglich sind, auseinandersetzen. RUCH schlägt vor, den Begriff eines »Zeit-Spannungs-Musters der Muskelkontraktionen« einzuführen, welches sich in die Zukunft projiziert, und bemerkt dann, daß solche »Planungsbewegungen« vom Nervensystem verlangen, daß es Impulse auf heute noch unbekannte Art jeweils für eine bestimmte Zeitdauer speichert.

Der Großhirn-Kleinhirn-Schaltkreis wird wohl weniger eine Einrichtung zur Fehlerkorrektur als Teil des Mechanismus sein, der einen augenblicklichen Befehl zeitlich in die Zukunft erstreckt. Ein solcher Schaltkreis enthält zwar die Information über die Folgen der eben abgelaufenen Handlung nicht, er könnte aber trotzdem eine Bewegung sozusagen *grosso modo* in Gang setzen und damit die mühsamen Zwischenstufen abkürzen, die bei der Korrektur von Bewegungen über Rückkopplungen des *output* unvermeidlich sind (Seite 205).

Diese Vorschläge sind in bemerkenswerter Übereinstimmung mit den hierarchischen Plänen, die wir hier betrachtet haben, besonders hinsichtlich RUCHS »Sofort-Befehl«, den wir uns als eine Instruktion vorstellen, die von einer digital arbeitenden Instanz ausgeht und zu einer analog arbeitenden weitergeleitet wird, welche die geplanten Bewegungen ausführt. Ein Plan, der entweder im Kleinhirn aufbewahrt oder dorthin transferiert wird, könnte die vorausgenommene Bewegung enthalten, bevor sie ausgeführt wird.

RUCH bemerkt dann mit sauberer, wissenschaftlicher Vorsicht, daß solche Analogien zwischen neurologischen Systemen und Servosystemen ihrem Wesen nach allegorisch sind. Es ist aber schwer zu sehen, wie man ohne sie auskommt. Bei jeder Maschine, die man erforschen möchte, muß man als erstes wissen, daß es überhaupt eine Maschine ist. Das zweite ist eine kühne Vermutung; wozu sie da ist. Innerhalb dieses Rahmens ist es dann möglich, in sauberem, wissenschaftlichem Geist zu analysieren, wie die einzelnen Teile arbeiten, um ihr Ziel zu erreichen. Ohne von einer Vermutung geleitet zu sein, würde der Forscher seine wunderschönen, exakten Beschreibungen für irrelevante Aspekte des Problems verschwenden. In diesem Geist aber wagt man die Vermutung, daß das Kleinhirn der Apparat ist, der analoge Pläne für die Regulation und Integration von muskulären Koordinationen macht, d. h. daß das Cerebellum entscheidenden Anteil am Umwandeln von digitalen zu analogen Einheiten hat, die die Ausgangsgrößen von neurologischen Systemen durchmachen müssen.

In den nun folgenden Kapiteln werden wir von den Handlungsebenen, bei denen analoge Daten vorkommen, nur wenig hören, bis zu Kapitel 14. Wir nehmen an, daß Fertigkeiten und Gewohnheiten digital als eine Art von motorischem Vokabular dargestellt werden können. Es ist darum vielleicht gut, noch einmal zusammenzufassen, was wir über Instinkte und Fertigkeiten gesagt haben: Beide, Fertigkeiten und Instinkte, sind in der Zeit sich erstreckende Aktionsmuster. Sie sind auf Umweltbedingungen gerichtet und werden von diesen aktiviert und geleitet und in hierarchisch organisierte Aktionseinheiten mit mehr als einer Komplexitätsebene organisiert. Die Autoren behaupten, daß diese Eigenschaften aufgrund einer Verhaltenstheorie, die allein auf Reflexketten oder einfachen Reiz-Reaktions-Verbindungen beruht, nicht verstanden werden kann. Theoretische Hilfsmittel, die mindestens so vielseitig ausgearbeitet sind wie die TOTE-Hierarchien, scheinen unentbehrlich zu sein.
Wir wenden uns nun vielschichtigerem Verhalten zu, in welchem der Umgang mit Symbolen zu einem entscheidend wichtigen Bestandteil wird, speziell der Umgang mit sprachlichen Symbolen, auch wenn dieser der Beobachtung nicht immer direkt zugänglich ist.

7 Die Integration von Plänen

Die meisten Menschen unseres Kulturkreises verfolgen gleichzeitig mehrere Pläne. Mrs. Jones hat einen immer wiederkehrenden Plan, den sie täglich variiert und ausführt: ihren Haushalt in Ordnung zu halten. Sie hat auch einen Plan, ihre Schwester in Baltimore zu besuchen: er wiederholt sich nicht; sie ist überdies an einem Gemeinschaftsplan beteiligt, nach dem ihr Nachbar zum Sheriff gewählt werden soll. Mit all diesen nebeneinander bestehenden Plänen (und weiteren dazu!) ist sie bemüht, stets jene Handlungen zu vollziehen, die gleichzeitig möglichst viele dieser Pläne vorantreiben. So kann sich Mrs. Jones entscheiden, in die Stadt zu fahren, dort ihre Haare frisieren zu lassen, bevor sie zu ihrer Schwester fährt, sodann die Wahlplakate in der Druckerei abzuholen und die Lebensmittel für diese Woche einzukaufen. Eine Fahrt in die Stadt dient dazu, gleichzeitig drei Pläne weiterzuverfolgen.

Psychologen stellen fest, daß wir Dinge tun, weil verschiedene »Motive« zusammenwirken, und sie haben dieses Phänomen unter den Begriffen der »Summation«, der »multiplen Verursachung des Verhaltens« usw. abgehandelt. Doch haben sie unser Verständnis kaum auf eine höhere Stufe gebracht als jeder intelligente Laie, der einen normalen Tag in einer modernen Stadt bewältigt. Wie integrieren wir verschiedene Pläne zu jenem einzigen Verhaltensablauf, den wir allein ausführen können? Wie beurteilen wir, ob sich ein neuer Plan mit dem, was wir bereits tun, vereinbaren läßt oder ob es nicht möglich ist, ihn den anderen anzugleichen? Wie sind unsere vielfältigen Pläne mit den vielfältigen Rollen verbunden, die wir in der Gesellschaft spielen müssen? Wie entwickelt sich in Kindern die Fähigkeit, verschiedene Pläne miteinander zu vereinbaren und zu koordinieren? Wie lernt man, mit all seinen Plänen, schließlich auch noch die Uhrzeit mit einzubeziehen?

Es würde uns viel helfen, wenn es eine allgemeine Sprache gäbe, um über Pläne zu sprechen [1].

---

[1] Die Sprachen der Informationsverarbeitung, die von NEWELL, SHAW und SIMON entwickelt wurden, stellen natürlich eine Lösung dar, aber das, woran wir hier denken, wäre eine abstraktere und allgemeinere Denkart. Die Sprache müßte Instruktionen in so allgemeiner Form behandeln, daß wir uns etwa auf der gleichen Allgemeinheitsebene befänden, auf welcher die Aussagelogik sich

Eine solche Sprache würde uns voraussichtlich ein brauchbares System von Zeichen und Symbolen liefern für Handlungsaspekte wie: Flexibilität von Plänen, Auswechslung von Subplänen, bedingte und vorbereitende Subpläne usw. Zum Beispiel spielt es keine besonders wichtige Rolle, in welcher Reihenfolge Mrs. Jones ihre Besorgungen macht, wenn sie in der Stadt ist. Die Reihenfolge der drei Unterpläne kann beliebig zusammengestellt werden, und deshalb sagt man, dieser Teil des Planes sei flexibel. Dagegen kann sie die Reihenfolge der beiden Unterpläne: in die Stadt zu fahren oder nach Hause zurückzukehren, nicht umstellen. Diese Teile des Planes sind vorgegeben. Gewisse Unterpläne werden allein deshalb ausgeführt, um die Bedingungen zu schaffen, damit ein anderer Plan ausgeführt werden kann. Solche vorbereitende oder »mobilisierende« Unterpläne können wegen der darauffolgenden nicht frei verschoben werden. Eine weitere wichtige Dimension der Freiheit, die analysiert werden sollte, ist die Austauschbarkeit von Unterplänen. Mrs. Jones kann zwischen mehreren Straßen, die in die Stadt führen, wählen. Die Auswahl ist nur durch die Bedingung beschränkt, daß sie an einem der drei verschiedenen Bestimmungsorte enden, wo der nächste Teil des Planes relevant wird. Wenn uns ein einigermaßen guter Plan und eine Aussage über die Flexibilität und Austauschbarkeit seiner Unterpläne gegeben sind, sollten wir fähig sein, einige Alternativpläne zu schaffen, die ebenfalls befriedigen. Außerdem sollten wir über die nötigen Kriterien verfügen, die uns entscheiden helfen, welche Plankombinationen den besten Nutzeffekt haben. (»Nutzeffekt« ist in einem ziemlich weiten Sinne zu verstehen.)

Besonders für die beteiligte Person ist es nicht immer augenfällig, ob zwei Pläne miteinander vereinbar sind oder nicht. Wir kannten einen sehr intelligenten Mann, der jahrelang versuchte, eine Einführung in die Physik in Romanform zu verfassen, damit sie mehr Leuten zugänglich sei. Er verschwendete eine Riesenarbeit an dieses Projekt, bevor er sich selbst eingestehen konnte, daß der Plan, ein Physikbuch zu schreiben, mit dem, einen Roman zu schreiben, unvereinbar ist. Ein anderes Beispiel: Während vieler Jahre nahmen die Physiker an, daß die Lage und die Geschwindigkeit eines Partikels gleichzeitig so genau gemessen werden

---

mit deskriptiven Aussagen befaßt. Wir haben über dieses Problem wenig nachgedacht, doch sind wir überzeugt, daß kaum etwas entwickelt werden könnte, das weniger komplex ist als eine Computer-Sprache. Leser, die diese Frage weiterverfolgen möchten, finden bei Barker und Wright (1954) eine reiche Quelle von Daten und Ideen.

können, wie man es nur wünsche. Der Mann, der entdeckte, daß die Pläne, diese zwei Messungen gleichzeitig zu machen, unvereinbar sind, verursachte eine Revolution in unserer Konzeption des physikalischen Universums. Die Entdeckung, daß zwei Pläne unvereinbar sind, kann, wie man sieht, große Intelligenz erfordern und ein Weltbild vollständig umgestalten.

Wir sehen also, daß sich jemand, der zwischen kollidierende Pläne gerät, in einer etwas anderen Lage befindet als derjenige, der entgegengesetzte Motive hat. Wenn Pläne sich widersprechen, entzieht sich dies fast zwangsweise seinem Bewußtsein, während unvereinbare Wünsche ihm schmerzlich bewußt sein können. Ziemlich sicher wird er in einem Nebel von Verwirrung und Unsicherheit herumtappen, der sich auf seine unvereinbaren Pläne legt; es scheint, als ob der Betreffende sich mit Bedacht selbst frustrierte, wobei er aber nicht zu erkennen vermag, warum. Er weiß zwar, daß etwas nicht in Ordnung ist, findet aber nicht heraus, was es ist. Die beiden Pläne können voneinander derart weit auseinanderliegen, daß es ihm nie einfällt, sie einander gegenüberzustellen. In schweren Fällen kann sich daraus eine »schizophrene Persönlichkeit« entwickeln.

Am schwierigsten ist das Problem der sich widersprechenden Pläne dann, wenn sie einander durchdringen und es unmöglich ist, einen allein vollständig aufzugeben. Diese Art von Konflikt findet man häufig bei neurotischen Patienten. Ein oft vorkommendes Beispiel ist die Person, die gleichzeitig zwei Lebenspläne akzeptiert hat, nämlich den einen von ihrer Mutter und den anderen von ihrem Vater. Vielleicht könnte jeder der beiden Pläne gesondert, oft auch beide gleichzeitig ausgeführt werden. Es ist aber möglich, daß der Lebensplan der Mutter demjenigen des Vaters widerspricht. Die Mutter kann zum Beispiel einen Plan vermitteln, der persönliche Unabhängigkeit verlangt, während der Plan des Vaters Autoritätsgläubigkeit fordert. Versucht der Mensch, beide Pläne gleichzeitig auszuführen, so findet er nichts, was er tun könnte, um beide gleichzeitig voranzubringen. Unentschiedenheit, Hinundherschwanken oder Handlungsunfähigkeit sind das Ergebnis, so daß schließlich keiner der beiden Pläne ausgeführt wird. Oder er kann darum kämpfen, sich vom einen oder anderen Plan zu befreien und sich mit einem der beiden Eltern zu identifizieren. Falls er versucht, sich vom mütterlichen Muster zu lösen, so kann die Ablehnung der mütterlichen Liebe eine Persönlichkeitskrise nach sich ziehen (ethische Schuld). Versucht sie aber den Plan des Vaters aufzugeben, so kann die Zurückweisung der väterlichen Verordnungen eine Krise in ihrer Lebensführung verursachen. Es resultieren Schuldgefühle. Wenn immer ein bisher erfolgreicher Plan plötzlich unbrauchbar wird, ist das widerwillige Aufgeben desselben von starken Emotionen begleitet. In Kapitel 8 berichten wir mehr darüber.

Wir wollen nebenher festhalten, daß die Aufgabe, mehrere Pläne in einen einzigen Verhaltensstrom zu integrieren, vom gleichen Organismus, der die verschiedenen Pläne aufstellt und ausführt, vollbracht werden muß. Wenn Pläne nur durch die zufälligen Ereignisse in der Umwelt einer Person aneinandergereiht werden, entstehen keine Probleme. Doch falls sie überlegt koordiniert werden sollen, muß ein Mechanismus für diese Koordination vorhanden sein. Dieser Mechanismus wird voraussichtlich im großen ganzen von der gleichen Bauart sein wie die TOTE-Hierarchien, die wir bereits besprochen haben. Der neue Gesichtspunkt dabei ist, daß die »Objekte«, die von dieser koordinierenden TOTE-Hierarchie geprüft und bearbeitet werden, selbst TOTE-Hierarchien sind. Das heißt, wir müssen Pläne haben, die andere Pläne verarbeiten, wie auch Pläne, die Informationen verarbeiten, wenn sie unser motorisches Verhalten lenken sollen. Damit sind wir bei einem Grad von Komplexität angelangt, den wir in späteren Kapiteln behandeln wollen.

Das Problem, mehrere Pläne in einem einzigen Handlungsstrom zu koordinieren, ist bereits schwierig genug, doch wieviel komplizierter wird es erst, wenn mehrere Menschen zusammenzuarbeiten versuchen, um einen kollektiven Plan auszuführen, der auf einer gewissen, in der öffentlichen Meinung verwurzelten Vorstellung beruht! Um einen kollektiven Plan handelt es sich immer dann, wenn sich eine Gruppe zusammenschließt, um ein Ziel zu erreichen, das jeder für sich allein nicht erreichen könnte oder wollte. Jedes Gruppenglied übernimmt die Ausführung eines Teilstückes und verleibt dieses seinen eigenen individuellen Plänen ein. Wenn der kollektive Plan zum Beispiel darin besteht, auf dem Gemeinschaftsspielplatz neue Schaukeln aufzustellen, dann muß sich *Jones* damit einverstanden erklären, das Material zu beschaffen, *Smith*, die alten Schaukeln wegzuräumen, *Brown*, die neuen aufzustellen, und *Cohen*, bei den Nachbarn Beiträge zu sammeln, um alles zu bezahlen. Für sich allein genommen, wäre keine dieser Aktivitäten sehr sinnvoll. Sie haben nur als Teil eines größeren, auf mehrere verteilten Planes eine Bedeutung.

Natürlich kann jeder der vier Männer, die am aufgeteilten Plan beteiligt sind, Helfer beiziehen und seinen Anteil noch weiter unterteilen. Auf diese Art hat die Gesellschaft eine Hierarchie von Plänen errichtet — fast wie ein Baum mit seinen Verzweigungen —, die den hierarchischen Plänen, wie wir sie beim einzelnen Individuum besprochen haben, ähnlich sind. Zuunterst am Baumstamm gibt es einige wenige Leute, die

die Strategie für die ganze Gruppe ausarbeiten. An den äußersten Zweigspitzen befinden sich die vielen Arbeiter, die die taktischen Unterpläne, die sie für sich selbst ableiteten, ausführen. Wir (Amerikaner) verbringen einen großen Teil unserer Zeit damit, gerade diese Art sozialen Planens zu koordinieren und daran teilzunehmen.

»Soziales Planen« weckt natürlich eine Fülle von Assoziationen. Darunter fällt zum Beispiel die traditionelle Auseinandersetzung über die Rolle des Staates als Schöpfer sozialer Pläne. Soll die Regierung uns zum Beispiel unsere sozialen Pläne in Fünfjahresetappen vorlegen, oder sollten wir darauf vertrauen, daß sich aus dem Zusammenspiel unserer privaten Pläne ein natürliches Gleichgewicht herstellen wird? In einer einfachen Situation kann ein Planer fähig sein, alle Alternativen in die Hand zu bekommen und sich genügend Informationen zu verschaffen, um die vernünftigsten Entscheide zu fällen. Aber sobald eine Situation nur etwas komplex wird — noch lange bevor wir an etwas so Formidables wie eine Regierung denken —, werden menschliche Planer ihre Aufgabe unlösbar finden. In großen Organisationen ist es deshalb unvermeidbar, daß ein großer Teil der tatsächlich vor sich gehenden Entwicklung das ungeplante Ergebnis unzähliger Einzelpläne ist.

Viele Gemeinschaftspläne sind vorübergehende, einmalige Angelegenheiten, während andere sich wiederholen und relativ dauerhaft sind. Der Plan, auf dem Spielplatz neue Schaukeln aufzustellen, wiederholt sich nicht; er wird abgelegt, sobald er ausgeführt worden ist. Andererseits führen die meisten Geschäftsorganisationen immer wieder dieselben Aufgaben aus. Ein Fabrikant kauft ständig Rohmaterial ein, verarbeitet es zu Fertigprodukten und versucht, diese mit Gewinn zu verkaufen. Dieser Plan wird nicht abgelegt, nachdem er einmal erfolgreich durchgeführt worden ist. Die verschiedenen Unterpläne dieser laufenden Unternehmungen weisen eine konsequente Beständigkeit auf, und die Leute haben Zeit, sich spezielle Fertigkeiten und spezielles Wissen über einzelne Teile der Unternehmung anzueignen. Die Aufteilung der Arbeit und der Verantwortung, die unter solchen Umständen möglich und zweckmäßig ist, bestimmt eine ganze Gruppe von sozialen *Rollen.* Für Soziologen und Sozialpsychologen ist das Rollenkonzept unentbehrlich, wenn sie versuchen, relativ kompliziertes menschliches Verhalten zu verstehen. Wir wollen hier keinen Überblick über die Rollentheorie vermitteln, sondern lediglich nebenbei feststellen, daß die Rolle einer Person in einer beliebigen Gruppe mit Hilfe des Plans, dessen Ausführung jene Gruppe von ihr erwartet, definiert werden sollte. (»Rolle« ist einer jener wundervollen Begriffe, die offenbar unzählige Definitionen zulassen, so daß es kein Unglück ist, wenn noch eine weitere hinzukommt.) Jeder von uns spielt zahlreiche Rollen in verschiedenen Gruppen, und die Mehrheit der Pläne, die wir individuell ausführen, haben ihren Ursprung in unseren sozialen Verpflichtungen. Sozialplanung stellt für das Studium der Eigenschaften von Plänen und ihrer Ausführung einen interessanten Bereich dar. Soziale Pläne sind einmal interessant, weil sie der Ursprung so vieler individueller Aktivitäten sind und, zweitens, weil gemeinsam getragene Pläne so schöne Beispiele sind. Das heißt, daß menschliche Institutionen primär den Zweck haben, Pläne auszuführen, die ihre Mitglieder als Einzelindividuen nicht ausführen können oder wollen. Wenn die Pläne, die die *raison d'être* einer Gruppe bilden, wegfallen — weil sie beendet, vereitelt, überstimmt, veraltet, vollendet oder was sonst auch immer sind —, wird diese sich höchstwahrscheinlich auflösen. Die Mitglieder können zwar ihre Versammlungen weiterhin abhalten, um sich ihren Emotionen hinzugeben, aber dabei ändern sich, der Gruppe entsprechend, auch deren Pläne. Doch viele planlos gewordene Gruppen verschwinden, und man hört nie mehr von ihnen. In dieser Hinsicht gleichen Gruppen den Computern: 90 Prozent Plan und 10 Prozent Bild. Individuen andererseits weisen 75 Prozent Vorstellungsbild und 25 Prozent Plan auf[2].

Eine dritte Quelle des Interesses an gemeinsamen Plänen bildet ihre leichte Zugänglichkeit. Ein solcher Plan muß den Gliedern einer Gruppe mitgeteilt werden; damit kann er auch einem wissenschaftlichen Beobachter vermittelt werden. Wenn man sich mit den persönlich geplanten Handlungen eines Individuums befaßt, kommt man oft nie aus der Unsicherheit heraus, welchen Plan es befolgt, da es unfähig oder nicht gewillt sein kann, diesen zu enthüllen. Im sozialen Zusammenhang dagegen ist der Plan, den ein einzelner ausführen muß, oft sehr detailliert umschrieben, weil man versucht hat, von ihm eine optimale und nicht nur zufriedenstellende Durchführung zu erlangen. In diesem Falle kann eine Reihe interessanter Probleme auftauchen.

Schließlich sind Gemeinschaftspläne interessant, weil sie oft so wichtig sind; wichtig für die sozialen Gruppen, die sie ausführen und deren Existenz davon abhängen kann. Ebenso wichtig sind sie jedoch für die einzelnen, die an ihrer Ausführung mitwirken, da sie viele besondere Gelegenheiten, Erkenntnisse und Enttäuschungen mitbestimmen, die ihr Leben formen.

Die Autoren dieses Buches sind überzeugt, daß sich in den Gemeinschaftsplänen, wie sie in beinahe jeder menschlichen Körperschaft wir-

---

[2] Diese Prozentzahlen sind nicht auf mehrere Dezimalstellen genau, sondern basieren auf Zahlen, die nicht genauer als etwa eine Redewendung sind.

ken, ein großartiges Feld für die Entwicklung und Auswertung einer Wissenschaft über menschliches Planen bietet. Ja, wir glauben sogar, die Entwicklung einer solchen Wissenschaft auf dem Gebiet der Geschäftsverwaltung zu erkennen. MARCH und SIMON (1958) haben dies unter Gesichtspunkten betrachtet, die für uns faszinierend sind[3]. Falls jemand fälschlicherweise annehmen sollte, daß die Verwaltungswissenschaft aus einem einfachen, einleuchtenden System, das auf zwei oder drei Axiomen gründe und für jeden erfolgreichen Geschäftsmann verständlich sei, bestehe, so laden wir ihn ein, die Liste der 206 von MARCH und SIMON aufgestellten Variablen, die alle relevant und wichtig sind, durchzusehen. In einem derart unüberblickbaren Wunderland sind wir dankbar, auf die Arbeit von anderen zurückgreifen zu können.

Die Integration und Koordination von Plänen, individuellen wie gesellschaftlichen, ist ein wichtiger Aspekt der üblichen Planproblematik. Wir sollten dieses Thema nicht verlassen, ohne auf die Bedeutung von Uhren und Terminkalendern für die Koordination aufmerksam gemacht zu haben. Sowohl Raum wie Zeit durchdringen unsere Pläne. Wie wichtig räumliche Erwägungen sind, ist offensichtlich, denn zu dem, was wir tun wollen, gehören oft bestimmte Orte, wo dies durchführbar und/oder sachdienlich ist. Zeitliche Erwägungen sind vielleicht etwas komplizierter. Wenn wir nur einen einzigen Plan in Betracht ziehen müßten, dürfte es kaum notwendig sein, sich sehr um die Zeit zu kümmern; die Ausführung des Planes könnte dann so lange dauern, wie es eben nötig ist. Doch wenn Pläne konkurrieren, bewerben sie sich um unsere Zeit. Wir müssen Prioritätsregeln aufstellen; Richtlinien darüber, wann ein Plan verfolgt werden kann und wann er abgeschlossen sein sollte, sei es nur für eine kurze Zeit oder für immer, bevor wir einen wichtigeren in Angriff nehmen können. Wenn wir versuchen, unsere Pläne mit den Plänen von anderen zu koordinieren, dann wird die Uhr zum kleinen Diktator unseres Lebens. Kriterien des Raumes und der Zeit müssen deshalb in die Testphase nahezu jedes Planes eingebaut werden, um festzulegen, wo und wann irgendein Plan sachdienlich und durchführbar ist. Zeit und Raum, Uhren und Schlüssel werden so zu Dimensionen all unseres Tuns. Man sagt den Amerikanern nach, sie seien die ergebensten Diener der Zeit.

---

[3] Was wir hier als Plan bezeichnen, wird von MARCH und SIMON Programm genannt, und wenn sie von Planen sprechen, macht dies nur einen Teil dessen aus, was wir unter dem vollständigen Prozeß des Konstruierens, Koordinierens und Ausführens von Plänen verstehen.

Der Amerikaner stellt die Tatsache, daß Zeit geplant und zukünftige Ereignisse in einen Zeitplan eingepaßt werden sollten, nie in Frage. Er ist überzeugt, daß man in die Zukunft blicken und nicht zu lange bei der Vergangenheit verweilen sollte. Seine Zukunft liegt nicht sehr weit vor ihm. Resultate müssen in einer voraussehbaren Zeit erreicht werden — ein oder zwei Jahre oder höchstens fünf oder zehn. Versprechen, Stichtage und Verabredungen einzuhalten, werden sehr ernst genommen. Es gibt wirkliche Strafen für Zuspätkommen und Nichteinhalten von zeitlichen Verpflichtungen. Daraus kann geschlossen werden, daß der Amerikaner glaubt, es sei natürlich, die Zeit zu quantifizieren. Darin zu versagen ist undenkbar. Der Amerikaner gibt einzeln an, wieviel Zeit er benötigen wird, um alles zu erledigen (HALL 1959, S. 172 bis 173)[4].

So lautet das Urteil eines Anthropologen. Damit wird behauptet, daß das Planen ein rein amerikanisches Charakteristikum sei und kein allgemein menschliches. Seien solche Hinweise noch so nützlich, wir haben uns entschlossen, sie zu ignorieren! Wir haben eingesehen, daß Planen eine umfassende Funktion ist, welche die Grenzen überbrückt, die die Amerikaner von der Sandwespe und vom Computer trennen. Es ist nicht die Tatsache, *daß* Amerikaner planen, die sie von ihren Mitmenschen unterscheidet. Es ist die Art und Weise, *wie* Amerikaner planen, und besonders der Respekt, den sie ihren gemeinsamen Plänen erweisen, der sie von Menschen anderer Kulturen abhebt. Planen im weiteren Sinne ist keine amerikanische Besonderheit. Es ist ein unentbehrlicher Aspekt des menschlichen Geistes.

Trotzdem sollte ein vorsichtiger Leser den amerikanischen Ursprung dieses Buches über die Psychologie der Pläne nicht übersehen.

---

[4] LEWIN (1948) und KLUCKHOHN (1955) sind im wesentlichen zu derselben Ansicht über alle zeitlichen Aspekte des amerikanischen Lebens gekommen.

8

Wenn Pläne aufgegeben werden

Als wir im vorangehenden Kapitel Pläne beschrieben, die für mehrere Personen verbindlich sind (öffentliche Pläne), vernachlässigten wir ein entscheidendes Problem, das sich jeder gut funktionierenden Verwaltung stellt: Wie bringt man Menschen dazu, einen Teil ihrer persönlichen Lebensgestaltung aufzugeben, um einen Gemeinschaftsplan auszuführen? Regelmäßige Entlohnungen in bar haben sich in unserer Kultur zum Beispiel als nützlich erwiesen. Doch sogar diese genügen gewöhnlich nicht, einen Menschen so weit zu bringen, daß er einen Plan von allgemeinem Interesse mit derselben Begeisterung und Einsicht ausführt wie einen eigenen. Das Problem des Überzeugens (oder, in anderen Zusammenhängen: des Verführens) hat lange einige unserer größten Psychologen fasziniert.

Unter all den vielen Schwierigkeiten, denen wir normalerweise begegnen, wenn wir andere Menschen zur Ausführung unserer Pläne überreden wollen, gibt es eine Situation, in der ein Mensch sogar fanatisch darauf bedacht ist, alles zu tun, was wir ihm sagen. Er wird dann so kooperativ, daß wir unsere ganze Zeit darauf verwenden müssen, ihn davon abzuhalten, sich in unserem Interesse zu schaden. Die Situation, an die wir hier denken, ist natürlich die Hypnose.

Daß ein so aufsehenerregendes Phänomen wie die Hypnose vernachlässigt wurde, gehört zu den sieben Wundern der Psychologie. Einige Psychologen glauben gar nicht daran, sondern halten sie für einen Schwindel, der mit Hilfe eines kooperierenden Strohmannes gespielt wird. Die Mehrzahl jedoch betrachtet sie als wirkliches Phänomen, doch haben die meisten nicht selbst damit gearbeitet, und sie vertrauen niemandem, der es getan hat, ganz. Leider haben nur wenige Psychologen eine klare Vorstellung davon, was Hypnose ist und wozu man sie anwenden kann, trotz ihrer auffallenden Wirkungsweise. Zwei der Autoren dieses Buches teilten diese mißtrauische Haltung. Das Fehlen eigener Erfahrungen erschwerte ihre Aufgabe, über die Hypnose zu schreiben. Es ist deshalb wichtig, gleich zu Anfang zu sagen, daß wir uns stark auf einen kürzlich erschienenen, ausgezeichneten Bericht von WEITZENHOFFER (1957) stützen. Diese Monographie bestimmt das Thema der hier dargelegten Auseinandersetzung.

Wir wollen mit einer oberflächlichen Bestimmung dessen, was die Quelle hypnotischer Phänomene sein muß, beginnen und dann einige Erscheinungen näher untersuchen. Die gegenwärtige Konzeption der Hypnose ist ziemlich einfach. Sie gründet auf dem naiven Glauben, daß das Subjekt meint, was es sagt, wenn es uns mitteilt, daß es seinen Willen dem des Hypnotiseurs unterwirft. Gibt es irgendeinen Grund, dies zu bezweifeln? Diese Theorie ist genauso gut wie irgendeine andere.

Schwierigkeiten ergeben sich natürlich, weil niemand weiß, was der Wille ist. Wir stehen also beinahe wieder am Anfang unserer Weisheit mit dem einzigen Ergebnis, daß wir den Brennpunkt der Betrachtung verschoben haben. Was uns fehlt, ist nicht eine gute Theorie der Hypnose, sondern eine gute Theorie des Willens. Damit sind wir an dem Punkt, wo die Argumente dieses Buches relevant werden.

Nehmen wir an, daß eine wache Person unter normalen Bedingungen ständig mehr oder weniger zusammenhängende Pläne für ihr Verhalten konstruiert und revidiert. Nehmen wir an, daß einige dieser Pläne innerlich vorgestellt, andere kinästhetisch entworfen werden etc., wobei die komplizierten willentlichen Pläne einen bewußten Sprachgebrauch voraussetzen. Die innere Sprache ist das Material, aus dem unser Wille gemacht ist. Wenn wir etwas tun wollen, stellen wir uns vor, wie wir es tun werden; wir wiederholen im stillen unsere mündlichen Befehle, während wir uns auf die Aufgabe konzentrieren. Es ist eine allgemein bekannte Tatsache, die seit J. B. Watson von nahezu allen behavioristischen Psychologen hervorgehoben wird, daß der größte Teil der von uns geplanten Aktivitäten subjektiv dadurch repräsentiert wird, daß wir uns selbst beim Sprechen zuhören. Die hypnotisierte Person tut in Wirklichkeit nichts anderes. Der Unterschied besteht darin, daß die Stimme, auf die sie für ihren Plan hört, nicht ihre eigene, sondern die des Hypnotiseurs ist. Das Subjekt gibt seine innere Sprache für den Hypnotiseur auf.

Es genügt nicht, wenn wir nur sagen, daß ein hypnotisiertes Subjekt Plänen zuhört, die der Hypnotiseur formuliert hat. Irgendeine Person, die dem Paar bei der Arbeit zuschaut, würde dieselben Pläne vornehmen, aber nicht denselben Zwang fühlen, sie auszuführen. Worin besteht der Unterschied zwischen normalem und hypnotisiertem Zuhören? Es wird angenommen, daß eine wache Person die vorgeschlagenen Pläne hört und sie dann entweder in das eigene Planen mit einbezieht oder sie zurückweist. Ein Mensch unter Hypnose dagegen hat aufgehört, seine eigenen Pläne zu machen; somit fällt die Frage der Koordination und eine mögliche Übersetzung der Version des Hypnotiseurs in eine eigene weg. Die Version des Hypnotiseurs ist die einzige, die er hat, und danach führt er den Plan aus. Die grundlegende Annahme ist hier, wie in anderen Kapiteln, daß wir als Menschen immer irgendeinen Plan ausführen müssen. Natürlich ist das Subjekt fähig, den Plan auszuarbeiten, den ihm der Hypnotiseur gibt, genauso wie er normalerweise die Taktiken zu irgendeiner Strategie ausbauen würde. Doch der Plan des Hypnotiseurs hat den Vorrang vor irgendwelchen eigenen Plänen.

So stellt sich die Frage: Wie hört eine Person auf, für sich selbst Pläne aufzustellen? Das tut jeder von uns sein Leben lang jeden Abend, wenn er einschläft. Jeder, der unter Schlaflosigkeit gelitten hat, wird bezeugen, daß dieses Aufhören nicht immer leicht ist. Doch die meisten von uns werden damit ohne allzu große Schwierigkeiten fertig. Es ist zu vermuten, daß es sich um denselben Vorgang handelt, wenn eine Person ihre eigene innere Sprache ausschaltet, um hypnotisiert zu werden. Sie versucht, dieselben Bedingungen zu schaffen, unter denen sie gewöhnlich einschläft. Sie würde dafür sorgen, daß der Raum dunkel und ruhig ist. Sie würde sich hinsetzen oder hinlegen und eine entspannte, bequeme Stellung einnehmen. (Diese Bedingungen, die wir für den Schlaf als so nötig erachten, werden nicht allgemein vorausgesetzt. Es wäre interessant zu sehen, ob kulturelle Unterschiede in den Schlafgewohnheiten den Unterschieden bei der Anwendung der Hypnose entsprechen.) Die Person könnte versuchen, ihr Nachdenken über die eigenen Pläne abzubrechen, indem sie ihrem inneren Sprechapparat einen stumpfsinnigen und dummen Auftrag gibt, wie Schafe zu zählen oder sich auf ein winziges Detail zu konzentrieren. Sie würde versuchen, ihre Gedanken davon abzulenken, was sich wohl als nächstes ereignen werde, was die Leute von ihr denken, wie lange sie schon hier ist, wo sie sich in bezug auf andere Objekte im Raum befindet usw. Sie würde, kurz gesagt, alles daransetzen, sich zu entspannen und nicht mehr zu sich selbst zu sprechen. Und das ist genau das, was die Standardvorgehen in der Hypnose von ihr verlangen. Jedoch schläft sie in der Hypnose nicht ein, weil sie feststellt, daß die Stimme des Hypnotiseurs einen Ersatzplan anbietet. Und so beginnen die Pläne des Hypnotiseurs auf das Nervensystem des Subjektes zu wirken, als wären sie seine eigenen.

Eine andere Art, die Hypnose herbeizuführen, beruht darauf, daß der Hypnotiseur dem Subjekt in rascher Folge schwierige und widersprüchliche Instruktionen gibt, so daß der eigene »Planer« des Subjekts verwirrt wird. Anstatt einen Halt einzuschalten, läßt er sich überladen und gibt auf. In dieser Krise werden die vom Hypnotiseur angebotenen Pläne als willkommene Aufhebung der Verwirrung angenommen. Diese Technik erfordert jedoch mehr Geschicklichkeit als die Standardmethoden.

Zweifellos umfaßt der Prozeß zur Herbeiführung der Hypnose mehr, als diese Beschreibung beinhaltet, sonst würde sich ja jeder Student, der verwirrt wurde oder während der Vorlesung einschliefe, im Zustand der Hypnose befinden. Um die Stimme der Person durch seine zu ersetzen, muß ein Hypnotiseur Pläne zur Verfügung stellen, nicht nur Kommentare oder beschreibende Aussagen. Diese Pläne sollten mit den Wahrnehmungen und Bewegungen des Probanden so gut wie möglich koordiniert werden, damit sie die Illusion, daß sie aus dem eigenen Innern kommen und nicht von einer anderen Person, begünstigen. Viele Tricks, die gute Hypnotiseure anwenden, können dahin gehend gedeutet werden.

Es sollte nun ziemlich deutlich sein, daß die Sprache bei dieser Auffassung von Hypnose eine entscheidende Rolle spielt und daß es diese Deutung durcheinanderbringen würde, wenn ein Subjekt in tiefer Trance fließend spräche. Da wir Autoren in diesem interessanten Punkt keine eigene Erfahrung haben, müssen wir uns auf WEITZENHOFFER stützen. Er beschreibt die hypnotisierte Person folgendermaßen:

Das Subjekt hat eine ausgesprochene *Abneigung zu sprechen*. Es ist oft notwendig, es mehrmals anzusprechen, bevor man eine Antwort erhält. Manchmal muß man ihm das Beantworten von Fragen befehlen. Sogar dann zieht das Subjekt Nicken und Schütteln des Kopfes dem Sprechen oft vor. Wenn sich eine bestimmte Art Konversation ergeben hat, weist das Subjekt in der Regel einen Mangel an Spontaneität und Initiative auf. Sein Tonfall ist eher leise, flach und ausdruckslos. Es flüstert seine Antworten und muß dazu aufgefordert werden, lauter und deutlicher zu sprechen. Andere Male kann das Reden am besten als »zähflüssig« beschrieben werden (Seite 211).

Bei der Besprechung der verschiedenen Phänomene, die unter Hypnose gezeigt werden können, wirft WEITZENHOFFER weiter das Problem auf, wie man eine Versuchsperson zum Sprechen bringen kann, ohne daß sie aufwacht. Er sagt:

Viele hypnotisierte Personen werden bereitwillig Fragen beantworten, Vorschläge wiederholen und sogar vollständige Unterhaltungen führen, ohne aus der Trance herauszukommen. Einige jedoch wachen auf oder ihr Trancezustand wird beträchtlich abgeschwächt, sobald sie zum Sprechen gebracht werden. Dies kann oft durch den einfachen Notbehelf verhindert werden, daß man nämlich den Probanden Anweisungen zuerst ausführen und ihn erst nachher sprechen läßt. Dies macht ihn fähig, die Stimme des Hypnotiseurs deutlich zu hören, zu ihm zu sprechen, ohne aufzuwachen, und seine Fragen zu beantworten, obschon er tief schläft. Dann stellt ihm der Hypnotiseur einige einfache Fragen, nach seinem Alter oder seinem Namen z. B. und zugleich gibt er ihm Anregungen für die Antworten ein, damit er sie geben kann, ohne aufzuwachen. Dieses Vorgehen ist natürlich bei therapeutischer Arbeit, wo früher oder später angsterregende Fragen gestellt werden müssen, besonders wichtig. Gerade dann nämlich erwacht der Patient am ehesten aus der Hypnose. In der Therapie sollte viel mehr Zeit dazu verwendet werden, dem Patienten relativ harmlose Fragen zu stellen, um erst nach und nach zu angsterregenden Fragen überzugehen (Seite 353).

Die Tatsache, daß viele hypnotisierte Subjekte vollständige Unterhaltungen führen, scheint verwirrend, wenn man sich auch verschiedene Adhoc-Erklärungen ausdenken kann. Wenn die hier dargelegte Ansicht irgendeinen Wert hat, so stellt das Sprechen während der Hypnose ein wichtiges Problem für die weitere Forschung dar. Man fragt sich: Ist es überhaupt möglich, die Sprache als ein Instrument zum Planen zu gebrauchen, während man in Trance ist? Im großen ganzen beinhalten diese Beschreibungen ungefähr das, was man erwarten würde, wenn Menschen ihr inneres Sprechen ausschalten und aufhören würden, eigene Pläne zu machen. Überdies scheint das ausdruckslose Gesicht auch ein Symptom für das Widerstreben, sich mitzuteilen, zu sein.

Offensichtlich verzichtet ein hypnotisiertes Subjekt nicht auf seine ganze Planungskapazität. Es braucht sie immer noch, um Taktiken für die Ausführung der Strategie, die der Hypnotiseur ausgearbeitet hat, bereitzustellen. Wenn sein Verzicht auf das Planen so weit ginge, daß es nicht einmal mehr die Einzelheiten Schritt für Schritt erarbeiten könnte, dann würden wir es in einem Zustand der Betäubung oder Erstarrung vermuten, aus dem es nicht herausgerufen werden kann. Solche Zustände sind tatsächlich beobachtet worden und werden verschiedentlich bezeichnet mit »Tier-Hypnotismus«, *»Braid-Effect«*, »Volltrance« usw. Unterschiede zwischen diesen verschiedenen Arten von Unbeweglichkeit sind sehr klein und werden hier nicht besprochen. Es genügt zu wissen, daß Unbeweglichkeit auftreten kann, als ob das eigene Planen wirklich vollständig aufgehoben wäre. Außerdem gibt es gewisse Subjekte, die in Hypnose nicht antworten, indem sie nach gemachten Vorschlägen handeln, sondern immer noch sehr starke und lebhafte Halluzinationen haben, die sie mehr oder weniger passiv betrachten. Diejenigen, die passiv dasitzen, scheinen weniger Kraft für eigenes Planen zu benötigen als jene, die zu handeln anfangen, als wären ihre Halluzinationen wirkliche Wahrnehmungen.

Es wird allgemein anerkannt, daß sich Menschen in der Tiefe ihrer Hypnotisierbarkeit stark unterscheiden. Es sind mehrere Skalierungsverfahren entwickelt worden, um die Tiefe zu messen. Sie scheinen ziemlich zuverlässig zu sein. Uns scheint es notwendig, auf diese verschiedenen Stufen etwas näher einzugehen.

Um die Stufen der Hypnose darzustellen, wollen wir annehmen, daß in wachem Zustand mehrere Arten von Plänen gleichzeitig ausgeführt werden. Jeder kann für sich allein aufgegeben werden, wenn er auch nur ein wenig von den anderen unabhängig ist. Sehr wichtig ist natürlich das Planen mit Hilfe der inneren Sprache, welche die willensmäßige Strategie für so vieles, was wir tun, bestimmt. Die Aufhebung dieser Planungsfunktion kennzeichnet das Hinübergleiten eines Subjektes in den Trancezustand. Aber es müssen noch andere Planungsfunktionen vorhanden sein, die mehr oder weniger automatisch, wie eine Art »Verwaltungsapparat«, wirksam sind. Man kann sagen, sie bilden einen Teil jedes Planes, den wir aufstellen, und sie dienen dazu, verschiedene Einzelheiten ein für allemal zu regeln, so daß nicht für jeden neuen Plan wieder Entscheidungen getroffen werden müssen. Dieser feste, nicht an einen bestimmten Zweck gebundene Arbeitsablauf wird an einigen Beispielen verdeutlicht.

Im normalen Wachzustand verfügen wir über einen mehr oder weniger unwillkürlichen Mechanismus, der für die Körperstellung, den Tonus und die Orientierung im Raum verantwortlich ist. Wenn der Plan, der diese Instruktionen enthält, ausfiele, würde das Individuum einfach zusammenbrechen. Da die Gefahr, daß die Versuchsperson einen Kollaps erleidet, groß ist, wenn man ihr befiehlt, sich zu entspannen, muß der Hypnotiseur ihr einen speziellen Befehl, nicht von ihrem Stuhl zu fallen, geben. Er befiehlt ihr, mit anderen Worten, was die Person sonst zu sich selbst sagen würde: »Der Plan für die Körperstellung bleibt in Kraft.«

Eine weitere Art von Plan, der normalerweise mehr oder weniger automatisch ausgeführt wird, besteht darin, daß wir unsere Erfahrungen sprachlich verschlüsseln und sie so im Gedächtnis speichern. Diese Benennungen erfüllen dieselbe Funktion wie die Adressen in einem Rechenprogramm. Mit ihrer Hilfe kann man zum gespeicherten Wert gelangen und die entsprechende Aufzeichnung finden. Nun kann man diese Maschinerie auf zwei Arten unbrauchbar machen: man kann den Speichervorgang oder den Rückzugsvorgang stören. Die Amnesien, die unter Hypnose so leicht bewirkt werden können und in tiefer Trance oft spontan auftreten, scheinen durch die Aufhebung der Pläne für Speicherung oder Rückruf von Informationen verursacht.

Zu den dramatischsten Effekten der Hynose gehören diejenigen, die von der Aufhebung der Stop-Regeln herrühren. Jeder Plan, der die buchstäbliche Befolgung eines gegebenen Programmes verlangt, muß die genaue Angabe enthalten, unter welchen Bedingungen er beginnen und unter welchen er aufhören soll. Eine wache Person, die eine geplante Handlung unmöglich findet, wird bald innehalten und einen alternativen Plan entwerfen. Ein hypnotisiertes Subjekt ist dazu nicht imstande und dürfte sich mit wachsender Anspannung darum bemühen, stur diesen einzigen Plan, den der Hypnotiseur zur Verfügung gestellt hat, auszuführen. Eine der üblichsten Stop-Regeln ergibt sich aus der Frage, wieviel Schmerzen wir ertragen wollen, bevor wir einen besonders beschwerlichen Plan aufgeben. Voraussichtlich müssen die TOTE-Einheiten normalerweise irgendwo in ihrer Testphase eine implizite Regel enthalten, die besagt: »Wenn der Schmerz die Intensität *X* übersteigt, hören wir auf und übertragen die Steuerung auf *Y*!« Wir glauben, daß die Schmerzunempfindlichkeit, die bekanntlich unter Hypnose oft auftritt, als Resultat des Wegfalls dieser Testphase, bei einem Subjekt, das keine eigenen Pläne mehr konstruiert, verstanden werden kann.

In diesem Zusammenhang möchten wir über ein Erlebnis eines Psychologen berichten, der kurz vorher die Grundausbildung in der Armee absolviert hatte. Es wurde ihm befohlen zu laufen, und so begann er mit allen anderen zu laufen. Nachdem er gelaufen war, solange er konnte, hielt er endlich schnaufend an: »Ich kann nicht mehr weiter.« An diesem Punkt wurde ihm befohlen, so lange weiterzulaufen, bis man ihn anhalten heiße oder bis er umfalle. Für den Fall, daß er hinfiele, gebe es einen Arzt, der sich sofort um ihn kümmern würde. Und so begann er von neuem zu laufen. Nach einer kurzen Zeitspanne verlor er die willentliche Kontrolle über sich. Er schaute nach unten und sah Beine unter sich ausholen und war leicht überrascht, als er feststellte, daß sie an seinem eigenen Körper befestigt waren. Er hatte erfahren, daß sein »physiologisches Limit« ein gutes Stück über den Punkt hinausging, wo sein Wille es gesetzt hätte. Und er hatte erfahren, daß man ganz ruhig einmal den Offizieren die Aufgabe überlassen konnte, zu bestimmen, was möglich war.

Was wir als Grenzen des Erträglichen akzeptieren, liegt gewöhnlich ein gutes Stück von dem Punkt entfernt, in dem irreversible Gewebeschäden eintreten. Unter Hypnose, wenn die Schmerz-Stop-Regeln gelockert oder gar ausgeschaltet werden können, ist es möglich, Kinder zu gebären, chirurgische Eingriffe zu ertragen etc., ohne daß irgendwelche Schmerzen empfunden werden. Die Veränderung in der Stop-Regel ruft zusammen mit dem Gedächtnisausfall für die schmerzhafte Situation psychologisch einen ebenso wirksamen Schutz hervor wie ein beliebiges Narkosemittel. Es ist wahrscheinlich, daß Stop-Regeln auch in entgegengesetzter Richtung verändert werden können. Wenn einer Versuchsperson eingeflößt wird, daß sie bestimmte Körperteile nicht mehr bewegen könne, so ist das genau die Umkehrung des Befehls, sie solle sich nur weiterbewegen, nachdem sie normalerweise damit aufgehört hätte. Ein weiterer untergeordneter Plan, der in der Hypnose aufgehoben werden kann, betrifft die Überprüfung der Realität durch die Sinnesorgane. Psychologen haben viel darüber geschrieben, wie jemand real wahrgenommene Bilder von nur vorgestellten unterscheiden kann. Im großen ganzen hat sich das Kriterium der Lebendigkeit nicht als zufriedenstellend erwiesen[1]. Der grundlegende Unterschied zwischen den zwei Typen von Bildern zeigt sich erst in der Verschiedenheit der Bedingungen, unter welchen sie sich verändern. Das *vorgestellte* Bild kann durch einen Willensakt geändert werden, indem ein Plan zur Verwandlung des Bildes in etwas anderes entworfen und sodann ausgeführt wird. Solche subjektiven Pläne haben normalerweise eine sehr geringe Wirkung auf *wahrgenommene* Bilder. Dagegen können wahrgenommene Bilder gewöhnlich modifiziert werden, indem man die Sinnesorgane selbst verändert oder anpaßt. So erscheint es wahrscheinlich, daß wir alle im Kindesalter eine Anzahl von untergeordneten Plänen erlernen müssen, um die Plastizität der Bilder zu überprüfen und zwischen Vorstellung und Wahrnehmung zu unterscheiden. Diese sind gewöhnlich als Teil der Testphase in unsere TOTE-Einheiten eingeschlossen. In der Hypnose jedoch können diese Pläne, die der Realitätsprüfung dienen, zeitweise aufgehoben werden, so daß das Subjekt lebhafte Halluzinationen hat und nicht einsehen will, daß diese keine Wahrnehmungen sind. Dieses Stadium visueller Halluzination geht mit dem leeren Starren einher (die Bewegung der Augen wird nicht benützt, um das Bild zu prüfen), das für die tiefe hypnotische Trance so charakteristisch ist.

Vielleicht sollte man grammatikalische Gewohnheiten auch zu den untergeordneten Plänen zählen. Das heißt, die Regeln zur Bildung und Umbildung von Sätzen können so sehr Gewohnheit sein, daß sie aufrechterhalten werden, auch wenn das Subjekt seine übliche, spontane innere Sprache aufgegeben hat und seine grammatikalischen Gewohnheiten nur verwendet, um die vom Hypnotiseur vorgegebenen Pläne zu verwirklichen und auszuarbeiten. Grammatikalische Fähigkeiten werden in Kapitel 11 näher besprochen.

Eine Reihe weiterer Phänomene der Hypnose scheint uns auf diese Weise faßbar zu werden. Zum Beispiel: 1. Wir müssen erwarten, daß ein Subjekt in ruhige Unbeweglichkeit abgleitet, einschläft oder aus der Hypnose erwacht, sobald der Hypnotiseur aufhört, zu ihm zu sprechen. 2. Posthypnotische Aufträge sind Pläne, die der Hypnotiseur für das Subjekt lange im voraus macht, die es dann unbewußt speichert, bis der

[1] Perky (1910) zeigte ziemlich schlüssig, daß Vorstellungen und Wahrnehmungen auf rein introspektiver Ebene nicht unterschieden werden können.

Anlaß auftaucht, der der Testphase genügt, und der Plan somit ausgeführt wird. 3. Da das Subjekt im hypnotischen Zustand wach ist, müssen wir erwarten, daß seine Gehirnströme gleich sind wie die wacher Personen. 4. Das Subjekt muß dem Hypnotiseur vertrauen, doch ist keine Art von Liebe oder Übertragung notwendig, um das Phänomen herbeizuführen. 5. Beliebige Drogen, die die Sprache beeinträchtigen, müßten eine Person leichter hypnotisierbar machen, was auch der Fall zu sein scheint. So können wir die Liste der Phänomene, die für die Hypnose charakteristisch sind, durchgehen, ohne irgendwelche zu finden, die unserer einfachen Hypothese widersprechen.

Unser Konzept geht davon aus, daß bewußtes Wollen, inneres Sprechen und normales, waches Bewußtsein untereinander in enger Beziehung stehen. Dieses aufzuzeigen war uns wichtiger als die Erklärungen der hypnotischen Phänomene. Es scheint uns nicht zu unwahrscheinlich, daß das Bewußtsein in einem bestimmten Sinn nichts anderes als die Fähigkeit ist, seine eigenen Pläne zu machen, und daß der Wille die Fähigkeit ist, diese auszuführen. Wenn dem so ist, muß die Sprache, die unsere Planungsfähigkeit vergrößert, das Bewußtsein unser selbst und unserer Welt enorm erweitern, weit über das hinaus, was zum Beispiel ein Schimpanse erreicht. Dieser Bericht zeigt, warum eine Person nicht »gegen ihren Willen« hypnotisiert werden kann und warum sie so rasch aus der Hypnose erwacht, sobald sie vom Hypnotiseur dazu aufgefordert wird. Kann man eine ähnliche Kontrolle über sie erlangen, wenn sie es nicht will? Gibt es einen Weg, ihren Widerstand zu brechen und sie zu zwingen, ihre Planungsinstanz einer anderen Person zu überlassen? Diese Frage ruft die bekannte »Gehirnwäsche« oder »Gedankenkontrolle« in Erinnerung: Vorgehen, die bei militärischen und politischen Gefangenen angewendet wurden. Der erste Schritt wird vermutlich darin bestehen, die Person zu veranlassen, das Planen für sich selbst aufzugeben. Das wäre zu erreichen, indem man alle selbstgemachten Pläne, die die Person auszuführen versucht, vereitelt, sogar diejenigen, die ihre persönlichen Körperfunktionen betreffen. Es kommt darauf an, die Person glauben zu machen, nur die Pläne dessen, der ihr gegenübersitzt, könnten ausgeführt werden. Sie kann die Aufgabe haben, ein Geständnis abzulegen, aber keinen Hinweis bekommen, was sie gestehen soll. Was immer sie sagt, wird als falsch oder ungenügend dargestellt. Während alle selbstgemachten Pläne ständig durchkreuzt werden, bekommt der Gefangene wiederholt einen starken, klaren Plan zu hören, der ihm vom Gedankenformer angeboten wird und dessen Ideologie entspricht. Das Zerstören eines Planes ist nur das Vorspiel zum Aufbau eines anderen. Natürlich dürfte der Gefangene mehr als nur gewillt sein, sich den neuen

Plan anzueignen, um den Terror und die Erniedrigung seiner Gefangenschaft zu umgehen. Doch solange ihm ein Bild fehlt, das die Ausarbeitung des neuen Planes unterstützt, nützt ihm dieser Wille nichts. Daher muß das Subjekt, gleichzeitig mit dem Verzicht auf die eigene Planungsfunktion, ein neues System von Begriffen entwickeln. Auch diese werden ihm endlos dargeboten, auf eine Art, die es nicht ignorieren kann.

Man staunt, daß solche Methoden überhaupt mißlingen können. Wie kann der Mensch, der von anderen Leuten so vollständig beherrscht wird, wenn er es will, so unzugänglich sein, wenn er nicht will? Bis die Psychologen ein klares Verständnis des »Gewilltseins« gewonnen haben, muß Staunen die einzig angemessene Haltung bleiben. Es ist klar, daß es sich um eine ernste Angelegenheit handelt, wenn man plötzlich feststellt, daß man überhaupt keinen Plan hat. Strenggenommen ist ein solcher Zustand undenkbar, da er dem Tode gleichzusetzen wäre. Es gibt zum Beispiel gut dokumentierte Fälle aus primitiven Kulturen, wo Sippenangehörige, nachdem sie ein bestimmtes Tabu verletzt hatten und von ihrem Stamm ausgestoßen worden waren, kurz danach starben. Es scheint keine Übertreibung zu sein, wenn man sagt, daß diese Leute am Fehlen eines Plans starben. Mag eine solche Diagnose auch extravagant erscheinen, so hilft sie uns wenigstens verstehen, wovon ein Arzt spricht, wenn er sagt, daß ein Patient starb, weil »er seinen Lebenswillen verloren habe«. Zustände wie tiefer Schlaf, Narkose, Schock und die vollständige Trance der Hypnose kommen der vollständigen »Planlosigkeit« wahrscheinlich am nächsten. Der Katatoniker, der unbeweglich dasitzt, handelt zwar nicht, aber er ist dennoch kein Mensch ohne Plan. Seine Unbeweglichkeit ist selbst ein Teil des Planes, den er ausführt.

Nichstdestoweniger kommen Patienten oft mit der Klage, sie seien unfähig zu entscheiden, was sie tun wollen, zum Psychiater, und sie kämen sich vollständig planlos vor. Dies ist eine der zwei großen Kategorien von Schwierigkeiten, die Leute dazu veranlassen, ärztliche Hilfe für ihre psychischen Krankheiten zu suchen. Wenn jemand akut geisteskrank ist, gehören seine vorgebrachten Beschwerden meistens zu einer der zwei Arten: Entweder er kann zwischen zwei oder mehreren Plänen, deren Ausführung unvereinbare Handlungen erfordern, nicht wählen — solche Probleme wurden in Kapitel 7 besprochen. Oder die Pläne, die seine Handlungen bis vor kurzem gelenkt haben, sind irrelevant oder undurchführbar geworden — ein ganz bestimmter Aspekt seines Lebens ist planlos geworden. Wie ist es möglich, daß jemandem plötzlich die Pläne für einen wichtigen Teil seines Lebens fehlen? Ein solches Symptom könnte das Resultat eines Gehirnschadens sein, hervorgerufen zum Beispiel durch eine Folge von kleinen Hirnblutungen. Doch wenn das

Gehirn der Person, wie dies gewöhnlich der Fall ist, anscheinend unbeschädigt ist, müssen wir nach psychologischen Ursachen suchen. Vielleicht sind die Komplexität und die der Situation impliziten Zweideutigkeiten für ihn so groß, daß er sie nicht verstehen oder nicht ertragen kann und sich sein Planungsmechanismus selbst ausschaltet, bevor er etwas produziert, das ausgeführt werden könnte. Vielleicht lebte er weitgehend mit geborgten Plänen — Plänen, die durch eine geliebte Person, durch Kinder oder durch den Chef bestimmt waren —, deren Urheber nun plötzlich ausfällt. Oder vielleicht vollendete er die Ausführung seiner Pläne; nachdem die Arbeit getan ist, ist er bereit zu sterben, kann aber nur in den Ruhestand treten. Oder vielleicht warf ihn irgendein Schicksalsschlag aus seinem alten Geleise und stieß ihn plötzlich in eine Lage, für die er völlig unvorbereitet ist und in der seine vorgängigen Pläne ganz nutzlos sind.

Stellen wir unsere Lebenspläne anhand von allzu konkreten und allzu eng umschriebenen Zielen auf, so fordern wir das Chaos der Planlosigkeit geradezu heraus. Wenn das Ziel zum Beispiel darin besteht, eine Million Dollar zu verdienen, die bewaffneten Streitkräfte zu reorganisieren oder den Berg X zu besteigen, ist es leicht möglich, daß wir für den Rest unseres Lebens ohne Plan dastehen, sobald dieses eine Ziel erreicht ist. Oder jemand kann durch den Mißerfolg, durch das Ausschöpfen aller möglichen Pläne, die er sich ausdenken kann, ohne daß er ihr Ziel erreicht, frustriert werden. Man muß seine Pläne jedoch nicht auf starre Endzustände hin formulieren. Im Gegensatz zu den guten wissenschaftlichen oder mathematischen Fragestellungen ist ein erfolgreiches Leben keine »genau umschriebene Aufgabe«, und der Versuch, es zu einer solchen zu machen, indem man bestimmte Ziele und Subziele auswählt, kann trügen. Wie Gordon Allport (1955) hervorgehoben hat, ist es besser, auf eine Art kontinuierliches »Werden« als auf ein Endziel hin zu planen. Unsere Aufgabe ist es, das Leben zu erhalten und Pläne, die dauern, zu formulieren, nicht aber darin, das Leben und die Pläne zu beschließen, als wären sie Aufgaben, die man zu Ende zu bringen hat. Dieser einfache Punkt wurde von vielen Psychologen übersehen; sie scheinen als selbstverständlich anzunehmen, daß alles Verhalten an ausdrücklich bestimmten Zielen orientiert ist.

Wie reagiert nun jemand, der entdeckt, daß er aus irgendwelchen Gründen »planlos« ist? Immer, wenn ein Plan — der das Leben einer Person über eine längere Lebensperiode gelenkt hatte — unbrauchbar, unwichtig oder unausführbar wird, entstehen aus dieser Situation charakteristische Reaktionen; diese sind nur im Extremfall pathologisch. Pläne, die dazu bestimmt sind, lange Zeitperioden zu überspannen, gehen mit großen »Investitionen« an speziellen Gewohnheiten und Fertigkeiten einher, die alle verlorengehen können, wenn der Plan nicht mehr gebraucht wird. Überdies kann die Erkenntnis, daß ein lange gültig gewesener Plan auf strategischer Ebene geändert werden muß, sowohl im Bild als auch in den Plänen eines Menschen beträchtlichen Aufruhr verursachen. Eine Regel, die die meisten Menschen zu lernen scheinen, wahrscheinlich, wenn sie noch ganz jung sind, ist die folgende: Sobald bei der Ausführung eines Planes entdeckt wird, daß ein beabsichtigter Subplan irrelevant oder undurchführbar ist, soll man zuerst versuchen, diesen durch eine taktische Alternative zu ersetzen, die möglichst wenig abweicht. Der Wechsel der Strategie soll so lange wie möglich hinausgeschoben werden. Wird jemand plötzlich planlos, treten wahrscheinlich starke Stimmungsschwankungen, wie immer auch ihr Mechanismus aussehen mag, auf: Man sagt, daß man »emotional« werde. Die Aktivierung der Gefühle scheint direkt von der Plötzlichkeit der Planänderung herzurühren; die Erklärung für die Zunahme der Emotionalität scheint stark mit dem Ausmaß, in welchem die Pläne beschnitten werden, in Zusammenhang zu stehen. Das heißt, es ist ausschlaggebend, ob nur Taktiken betroffen sind oder ob ganze Strategien fallengelassen werden müssen.

Eine mögliche Reaktion besteht darin, den alten Plan wieder einzusetzen, obschon er irrelevant oder undurchführbar geworden ist; ihn weiterzuentwickeln, umzuformen und trotz seiner Unangemessenheit auszuführen. In ihrer extremsten Form handelt es sich um die paranoide Reaktion. Der Patient kann ein Stadium durchlaufen, in dem ihm die Irrelevanz seines Planes völlig klar ist. Dann setzt die paranoide Umformung ein. Diese verändert jene Teile des Vorstellungsbildes, die die Ausführung des Planes stören könnten. Paranoide Reaktionen können jahrelang unerkannt bleiben, wenn die Pläne nicht offensichtlich sozial destruktiv oder irrelevant sind. Ein paranoider Patient kann sogar fähig sein, andere von der Durchführbarkeit seiner Pläne zu überzeugen, so daß er bei deren Ausführung unterstützt wird.

Eine zweite Möglichkeit besteht darin, von der Strategie soviel als möglich beizubehalten und nur in den taktischen Bereichen des Planes Revisionen vorzusehen. Der Betroffene kann versuchen, eine frühere Situation »auszuleben«, indem er gegenwärtige Personen frühere symbolisieren läßt und versucht, ihnen, unter Änderung der Taktik, die frühere Strategie aufzuerlegen. Die ausgeprägte Form solchen Verhaltens kann als schizophren charakterisiert werden. Das plötzliche, umfassende Fallenlassen von Taktiken, das heißt: das Beschneiden eines Planes, scheint emotionale Erregung hervorzurufen, welche beim Fehlen von alternativen Taktiken als Depression empfunden wird. Gemäß Sullivans (1953) Schema, zum Beispiel, kehrt ein Patient zu früheren und einfacheren (parataxischen und protaxischen) Interaktionsformen zurück und kann auf dieser Stufe des Prozesses Erregungssymptome (ungeplantes Handeln) aufweisen, wie sie bei agierender Depression oder Hebephrenie auftreten.

Wenn sich dieser Vorgang stabilisiert und der Patient keine neuen Taktiken entwickelt hat, so sagt man, er leide an einer chronischen Depression. Ist der regressive Prozeß weit genug fortgeschritten, kann er als »einfacher Schizophrener« klassifiziert werden. Die Ernsthaftigkeit und Intensität der akuten Episode hängt wahrscheinlich davon ab, wie rasch die Taktiken fallengelassen werden.

Eine dritte Reaktionsmöglichkeit besteht darin, die Strategie aufzugeben, aber an den Taktiken festzuhalten. Verschiedene Gewohnheitshandlungen, die einst einen wichtigen Teil des ganzen Planes oder des »Lebensstiles« einer Person bildeten, können unbewußt und unwillkürlich geworden sein. Wenn der größere Plan fallengelassen wird, können sich diese Fragmente, falls sie beibehalten werden, nun als unangemessen erweisen. In extremen Fällen bilden sie den Grundstoff, aus dem Zwänge und Wahnideen bestehen. Der Patient kann große Schwierigkeiten haben, sie loszuwerden oder seine neuen Pläne derart zu formulieren, daß diese alten Taktiken wieder relevant und brauchbar werden. Das Überleben autonomer Inseln, die aus unwillkürlichen Plänen bestehen, kann leicht einen Teil des klinischen Bildes von Hysterie und Katatonie ausmachen, wenn es sehr betont ist. Beide, Hysterie und Katatonie, sind durch gewohnheitsartige, rituelle Verhaltensmuster charakterisiert, die einen Ersatz für die Entwicklung neuer, brauchbarer Pläne darstellen.

Wenn jemand mehr oder weniger plötzlich inne wird, daß ein schon lange benützter Plan auf strategischer Ebene geändert werden muß, bringt ihm das viel emotionale Aufregung, liege die Ursache dafür nun in der Bedrohung des Bildes der betroffenen Person oder in der gänzlichen Preisgabe großer Planteile. Kann sich diese Aufregung weder auf das Bild noch auf Handlung konzentrieren, so empfindet man »Angst«. Der Patient kann dann Pläne entwickeln, um mit dieser Angst fertig zu werden (Abwehrmechanismen), anstatt neue Pläne zu entwickeln, um mit der Realität fertig zu werden.

Kann die Ausführung eines gegebenen Planes einen bestimmten Wert in sich oder aus sich selbst erlangen? Gewichtige Argumente haben die Autoren zur vorläufigen Ansicht geführt, daß sich die psychologische Theorie vereinfacht, wenn Werte auf den Bereich des Wissens, also auf das Bild beschränkt bleiben und nicht auf die Pläne bezogen werden. Was sollen wir dann aber vom Gefühl des Engagements einer Person halten, um einen existentialistischen Begriff zu verwenden? Wie können wir den Schmerz eines Menschen erklären, wenn er einen Plan aufgeben muß, der lange gültig war? Das Aufgeben eines Planes kann sich derart auf das Selbstbild auswirken, daß es schwerfällt, sich damit abzufinden. Oder, um dasselbe etwas anders auszudrücken: der Plan kann im Bild gegenwärtig sein und ist es gewöhnlich auch. Das Wissen der Person über sich selbst schließt das Wissen um die Fähigkeit, den Plan auszuführen, mit ein. Insofern also der Plan selbst im Bild symbolisiert ist, kann er mit einem positiven (oder negativen) Wert verbunden sein. Falls man die Symbole, die im Bild Pläne darstellen, mit solchen Werten verbindet, unterstützt dies wahrscheinlich den Entscheid, einen vertrauten Plan in eine neue Situation zu übertragen, ein Entscheid, der beim Denken und Problemlösen eine bedeutende Rolle spielt.

9

Nichtdynamische Aspekte der Persönlichkeit

Spezialisten der psychologischen Diagnostik — oder wie immer wir die Forscher nennen wollen, die sich der Aufgabe widmen, bei den interindividuellen Unterschieden eindeutige Dimensionen herauszuarbeiten — beachteten bisher nur wenig, wie verschieden Menschen vorgehen, wenn sie Pläne machen. Es handelt sich wohl um ein Erbstück von ihren »experimentellen Kollegen«. Die ersten Psychologen, welche experimentell vorgingen, analysierten das Bild, und ihr bevorzugtes Hilfsmittel war die »Introspektion«. Dann kamen die Behavioristen, die ihre Aufmerksamkeit auf die Bewegungen statt auf die Ideen des Organismus richteten. Dadurch bereicherten sie die Wissenschaft zunächst jedenfalls. Bild und Verhalten wurden aber zu Konkurrenten, und darum erkannte man nicht, daß beide wichtig sind und daß die beiden durch die hier beschriebene Tätigkeit des Planens miteinander verbunden werden müssen. Die Experimentatoren der beiden Richtungen suchten nach invarianten Größen, die so den Geist »im allgemeinen« oder die grundlegenden Gesetze des Verhaltens charakterisieren würden. Die Unterschiede zwischen den Menschen, deren sich ein Diagnostiker liebevoll annimmt, waren nichts als experimentelle Fehlerquellen im psychologischen Laboratorium. Das Bild wurde als eine verhältnismäßig feste Struktur behandelt: Rot bleibt Rot, und Kreise werden auch dann rund gesehen, wenn sie schief stehen usw. Verhalten kann man steuern; und wenn eine Reaktion von einem verstärkenden Reiz sauber gesteuert wird, kann man die Unterschiede zwischen Menschen, Ratten, Vögeln und Fischen nicht erkennen. Man findet die hauptsächlichen Unterschiede, wenn man in die Untersuchung des Bildes oder des Verhaltens von verschiedenen Menschen ihre Wertmaßstäbe und Bekräftigungsmechanismen einbezieht. Daher hatte der klinische Psychologe keine andere Möglichkeit, als sich auf die dynamischen Aspekte der Psychologie zu konzentrieren; denn nur dort fand er die interindividuellen Unterschiede, die wesentlich sind, wenn man Persönlichkeit verstehen will.

Aber muß man sich denn auf das Bild oder das Verhalten beschränken? In unserem Zusammenhang ist die Frage natürlich rein rhetorisch. Es gibt noch einen anderen Bereich, den Plan, wo die Menschen in großem Maße und signifikant voneinander abweichen und wo die Unterschiede nicht so leicht auf verschiedene Bewertungsmaßstäbe zurückgeführt werden können. In diesem Bereich finden wir eine reiche Quelle für diagnostische Einsichten. Einige Psychologen kamen sehr nahe an die Lösung heran, wenn sie Persönlichkeit als »Stil« beschrieben. Aber es wird dort nicht deutlich, ob alle Stilunterschiede auf unterschiedliche Pläne, die die Menschen aufstellen, zurückgeführt werden sollten. Jedenfalls sind die Forschungen über den Stil nicht weit gediehen. Es war ein weniger fruchtbares Thema als z. B. Bedürfnisse, Werte, Triebe, Valenzen usw. Ohne Zweifel bestand eine der Schwierigkeiten darin, daß die Abweichungen so groß sind, daß die Psychologen nicht wußten, wie sie alle in ihren klinischen und psychometrischen Netzen einzufangen wären. Währenddem das Bild, die Werte ausgenommen, innerhalb gleichartiger Kulturen entmutigend gleichbleibend ist, sind Pläne so variabel, daß sie fast jegliche Beschreibung verunmöglichen. Ein Diagnostiker möchte schon, daß die Menschen verschieden sind, aber nicht gerade *so* verschieden.

Man ist sich im Volk über die Unterschiede in den Wertmaßstäben im klaren. Sie kommen z. B. in den Ausdrücken wie: »Was dem einen sein Uhl, ist dem anderen sein ›Nachtigall‹« oder »Über den Geschmack läßt sich nicht streiten« zum Ausdruck. Wir können einander sogar die Unterschiede im »Bild« vorwerfen, indem wir etwa sagen: »Seine Ideen sind sonderbar«, oder: »Er spricht nicht unsere Sprache.« Häufig jedoch wird die Individualität mit Sätzen eingefangen wie: »John hätte das anders in die Hand genommen«, »Bill hätte es so gemacht«, »Man kann nie wissen, was er nun noch versucht«, »Sie geben nie auf« usw. Diese Sätze beziehen sich auf die unterschiedliche Art, wie Menschen eine Aufgabe anpacken und durchführen. Um diesen Gedankengang weiterzuverfolgen, schauen wir uns nun einige augenfällige Verschiedenheiten von Plänen an. Dann versuchen wir festzustellen, ob wir diese Unterschiede bei uns bekannten Menschen vorfinden.

Ursprung. Weil Pläne mitteilbar sind, ist es möglich, andere Menschen nachzuahmen, ihre Pläne zu übernehmen, statt seine eigenen zu gebrauchen. David Riesman hat besonderes Gewicht auf diesen Aspekt des Charakters gelegt, und er hat Menschen, welche gemäß ihren eigenen Plänen handeln, als »innen-geleitet« *(inner directed)* und die anderen, die sich auf geborgte Pläne verlassen, als »außen-geleitet« *(other directed)* beschrieben. Da die Unterschiede zwischen diesen beiden Charakteraspekten in seinem Buch »Die einsame Masse« herausgearbeitet sind, wollen wir es dabei bewenden lassen. Es sei aber festgehalten, daß Mann und Frau charakteristische Unterschiede in der Art, Probleme anzupacken, aufweisen. Während Männer dahin tendieren, einen analytischen oder abstrakten Plan zu entwerfen, um die Aufgabe zu lösen, fangen Frauen häufiger damit an, Hilfe bei anderen zu suchen (vgl. Milton 1958).

Zeitspanne. Einige Pläne enthalten Ereignisse, deren Eintreffen erst in Monaten, Jahren oder sogar Jahrhunderten erwartet wird. Andere sind auf die nächsten paar Sekunden oder Minuten beschränkt. In verschiedenen Kulturen bestehen große Unterschiede in der zeitlichen Erstreckung des Planes; aber sogar innerhalb einer Kultur gibt es charakteristische individuelle Unterschiede. Sie zeigen sich etwa im Ausmaß, in welchem sich verschiedene Menschen über bevorstehende Ereignisse Sorgen machen. Der eine erarbeitet sich ausgeklügelte Pläne für die finanzielle Sicherheit seiner Enkel, und der andere weigert sich, für etwas zu planen, das weiter geht als bis zum nächsten Abendessen.

Einzelheiten. Die einen Menschen skizzieren ihre Pläne nur in groben Zügen und beginnen dann gleich, sie auszuführen. Andere können sich nicht zur Ausführung aufraffen, bevor die feinsten Taktiken bis ins letzte ausgedacht sind. Der Grad der Exaktheit ist wahrscheinlich ein sehr beständiger Zug der menschlichen Planungsarbeit. Wer jede Einzelheit ausgearbeitet haben muß, wird gewöhnlich als zwanghafte Persönlichkeit bezeichnet. Die Art des Planes selbst, ebenso wie der Wert des Vorstellungsbildes, das von der Ausführung des Planes betroffen wird, sind natürlich zwei Gesichtspunkte, die mitbestimmen, wie weit man gehen soll, um einen Plan zu bereinigen, bevor man ihn ausführt. Es sollte möglich sein, einige dieser Faktoren, welche die Komplexität der Ausarbeitung eines Planes bestimmen, zu isolieren [1].

Flexibilität. Ein Plan ist dann flexibel, wenn die Reihenfolge seiner Teile untereinander ausgetauscht werden kann, ohne daß er dadurch unbrauchbar wird. Ob eine Person mehr oder weniger flexible Pläne vorzieht, steht vermutlich in engem Zusammenhang mit der Anzahl von Details, die sie charakteristischerweise haben möchte. Doch eine solche Korrelation sollte auf empirischem Wege gestellt werden. Der flexible Pla-

---

[1] GRUEN (1959) ließ einige Versuchspersonen einen RORSCHACH-Test machen und den richtigen Weg durch ein langes und kompliziertes Säulenlabyrinth suchen. Die Probanden, die im RORSCHACH-Test viele Ganzantworten gegeben hatten, waren in den ersten Teilen des Labyrinth-Lernprozesses besonders gut imstande, Sequenzen von richtigen Bewegungen in größeren Einheiten zu organisieren. Als die Lernübung jedoch fortschritt, meisterten die Probanden mit vielen reinen Formantworten und Großdetailantworten das Labyrinth in der kürzesten Zeit. Obschon ein projektiver Test einen bestimmten Zugang zur Erfassung einer Persönlichkeit verschaft und Lernen nur unter bestimmten Voraussetzungen ein sinnvoller Test des Planungsvorganges ist, sind wir durch GRUENS Resultat doch darin bestärkt worden, daß es möglich ist, auf objektive Weise das Interesse einer Person für das Detail zu erforschen. Dies sowohl in seinen Bildern wie in seinen Plänen.

ner tendiert vermutlich dahin, an ganze Listen von Dingen zu denken, die er tun möchte. Der inflexible Planer möchte seine Zeit wie eine glatte Folge von Ursache-Wirkungs-Beziehungen geplant wissen. Der erste kann seine Liste umordnen, damit sie sich den sich ihm bietenden Gelegenheiten anpaßt, während der andere das Eisen nicht schmieden kann, solange es heiß ist, und im allgemeinen beträchtliche Zeit benötigt, bevor er einen Alternativ-Unterplan einbauen kann. Ein Mensch, der charakteristischerweise inflexible Pläne aufstellt und sich dann weigert, sie zu unterbrechen, gilt als eine sture Persönlichkeit[2].

Geschwindigkeit. Einige Leute planen schneller als andere. Zweifellos ist die Intelligenz hier stark beteiligt, aber sie macht nicht alles aus. Zwei Menschen mit gleicher Intelligenz könnten Pläne bis auf die gleichen Details ausarbeiten, um mit der gleichen, vor ihnen stehenden Situation fertig zu werden. Aber der eine kann sofort zu seinem Plan kommen, indem er ihn fast so schnell aufbaut, wie er ihn beschreiben kann, währenddem der andere Stunden mit Bleistift und Papier zubringen muß. Planen ist eine Fertigkeit, und wie es mit jeder Fertigkeit ist, gibt es Menschen, die darin schneller sind als andere[3].

Koordination. Einige Leute scheinen jeden Plan in einem separaten Fach aufzubewahren und jeden Plan unabhängig von allen anderen auszuführen. Sie reisen an einem Nachmittag dreimal in die Stadt, und jede Fahrt ist mit der Ausführung eines anderen Planes verbunden. Auch hier vermutet man, daß die Intelligenz mit im Spiele ist, wieweit verschiedene Pläne koordiniert werden können; aber auch hier macht die Intelligenz nicht alles aus. Es wäre aufschlußreich zu erfahren, ob ein Mensch, der Schwierigkeiten hat, seine eigenen Pläne miteinander zu koordinieren, seine Pläne auch nur schwer mit Plänen von anderen Menschen koordinieren kann.

Ins Bewußtsein zurückrufen. Verschiedene Leute ziehen auch verschie-

---

[2] A. S. Luchins (1942) illustrierte eine Methode, um diesen Aspekt der Persönlichkeit anzugehen. Versuchspersonen mußten Wasser-Umgießaufgaben lösen und entdeckten einen befriedigenden Plan des Problemlösens. Nachher erhielten sie Aufgaben, die mit einfacheren Plänen gelöst werden konnten. Ihre Fähigkeit, die vorher gebrauchten Pläne abzuändern, war unterschiedlich. Diese Arbeit und andere über individuelle Unterschiede beim Problemlösen sind in Tailor und McNemar (1955) zusammengestellt.

[3] Wells (1950) gibt eine Methode an, mit welcher dieser Aspekt erforscht werden kann. Wells hielt fest, wie lange jede Versuchsperson die Instruktionen studieren wollte, bevor sie einen Fähigkeitstest begann. Er fand dabei feststehende, individuelle Unterschiede, die nicht mit den Unterschieden in der allgemeinen Fähigkeit erklärt werden konnten.

dene Arten von Arbeitsgedächtnissen vor, um ihre Pläne auszuführen. Dies scheint ein charakteristischer Unterschied zu sein. Einer besteht darauf, alles aufzuschreiben und seinen Tagesablauf von seiner Agenda her abzuwickeln, während ein anderer alles, was er tun will, im Kopf behält. Oder: Die einen kommen ganz aus der Fassung, wenn sie die Spur eines Planes verlieren und nicht mehr genau wissen, wieweit sie in seiner Ausführung gekommen sind. Anderen scheint das überhaupt nichts auszumachen; ihre Bereitschaft, zerstreut einen Plan fallenzulassen, während sie einen anderen verfolgen, sieht fast nach Verantwortungslosigkeit aus.

Offenheit. Manche Menschen sind sehr zurückhaltend, etwas über ihre Pläne zu sagen, während andere sich ganz frei fühlen, sie jedem zu beschreiben, der sich darnach erkundigt. (Und leider auch gegenüber jenen, die sich nicht darnach erkundigen!) Zusätzliche Schwierigkeiten tauchen natürlich bei Menschen auf, die bereitwilligst Pläne beschreiben, die sie nie ausführen werden.

Stop-Befehle. Eine reiche Quelle von individuellen Unterschieden haben wir dann vor uns, wenn wir beobachten, an welcher Stelle ihres Planes die Menschen Stop-Befehle eingebaut haben und welcher Art diese sind. Es geht hier um mehr als um die bekannten Begriffe von Hartnäckigkeit und Sättigung (vgl. LEWIN [1946], Seite 824 ff.). Der eine gibt auf, weil die Zeit abgelaufen ist, der andere, weil ihm niemand zustimmt, und der dritte, weil er vermeiden will, sich selbst zu schaden usw. Wir sind damit ganz in der Nähe der dynamischen Eigenheiten der Bilder. Sie bestimmen — meist unbewußt —, welche Art von Resultat es braucht, um die Beendigung eines Planes herbeizuführen. Am Rande sei vermerkt, daß so, wie die Begriffe hier verwendet wurden, zwischen Ausdauer und zwanghaftem Charakter kein unmittelbarer Zusammenhang zu bestehen braucht.

Diese Liste könnte sicher noch um ein gutes Stück verlängert werden; jedoch sollte sie als Hinweis, nach welchen Planunterschieden man in der Persönlichkeitsforschung Ausschau halten könnte, genügen. Berufsmäßige Persönlichkeitsforscher könnten diese Ideen etwas aufpolieren und sie so zusammenstellen, daß sie besser zu dem, was bisher in diesem Forschungszweig getan wurde, passen. Wir selber würden am liebsten sagen, daß das, was wir hier beschreiben, Persönlichkeitszüge sind und daß wir nichts kennen, das dem, was wir meinen, näher kommt als die Persönlichkeitstheorie von GORDEN ALLPORT (1937)[4]. Um unsere Behaup-

[4] Es sollte klar sein, daß zwischen dem Interesse für Pläne und ALLPORTS Theorie der Persönlichkeitszüge keine zwingende Beziehung besteht. HENRI

tung zu überprüfen, möge sich der Leser eine Auswahl von Charakterzügen denken und dann schauen, wie viele davon er als Pläne beschreiben kann. Die Autoren dieses Buches haben es versucht und sind sich einig geworden, daß es fast immer sehr leicht ist, ein Charaktermerkmal in einen Aspekt des Planens zu übersetzen; aber wir sind wohl darin zu stark voreingenommen, um noch ganz objektiv sein zu können. Immerhin, in den Benennungen vieler Charaktermerkmale schwingt etwas Dynamisches mit. Zum Beispiel kann das, was wir einen »Zug zum Dominieren« nennen, zwei Dinge bedeuten: Die innere Nötigung, stets Herr seiner Umgebung zu bleiben, oder aber der Zug, seine eigenen Pläne weiterzugeben. »Ordentlichkeit« kann man als Bedürfnis für Sauberkeit und Exaktheit ansehen oder aber als eine weitgehende Verwendung der Erinnerungsstützen, die in der physischen Umgebung hergestellt werden können (*environmental memory*). Und so weiter.

Diese Art Theorie der Charakterzüge, wenn man sie so nennen will, müßte von allen dynamischen, bewertenden Untertönen frei sein, damit ein Erforscher der Pläne dazu stehen könnte. Werte nämlich gehören zu unserem System der Bilder und nicht zu den Plänen, wie wir in diesem Buch immer wieder gezeigt haben. Aufgrund dieses Unterschiedes erhalten wir eine Merkmalsbeschreibung, die viel weniger wertend ist als diejenige, welche die psychologischen Diagnostiker normalerweise benützen. Charakterzüge sind dann nicht mehr nur einfache Unterschiede in einer sonst unbestimmten Menge nicht klar umschriebener Aspekte der Persönlichkeit, sondern sind dann aus der Verschiedenheit der Planstruktur einer Person ableitbar oder können dieser zugeschrieben werden. Die Planstruktur einer Person könnte dann als Teil einer Persönlichkeitsbeschreibung gelten, genau gleich wie die üblichen Beschreibungen der Bedürfnisstruktur. Keine der beiden ist wichtiger oder grundlegender als die andere.

Da wir nun schon ein solches Wegstück zurückgelegt haben, wollen wir noch einen Schritt weitergehen und darauf hinweisen, daß unterschiedliche Pläne genausogut verschiedene Kulturen wie verschiedene Persönlichkeiten charakterisieren können. Leider scheint es noch nicht genügend

---

CHAUNCEY legte uns einen interessanten Persönlichkeitstest vor (MYERS-BRIGGS Type Indicator), der unter anderem angibt, bis zu welchem Ausmaß Menschen ihre Tätigkeiten zum voraus planen. Der Test wurde entworfen, um grundsätzliche Persönlichkeitsunterschiede zu erfassen, ähnlich wie sie C. G. JUNG vorschlug. Ein solcher Unterschied ist das Ausmaß, in dem Pläne gebraucht werden.

anthropologische Literatur zu geben, die als Grundlage für seriöse Forschung (*analysis*) genügen könnte; jedoch bezeugen gelegentliche Beobachtungen von Anthropologen und Soziologen, daß diese Unterschiede bestehen und nur noch beschrieben werden müßten.

So wird uns berichtet, daß ein persischer Geschäftsmann seine Geschäfte so planlos abwickelt, daß es jeden Amerikaner zur Verzweiflung triebe. Er bestellt Maschinen, bevor er weiß, wie er sie bezahlen kann, und er bezahlt sie, bevor er überhaupt einen Plan ausgedacht hat, wie er sie brauchen könnte. Ein Araber wird erklären, die Zukunft sei nur Gott bekannt, und also wäre es anmaßend, Pläne für diese Zukunft zu machen. Ein Navajo lebt ganz auf die Gegenwart bezogen und kann Versprechungen für zukünftigen Gewinn überhaupt nicht als etwas ansehen, wofür es sich lohnt, Pläne zu machen. Südamerikaner nehmen an, andere Leute würden ihnen Stop-Regeln auferlegen und sie müßten sich in ihren leidenschaftlichen Angelegenheiten nicht selbst kontrollieren. Und so weiter.

Obwohl auch von Anthropologen nicht mehr systematische Forschungen über das Planen gemacht wurden als von den Psychologen, liegen gerade von ihnen Berichte über die verschiedenen menschlichen Einstellungen gegenüber der Zeit vor. Für den Amerikaner ist ein vollendetes System der Zeiteinteilung eine Selbstverständlichkeit. Er nimmt an, daß jeder die Zeit so auffaßt wie er, und er versteht nicht, warum die Menschen in anderen Kulturen sich so wenig darum kümmern, ihre Abmachungen einzuhalten, angefangene Arbeiten fertigzumachen oder bestimmte Arbeitszeiten einzuhalten. Zeit ist in anderen Kulturen viel weniger wichtig als in der unsrigen, und Pläne werden viel gemächlicher und unverbindlicher gemacht und ausgeführt. Zwischen den beiden gleichermaßen wichtigen Konzepten — Kultur und Persönlichkeit — scheint uns der Planungsvorgang einer der wichtigsten Kontaktpunkte zu sein.

Die Tatsache, daß Amerikaner so viel Gewicht auf die getreuliche Ausführung ihres Anteils an gemeinsamen Plänen legen, kann Anteil und Geschenk des vielgenannten »Streß des modernen Lebens« sein. Der Grund für viele Störungen der Persönlichkeit, die in anderen Kulturen nicht entstehen, mag hier zu suchen sein. Andere Kulturen ertragen einen Menschen, der einen ungewöhnlichen Planungsstil hat oder der gemeinsame Pläne nicht bis zum Ende ausführt, wahrscheinlich besser.

10

Pläne zum gedächtnismäßigen Speichern und Abrufen von Daten

Fragen, die sich Gedächtnisforscher üblicherweise stellen, lauten etwa: Wie wird das Lernmaterial im Nervensystem aufgezeichnet, wie werden die Verbindungen zwischen den Teilen gelernt, wie werden sie eingeprägt, verstärkt oder konditioniert? Die üblichen Antworten führen u. a. den notwendigen Übungsaufwand, den Lernerfolg und seine verstärkende Wirkung an, ebenso die Tatsache, daß Teile des Lernstoffes untereinander ähnlich sind, woraus sich Erleichterungs- oder Hemmungseffekte ergeben. Vielfach wurden auch der Bedeutungsgehalt des Stoffes und seine Wirkung auf den Lernerfolg oder die Nachwirkung von früher Gelerntem erforscht[1].

Niemand, der mit den entsprechenden Experimenten vertraut ist, bestreitet, daß alle diese Faktoren gemeinsam bestimmen, wie rasch und gut eine ausgewählte Zeichenreihe ins Gedächtnis übergeführt werden kann. Warum kehren wir hier also erneut zu diesem bereits gut bestellten Garten zurück, um darein noch ein weiteres Kraut zu pflanzen? Nur deshalb, weil offenbar ein wichtiger Aspekt des Speicherungsprozesses bisher fast ganz übersehen worden ist. Der Grund dafür liegt in den Traditionen des Behaviorismus und des späteren Operationismus. Diese zwei Richtungen verzichteten völlig auf Spekulationen über symbolische Prozesse im Innern des Lernenden und beachteten innerhalb des Versuchsfeldes, was der Versuchsleiter, und nicht das, was die Versuchsperson tat. Die Autoren des vorliegenden Buches haben die vorsichtige Haltung der Behavioristen und Operationalisten aufgegeben und sich die Freiheit genommen, nur darüber zu spekulieren, was im Lernenden vorgeht und für den Augenblick den Versuchsleiter übersehen. Denn die Versuchsperson, nicht der Versuchsleiter, muß ja untersucht werden. Daher richten wir unsere Aufmerksamkeit auf diese und die ihr gestellte Aufgabe und betrachten ihre Anstrengungen, sie zu bewältigen.

Um herauszufinden, was jemand tut, ist es normalerweise am einfachsten, ihn darüber zu befragen. Aber gerade hier sind die Psychologen sehr vorsichtig geworden. Nach ihrer Meinung nämlich wissen die Leute eben nicht genau, was sie tun. Sie glauben, darauf einzugehen, was sie sagen, sei reine Zeitverschwendung. Dieses Mißtrauen mag in vielen

[1] McGeoch und Irion (1952) geben eine Übersicht über das hier erwähnte Forschungsgebiet.

Fällen berechtigt sein, besonders wo es um die Erforschung von Gefühlen und Motivationen geht. Es scheint uns jedoch unklug, in jedem Fall auf die eigenen Äußerungen einer Versuchsperson zu verzichten. Was sie sagt, muß nicht falsch sein. Viel häufiger würde es einen wertvollen Ansatzpunkt liefern, wenn wir nur verstehen könnten, was es bedeutet.
Fragen wir jemanden, der gerade seine erste Liste von sinnlosen Silben gelernt hat, was er tat, um sie zu beherrschen, so wird er einiges zu sagen haben. Meistens wird er mit großem Eifer berichten, denn das einzige, das einen gewissen Anreiz für ihn hatte oder sein Interesse erweckte, betraf die Entdeckung und den Gebrauch einer Lösungstechnik. Er wird sagen, daß er versuchte, die Dinge miteinander zu verbinden und ihnen einen Sinn zu geben. Wir wissen natürlich, daß sie miteinander verbunden werden mußten. Aber wie kam er zu einem Sinn, nachdem wir sorgfältig darauf geachtet hatten, ausgerechnet sinnloses Material vorzugeben? Nun gut, es war nicht leicht, doch er schaffte es! Sehen wir zu: Die erste sinnlose Silbe BOF wurde genauso aufgenommen, wie sie kam. Die zweite hingegen, BER, erinnerte an üBERtreiben; die dritte kam als MIBere heraus, und die vierte XUN verwandelte sich in »gesund«. So hatte er eine Art Satz. Anstelle der Vorlage BOF, BER, MIB und XUN konnte er sich einen Hypochonder namens BOF vorstellen, der sich ständig wegen seiner Gesundheit beklagt. Die MIBere-Misere-Assoziation war zwar nicht allzugut, reproduzierte er doch bei zwei oder drei Versuchen, die Liste wiederzugeben, MIS statt MIB. Aber schließlich brachte er es dadurch zustande, daß er MIBere als neues Wort, welches »falsche Misere« bedeutet, betrachtete. Der flüchtig vorbeiziehende Gedanke, daß XUN eine ungewohnte Art, »gesund« zu schreiben, sei, war gerade drollig genug, um die vierte Silbe zu fixieren. Die fünfte und sechste Silbe paßten auch zusammen ... So plaudert er drauflos, spinnt lange Beschreibungen aus, welche Ideen, Vorstellungsbilder, Assoziationen und Verbindungen ihm während des Lernens kamen. Ist das nichts als Geplauder, oder sind das die Angaben, welche die Psychologen besonders sorgfältig untersuchen müßten? Angaben darüber, wie oft ein Versuch wiederholt werden mußte, um ein bestimmtes Kriterium zu erreichen, verhelfen uns viel weniger dazu, das Wesen des Erinnerns zu erfassen.
Die Haltung der meisten experimentellen Psychologen diesen assoziativen Verbindungen gegenüber, auf die der Lernende so viel von seiner Zeit verwendet, wird im folgenden Zitat aus WOODWORTH und SCHLOSBERG (1954) deutlich.

Solche Lernhilfen werden natürlich von der Versuchsperson sehr begrüßt, doch der Versuchsleiter wäre froh, wenn sie überhaupt nicht existierten. Sie machen die Lernaufgabe uneinheitlich und bringen Variabilität und Unzuverlässigkeit in die quantitativen Resultate. Zudem möchte der Versuchsleiter die Bildung von neuen Assoziationen untersuchen und nicht die kluge Verwendung von alten (Seite 708).

Kann man diesen Kommentar anders interpretieren, als daß sich der Versuchsleiter nicht dafür interessiert, was seine Versuchsperson zu tun versucht? Es scheint, wir Autoren vertreten die Meinung einer Minderheit, wenn wir glauben, es sei besser, herauszufinden, was eine Person wirklich tut, als einfach anzunehmen, sie tue das, was man erforschen möchte.

Der Hauptgrund dafür, daß diese Art eines Versuchsberichts für den Psychologen so hoffnungslos aussieht, ist, daß jede Person eine andere Geschichte erzählt. Die Assoziationen scheinen völlig zufällig zu sein. Jedenfalls sind sie bei jedem Menschen anders. Wie kann aber jemand aus Dingen, von denen nicht einmal zwei sich gleich verhalten, eine Wissenschaft aufbauen? Geht man von der Voraussetzung aus, man habe es mit durchschnittlichen Versuchspersonen zu tun, die normale, aber unspezifische Assoziationen haben, ist das Arbeiten natürlich viel leichter. Vielleicht ist es sogar besser, so vorzugehen, denn Introspektionen sind immer unzuverlässig, und wir können nie wissen, ob die ausgeklügelten Übersetzungen, Gruppierungen und Assoziationen, die der Lernende herstellt, ihm überhaupt etwas helfen. Ein vorsichtiger Lerntheoretiker hätte unserer Erwartung nach etwa folgendes zu sagen: »Die auf den sparsamsten Annahmen gründende Theorie (*most parsimonious theory*) des Lernvorganges beim Menschen lautet: ›Die beständige Wiederholung einer richtigen Reaktion, die bekräftigt oder bestätigt wird, baut das exitatorische Potential für diese Reaktion auf, während gleichzeitig alle andersartigen Reaktionstendenzen gebremst oder ausgelöscht werden. Das Dahergerede unserer Versuchspersonen ist nichts anderes als eben — Gerede. Es hat nichts mit dem fundamentaleren, vielleicht unbewußten Prozeß zu tun, der die gute, solide Gedächtnisspur schafft, die zuverlässig von den Stimuli zu den gewünschten Reaktionen führt.‹« Obwohl dieser Ansatzpunkt wirklich mit wenig Annahmen auskommt, hat er doch seit 1885 die Gedächtnisforschung zu einem der ödesten Kapitel — Psychophysik nicht ausgenommen — der experimentellen Psychologie gemacht. Unser Ansatzpunkt mag hoffnungslos kompliziert sein, aber er ist wenigstens interessanter.

Die Aufgabe eines Lernenden in einem psychologischen Laboratorium besteht darin, eine bestimmte Folge von Geräuschen, wie er sie sonst nie von sich geben würde, zu produzieren. Sie hat keinen Sinn und wird ihm auch später nichts nützen. Mechanisches Memorieren von Serien sinnloser Silben ist kompliziert und schwierig zu erlernen. Kann man es, so hat man eine ziemlich ungewöhnliche Fertigkeit entwickelt. Wir gehen nun von der These aus, eine solche Fertigkeit könnte nicht erfolgreich entwickelt werden, wenn ihr Ablauf nicht von einem Plan, wie wir ihn dargelegt haben, geleitet würde. Was die Versuchsperson uns vermittelt, wenn sie uns ihre wilden und ungewöhnlichen Verbindungen darlegt, die sie als Brücke benutzte, ist nichts als ein Einblick in den Plan, den sie sich aufbaute, um ihre Silbenwiedergabe im Testverfahren zu leiten.

Nun sind aber zwei verschiedene Pläne beim mechanischen Memorieren im Spiele, die wir leicht verwechseln könnten. Einerseits versucht die Versuchsperson, einen Plan aufzubauen, der es ihr ermöglicht, die sinnlosen Silben in der richtigen Reihenfolge hervorzubringen. Aber gleichzeitig muß sie einen Plan annehmen, der ihr Memorieren steuert; sie muß eine Strategie wählen, nach der sie den Erinnerungsplan aufbaut. Ein Proband kann beim Memorieren viele verschiedene Wege einschlagen: Er kann die sinnlosen Silben in Worte verwandeln, diese zu Sätzen und/oder Vorstellungen zusammenstellen. Macht die Länge der Silbenliste eine noch übergeordnetere Planung nötig, kann er die Sätze oder Vorstellungen sogar zu einer Geschichte zusammenfügen. Er kann aber auch nach einem anderen Plan vorgehen und ohne jede Übersetzung, nach bloßem Drill, vielleicht mit Hilfe rhythmischer Gruppierungen, sich die Silben so lange einprägen, bis die Liste abläuft wie die Buchstaben des Alphabets. Oder er kann mit seiner Vorstellungskraft Tricks erfinden: Er kann sich jede Silbe an einer anderen Stelle des Zimmers vorstellen. Dann schaut er einfach wieder dorthin und »liest ab«, wenn er sie reproduzieren will; usw. Für das Lernen bestehen viele derartige Strategien, und sie sollten erforscht werden. Wir Autoren glauben, daß jede durchschnittliche Versuchsperson etwas Derartiges unternimmt, wenn sie mit einer Liste von sinnlosen Silben konfrontiert wird.

Wer keinen irgendwie gearteten Plan hat, lernt überhaupt nichts. Versuchspersonen haben Hunderte von Malen sinnlose Silben gelesen und fast nichts davon behalten, wenn sie vorher nicht wußten, daß sie später darüber geprüft würden. Damit sich die Liste einprägt, braucht es dieses mysteriöse Etwas, das man »Lernvorsatz« nennt. Wenn dieser Vorsatz einmal da ist, folgt die Handlung durch einen ständigen, langsamen Willensdruck nach. Diese Behauptung hat zu verschiedenen Untersuchungen geführt. Das gesammelte Material ist umfangreich und vielfältig; nur Narren könnten versuchen, es in einer simplen Verallgemeinerung zusammenzufassen. Die simple Verallgemeinerung, die wir aufgestellt haben, lautet: Ein Lernvorsatz ist dann vorhanden, wenn die Versuchsperson gemäß einem Plan einen anderen Plan aufbaut, der das Erinnern steuert. (Der Begriff des Vorsatzes wurde in Kap. 4 besprochen.)

Der Vorsatz bewirkt kein »Eingravieren« und keine »Verstärkung« der Assoziationen. Er bedeutet, daß die Versuchsperson nach Assoziationen suchen wird, die sie schon besitzt.

Natürlich kann eine Versuchsperson auch mehr oder weniger geistesabwesend und zufällig Teile eines Plans bilden, ohne zu ahnen, daß diese ihr später nützlich werden können. In diesem Fall lernt sie ohne Vorsatz. Wichtig ist, einen Plan zur Verfügung zu haben, wenn die Erinnerungsreaktionen hervorgebracht werden müssen. Normalerweise — jedoch nicht ohne Ausnahme — wird man ohne den Vorsatz zu lernen, nicht zu einem solchen Plan kommen, d. h. nicht ohne einen *Metaplan*, mit dem man einen Plan für das Erinnern aufbauen kann. Fragen wir jemanden, an welche Wörter er bei verschiedenen sinnlosen Silben denke, wenn wir ihn diese Wörter zu Sätzen zusammensetzen lassen, wie in einem unerklärten Spiel, jedoch so, daß er nicht ahnt, daß er später geprüft wird, und veranlassen wir ihn zudem noch unbemerkt, all das zu tun, was er vornehmen würde, wenn er einen Plan für das Wiedererinnern aufbauen würde, so stellen wir am Ende fest, daß er einen großen Teil des Lernmaterials gelernt hat, ohne sich dessen bewußt zu sein und ohne einen Lernvorsatz gehabt zu haben. (Versuchen Sie, ohne zurückzublättern, die vier sinnlosen Silben, die wir im Beispiel am Anfang des Kapitels gebraucht haben, zu erinnern.) Wenn wir jemanden zum Beispiel nur bitten, festzustellen, ob einige Zahlen, die wir ihm vorlegen, ihn an irgend etwas erinnern — an Geburtsdaten, Straßennummern oder Telephonnummern —, wird er sich nachher genauso gut an diese Zahlen erinnern, wie wenn wir ihn dazu angeleitet hätten, sie sich vorsätzlich einzuprägen (vgl. Saltzmann, 1956). Es kommt auf die Ausführung eines Planes an und nicht bloß auf den Vorsatz, ihn auszuführen.

Wollen wir erforschen, wie Pläne gelernt werden, so könnten wir auch darüber weiteren Aufschluß erhalten, wie Menschen überhaupt Pläne machen. Die naive und natürliche Reaktion auf eine Liste von sinnlosen Silben ist, sie in Worte zu übersetzen. Diese Tatsache läßt uns vermuten, daß Wörter und Sätze ein natürliches Element von Plänen zum einmaligen Gebrauch sind — von neuen ebenso wie von nur vorübergehend wirksamen. Das steht im Gegensatz zu den gewohnheitsmäßigen Plänen oder den Instinktplänen.

Diese Vermutung, die sich aus den vorangehenden Beobachtungen anbietet, unterstützt unsere Spekulationen über die allgemeine Bedeutung von Wörtern in unseren Plänen. Die Menschen haben überdies die Tendenz, ihr Lernmaterial in Blöcken, die zu Einheiten organisiert werden, zu bewältigen. Diese Tatsache wird durch die mechanischen Vorgabemethoden, die in den meisten Memorierexperimenten angewendet werden, leicht verdunkelt, da diese Methoden es der Versuchsperson nicht möglich machen, die Zeit so einzuteilen, wie sie es möchte.

Beschreibt uns ein Proband, der eine Reihe von sinnlosen Silben auswendig lernt, wie er sie in der richtigen Reihenfolge reproduziert, so bemerken wir beim sorgfältigen Hinhören, daß die Übersetzung in Wörter nur der erste Schritt seiner Kampagne zur Bewältigung der Aufgabe ist. Der zweite besteht darin, die Wörter zu Sätzen und, wenn nötig, diese zu Geschichten oder bizarren Episoden zusammenzustellen. Das Ergebnis dieses Vorgehens ist ein hierarchischer Aufbau der zu lernenden Liste. Sie wird dann z. B. vier Teile haben. Jede hat ihre eigenen Unterabteilungen, die vielleicht aus Wörtern bestehen, die die sinnlosen Silben in Erinnerung rufen. Wenn die hierarchische Struktur vollständig ist — wenn der Plan für die Rezitation aufgebaut ist —, kann die Versuchsperson alle Silben in der richtigen Reihenfolge aufsagen [2].

Zwischen der Art, wie auswendig gelerntes Material durch einen Plan bestimmt, und wie alles übrige absichtsvolle Verhalten durch hierarchische Pläne gesteuert wird, besteht kein grundlegender Unterschied.

Hier müßten wir nun auf Fragen der Effizienz eingehen: Warum bemühen wir uns denn, derartig komplizierte Hierarchien aufzubauen? Wir haben ja dann nur noch mehr im Kopf zu behalten! Eine Liste von *N* Wörtern verlangt *N-1* Assoziationen, wenn wir sie als eine Kette lernen. Wenn wir sie in Gruppen organisieren und zwischen den Gruppen Assoziationen herstellen, dann vermehren wir doch ganz einfach die Anzahl der benötigten Assoziationen. Ist das nicht einfach eine bloße Komplikation? Die effizienteste Lösung würde doch darin bestehen, sowenig neue Assoziationen wie möglich zu gebrauchen. Die Zweifel gegenüber diesen Organisationstricks werden noch stärker, wenn wir wissen, daß geübte Auswendiglerner von sinnlosen Silben sagen, sie könnten alle Übersetzungen in Wörter und Geschichten, alles Gruppieren und alles Aufbauen von Vorstellungen fallenlassen und sich direkt darauf konzentrieren, eine Silbe mit der nächsten zu verbinden.

Diese Frage wirft viele Probleme auf. Es ist einmal sicher, daß erfahrene Auswendiglerner ihre Strategie für das Einprägen ändern. Die Abänderung des Verfahrens ist mindestens zum Teil auf die zunehmende Vertrautheit mit sinnlosen Silben, auf die Verminderung der Unsicherheit und Ängstlichkeit der Aufgabe gegenüber zurückzuführen, wie auf

[2] Die Bedeutung der hierarchischen Organisation beim Reihenlernen wurde in drei Zeitschriftenbeiträgen von G. A. Miller (1956, 1956, 1956) aufgezeigt. Allgemeiner werden diese Dinge bei Cleveland (1907) behandelt.

zunehmende Verläßlichkeit und Nützlichkeit von rhythmischen Gruppierungen — im Gegensatz zu Bedeutungsgruppen — und darauf, daß man es müde wird, die Aufgabe ständig auf so anstrengende Weise, wie oben beschrieben, zu lösen. Das Problem muß sehr genau untersucht werden. Wir haben allerdings den Eindruck, daß auch die geübtesten Versuchspersonen es nie aufgeben, die Silbenreihe in Untergruppen aufzuteilen und damit eine Art einfacher Hierarchie — oder Plan — herstellen. Die Versuchsperson gibt es als erstes auf, die sinnlosen Silben in Wörter zu übersetzen. Anfänger verwenden dafür die meiste Zeit. Dagegen ist die andere Feststellung interessant, daß letztere sich nach 24 Stunden an viel mehr Silben erinnern als Geübtere (vgl. Underwood, 1957).
Es bleibt aber immer noch das Gruppierungsproblem, und außerdem ist die Frage offen, ob eine solche zusätzliche Arbeit nötig ist. Die Begründung dafür scheint in der ausgesprochen starken Begrenzung unserer Aufmerksamkeitsspanne (*span of apprehension*) zu liegen. Ein durchschnittlicher Mensch kann nach einer Darbietung höchstens ungefähr sieben Zahlen erinnern. Wollen wir sicher sein, daß sie fehlerlos erinnert werden, so können wir nur vier oder fünf annehmen. Ebenso können nur ungefähr vier oder fünf Symbole (Wörter, Elemente, Items, Listen, Dinge, Blöcke, Ideen, Gedanken usw.) auf einmal ohne Schwierigkeit im Bewußtsein gruppiert und zu einer Liste zusammengefügt werden, der man eine neue Bezeichnung geben kann. Sogar eine Liste, die so kurz ist wie die der Namen der zwölf Monate, wird nach den vier Jahreszeiten gruppiert. Die längste unorganisierte Liste, die die meisten von uns je erlernen, ist das Alphabet, und auch dort vermutet man, daß im Lernvorgang des Kindes hierarchische Züge zu finden sind. Diese verschwinden, wenn nach unzähligen Wiederholungen das Aufsagen des Alphabetes nicht mehr ein bewußt geplanter Vorgang ist, sondern sich in eine reine Gewohnheit verwandelt hat, so daß der Mund sprechen kann, ohne von oben geleitet zu sein. Indem der Lernende Gruppen macht und den Elementen der Liste neue Namen gibt, verkürzt er effektiv die Länge der Liste. Es ist, als ob er versuchen würde, die Liste auf eine Zahl von Einheiten zu reduzieren, die gleichzeitig im Kopf behalten werden können, da in diesem Fall — wenn es darum geht, sie in Handlungen umzusetzen — keine Schwierigkeiten auftauchen werden. Miller versuchte 1956 die Informationsökonomie des Gruppierens und Neubenennens in folgenden Worten zu beschreiben:

Da es genau gleich schwierig ist, viel Information (wenn die Einheiten reich an Information sind) wie nur wenig Information zu erinnern (wenn die Einheiten arm an Information sind), ist es ökonomisch, Material so zu organisieren, daß Blöcke (*chunks*) entstehen, die reich an Information sind. Um eine etwas weit hergeholte Analogie zu gebrauchen: Es ist, wie wenn wir all unser Geld in einem Geldbeutel aufbewahren müßten, der nur sieben Münzen faßt. Für den Geldbeutel würde es keine Rolle spielen, ob dies Goldstücke oder Kupfermünzen sind. Der Vorgang des Gruppierens und Umbenennens ist eine in vielen Situationen gebrauchte menschliche Fähigkeit. Mindestens zum Teil ist ihr Gebrauch dadurch motiviert, daß wir versuchen, die Fassungskraft des Gedächtnisses in bestmöglicher Weise zu nutzen.

Da jede Person zum Gruppieren und Umbenennen die für sie charakteristischen Kniffe verwendet und da diese sehr variabel sind, geben sie dem Versuchsleiter schwere Probleme auf. Er kann dabei leicht zum Persönlichkeitsforscher werden, da jede Versuchsperson individuell untersucht werden muß. Nur von ihren persönlichen Plänen her kann ihr Versuchsergebnis interpretiert werden. Dazu kommen all die bekannten Schwierigkeiten des Untersuchenden, nämlich zu erkennen, welchen Plan die Versuchsperson wirklich brauchte, wenn diese sich selbst nicht darüber im klaren ist. Wenn wir andererseits alle Versuchspersonen zusammennehmen und behaupten, sie täten alle dasselbe, um dann zu entdecken, daß nur eine statistische Theorie zu derartigen Befunden paßt, so verhalten wir uns wie der Mann, der seinen Geldbeutel nur dort sucht, wo die Straßenlampe scheint. Was wir als Auswendiglernen verstehen und hier beschreiben, ist jedesmal ein Vorgang im Nervensystem eines Individuums, und er kann nur erforscht werden, wenn man untersucht, was dies tut. Erst nach einem detaillierten Betrachten der Strategien jedes einzelnen sollten wir damit anfangen, die allgemeinen Merkmale aufzuzählen, die alle charakterisieren.

Die Operationen des Organisierens oder Planens beim Memorieren treten vielleicht klarer zutage, wenn das Material, das memoriert werden soll, aus normalen Texten und nicht aus sinnlosen Silben oder Labyrinthen besteht. Man stelle sich z. B. vor, ein Mensch spiele in einem Theaterstück und müsse nun seine Rolle auswendig lernen.

Das ist viel leichter als das Lernen von sinnlosen Silben, da er sie nicht in Wörter übersetzen muß und da die Reihe von Wörtern grammatikalischen Regeln gehorcht, die er schon gelernt hat. Zuerst stellt er fest, daß das Stück vier Akte hat, daß er in allen vieren aufzutreten hat und daß sein großer Auftritt sich im dritten Akt befindet. In diesem Akt ist er schon beim Öffnen des Vorhangs auf der Bühne. Zuerst spricht er mit dem Dienstmädchen über die Cocktails, die für die Gäste bereit sein müssen. Dann kommt der Kampf mit Kaspar und schließlich die große Liebesszene. In der Liebesszene werden nacheinander vier Phasen durchlaufen: Gleichgültigkeit, Interesse, Vortasten und Ausdruck der Gefühle, der mit einer Umarmung und einem Kuß abschließt. Die Gleichgültigkeit erstreckt sich über etwa acht Zeilen. In jeder Zeile stehen ein oder mehrere Sätze. Jeder Satz enthält Wörter, jedes Wort enthält Phoneme, jedes Phonem enthält Artikulationsbewegungen, jede Artikulationsbewegung Muskelkontraktionen. So weit ungefähr können wir gehen. Wenn er seine Rolle auswendig gelernt hat und für die Premiere bereit ist, wird er seinen Text in eine derartige hierarchische Struktur eingeordnet haben, und er wird sich ohne Zettel auf der Bühne bewegen können. Seine Aufgabe wird dadurch sehr erleichtert, daß er ein Gespräch führt, und daß die anderen den Text auch im Gedächtnis haben. Wie jeder Schauspieler weiß, gibt es jedoch immer wieder schreckliche Augenblicke, wenn einer zwei Seiten überspringt und damit wesentliche Tatsachen ausläßt, die das Publikum wissen muß, um das Stück zu verstehen. Dann beginnt das Ringen um den Versuch, die fehlenden Linien irgendwie hineinzuschmuggeln, ohne daß es das Publikum merkt, was wohl zu den aufregendsten Erlebnissen des Amateurschauspielers gehört. Es ist also möglich, den Plan abzuändern und auszuarbeiten, sogar wenn das Material schon memoriert worden ist. Man kann sich fragen, ob die Folgen des Überspringens während einer Rezitation nicht objektiv nachzuweisen erlauben, was hierarchische Strukturen wirklich sind. Diese Technik benutzten im wesentlichen MÜLLER und SCHUMANN (1938), um die rhythmische Struktur in einer memorierten Liste aufzuzeigen; ebenso THORNDIKE (1932), der die Bedeutung von Zusammengehörigkeit *(belonging)* als Erinnerungshilfe aufzeigte[3].

Besteht das Lernmaterial aus schon bekannten Wörtern, ist der Lernende viel freier, originelle Lösungswege zu finden. Er kann auch auf mnemotechnische Verfahren zurückgreifen. Diese lehnt der experimentelle Psychologe noch mehr ab als die Wortassoziationen seiner Versuchspersonen. Mnemotechnische Verfahren sind unmoralische Tricks, die höchstens zu Zigeunern und Schaubudenzauberern passen. Weil die Psychologen diese Haltung einnehmen, wissen sie fast nichts über die bemerkenswerten Gedächtniskunststücke, die so leicht erbracht werden können, wenn man im voraus einen fertigen Plan bereitgestellt hat. Anekdoten sind natürlich keine wissenschaftlichen Beiträge, aber manchmal erleichtern sie die Kommunikation. So machen wir nun einen Seitensprung in absolut unwissenschaftliche Gefilde.

---

[3] MÜLLER und SCHUMANNS Untersuchungen werden von WOODWORTH (1938) beschrieben. Dieser führt zahlreiche Forschungsarbeiten an, die die Bedeutung der organisierenden Faktoren beim Memorieren zeigen. Dort ist wohl die Wurzel unserer anderen Vorstellung von der Gedächtnisforschung, aufgrund deren wir mit dem, was heute auf diesem Gebiet getan wird, nicht zufrieden sind.

Als wir eines Abends einen Kollegen — einen vielseitig interessierten Sozialpsychologen — zu Besuch hatten, kamen wir unter anderem auch auf »Pläne« zu sprechen.

»Aber was ist denn ein Plan genau?« fragte er. »Und wieso kann man sagen, daß das Auswendiglernen auf Pläne angewiesen ist?«

»Wir werden es dir zeigen«, antworteten wir. »Hier ist ein Plan, den du zum Auswendiglernen brauchen kannst.

Präge dir vorerst das Folgende ein:

Eins ist was Fein's,
zwo ist ein Floh,
drei ist ein Schrei,
vier ist ein Tier.
Fünfe sind Trümpfe,
sechs eine Hex',
sieben ist lieben,
acht ist sacht,
neun ist streun, und
zehn ist wie gehn.«

»Es ist zwar erst halb elf, aber ich fühle mich müde wie um halb eins. Ich befürchte, ich mache Euer Experiment zunichte.«

»Keine Angst, es steht wirklich nichts auf dem Spiel, wir lassen dich aber nicht kneifen.« »Entspanne dich einfach, und erinnere dich an den Reim. Jetzt hast du einen Teil des Planes. Der zweite Teil geht so: wenn wir dir ein Wort sagen, mußt du eine lächerliche oder bizarre Assoziation mit dem schon gelernten Wort des Reimes bilden. Dasselbe machst du mit allen zehn Wörtern, die wir dir vorgeben.«

»Ach, das wird wahrscheinlich nie klappen. Ich bin schrecklich müde«, entgegnete er. »Nur keine Bange«, antworteten wir«, denke bloß an den Reim, und bilde dann die Assoziation.« Hier sind die Wörter:

1. Aschenbecher,
2. Brennholz,
3. Bild,
4. Zigarette,
5. Tisch,
6. Zündholzschachtel,
7. Glas,
8. Lampe,
9. Schuh,
10. Plattenspieler.

Die Wörter wurden eins nach dem anderen gelesen, und nach jedem Wort warteten wir, bis er meldete, daß er die Assoziation habe. Er brauchte durchschnittlich etwa fünf Sekunden, um eine Verbindung zu bilden. Nach dem siebten Wort meinte er, die vorhergehenden sechs hätte er sicher schon vergessen, aber wir fuhren beharrlich fort.

Nachdem wir einmal probeweise durch die Liste gegangen waren, warteten wir ein oder zwei Minuten, damit er sich sammeln konnte. Dann fragten wir: »Was ist Nummer acht?«

Er schaute verdutzt drein, dann begann er zu lächeln.

»Verdammt«, sagte er, »die — Lampe.«

»Und bei welcher Nummer stand — Zigarette —?«

Diesmal lachte er laut heraus und gab die richtige Antwort.

»Das ist ja gar nicht schwer«, meinte er, »man kommt überhaupt nicht ins Schwitzen.«

Wir fuhren weiter, um ihm zu zeigen, daß er tatsächlich jedes Wort richtig benennen konnte. Darauf fragten wir:

»Glaubst du, daß das Auswendiglernen dadurch zustande kommt, daß man mit jeder Wiederholung der beiden Wörter die Reproduktionstendenz ein bißchen festigt?« Die Frage war durch sein Erstaunen genügend beantwortet.

Wenn ein derart einfacher Plan die Schwierigkeiten beim Auswendiglernen so beträchtlich vermindert, ist es dann nicht vernünftig anzunehmen, daß Versuchspersonen in einem Einprägungsexperiment ebenfalls einen Plan zu entwickeln suchen? Natürlich haben sie nicht im voraus einen fertigen Plan, wie wir ihn hier beschrieben haben. Es kostet einem Probanden einige Zeit und Anstrengung, einen Plan zu konstruieren, der sich an den in Experimenten gebrauchten Materialien bewährt. Bei Experimenten mit dem Kurzzeitgedächtnis *(immediate memory)* beispielsweise gebrauchen die Versuchspersonen selten mnemotechnische Tricks, denn bei einer einzigen Darbietung des Materials hat man wenig Zeit, einen Plan auszuarbeiten; man hat auch nur ein geringes Bedürfnis danach, da man ja das Material nie mehr sieht. Aber ohne irgendeinen Plan wird die Versuchsperson nie eine lange Liste rezitieren können.

Wallace, Turner und Perkins von der Universität von Pennsylvania haben herausgefunden, daß ein Mensch eine praktisch unbeschränkte Kapazität hat, Assoziationen zu bilden. Sie präsentierten ihren Versuchspersonen Paare englischer Wörter. Ihrem eigenen Tempo gemäß erstellen diese durch Verbindung der beiden Wörter ein visuelles Bild. Die Liste der paarweise zusammengestellten Wörter wurde nur einmal dargeboten. Darauf erhielten die Versuchspersonen ein Wort von jedem Paar und mußten das zugehörige andere niederschreiben. Beginnend mit

Listen von 25 Wortpaaren, lernten sie Listen von bis zu 700 Paaren. In Listen bis zu 500 Wortpaaren behielten die Versuchspersonen 99 Prozent der Assoziationen; bei Listen von 700 Paaren fiel der Prozentsatz auf 95. Gewöhnlich brauchten die Versuchspersonen etwa 25 Sekunden, um die Assoziation zu bilden. Mit zunehmender Erfahrung konnten sie mit weniger als 5 Sekunden pro Paar präzise arbeiten. Sie waren auch nicht etwa nach besonderen Fähigkeiten ausgelesen worden; es waren gewöhnliche Leute, für das Experiment bequem erreichbar. Davon befreit, die Items in eine vertraute Form zu übersetzen und sie anhand eines Planes in eine feste Reihenfolge zu bringen oder auch frei von jedem Zwang, nach einem mechanisch festgelegten Tempo zu arbeiten, mußte die Versuchsperson nichts tun als dasitzen und Verbindungen bilden. Das tat sie beinahe ohne Irrtum so lange, bis ihr und dem Versuchsleiter die Geduld ausgingen. Dazu kommt: die Versuchsperson hatte nach zwei oder drei Tagen fast nichts vergessen.

Aber was hat es mit der traditionellen Vorstellung auf sich, eine Assoziation entstehe nach und nach nach dem Prinzip der Kontiguität (*contiguity*) und werde durch Bekräftigung immer mehr verstärkt? Langsam entstehende und schwindende Assoziationen mögen nützlich sein, um einen konditionierten Speichelreflex zu beschreiben, aber sie sind nicht charakteristisch für menschliches sprachliches Lernen. IRVIN ROCK (1957) gelang der Beweis, daß beim Lernen paarweiser assoziierter Wörter die assoziative Stärke *(associative strength)* bis zur ersten korrekten Antwort nicht zunimmt und daß die Assoziation dem Lernenden nachher völlig verfügbar bleibt. Deshalb dauert der Memoriervorgang einer Liste von paarweise assoziierten Wörtern nicht länger, wenn bei jedem nicht erinnerten Paar ein neues Paar an dessen Stelle gesetzt wird. Tatsächlich merken es die Versuchspersonen nicht einmal, wenn ein Paar ersetzt wird. Die Assoziation wird erst im Versuch gebildet, wo der Lernende Zeit hat, sich das Wortpaar anzusehen: sie wird erst jetzt gebildet und durch die restliche Lernsituation hindurch behalten.

Beobachtungen wie diese lassen vermuten, daß nicht die Speicherung, sondern das Wiederhervorholen der wirkliche Engpaß beim sprachlichen Lernen ist. Die Verbindungen herzustellen scheint weit einfacher zu sein, als sie später wiederzufinden. Eine neue Assoziation, die von *A* nach *B* führt, wird bloß eine von vielen Assoziationen sein, die von *A* zu irgendeinem anderen Punkt führen. Die Zeit und Anstrengung, die man für die Memorierarbeit aufwendet, widmet man der Sicherstellung eines Weges, um an die gewünschte spezielle Assoziation heranzukommen, wenn sie gebraucht wird. Aus dieser Sicht ist die Aufgabe des Auswendiglernenden der eines Bibliothekars ähnlich: In einer großen Bibliothek ist es wichtig, daß die Bücher nach einem Code etikettiert werden und daß man sie diesem Code gemäß auf den Gestellen einreiht. Wird ein Buch fälschlicherweise in einem anderen Gestell versorgt, kann es jahrelang verloren sein. Der Bibliothekar muß die Exemplare beschriften, sie an den richtigen Platz stellen und Karten im Hauptkatalog unter zwei oder drei Referenzschemata einordnen. Diese ganze Arbeit fügt der im Buch enthaltenen Information oder Unterhaltung nichts hinzu; sie ermöglicht bloß, das Buch zu finden, wenn sein Inhalt wichtig wird.

Memoriervorgänge sind viel zu komplex für eine derart einfache Analogie. Der Lernende gleicht mehr einem Bibliothekar, der all seine Bücher selber schreibt und sein eigener Leser ist. Diese Metapher soll lediglich klarmachen, daß ein Memoriervorgang viel komplizierter ist — sowohl in einer Bibliothek als auch in einem Schädel — als ein einfaches Aneinanderfügen von Items. Nehmen wir einmal an, diese Operation, bei der man einfach Elemente zusammenfügt, wäre verfügbar, und sie wäre billig und leicht genug, um dem schweifenden menschlichen Intellekt zu dienen. Was fangen wir aber damit an? Vielleicht sind wir imstande, zwei Bretter zusammenzunageln, aber genügt das, um ein Haus zu bauen?

11

Pläne und Sprachverhalten

Immer schon haben Psychologen vor der Frage gestanden, wie ernst sie die Sprache nehmen sollten. Einerseits ist jedem klar, daß die Menschen sich von allen anderen Lebewesen stark unterscheiden und daß die meisten Unterschiede aus dem sprachlichen Verhalten des Menschen resultieren. Aber es ist schwierig abzuschätzen, bis zu welchem Ausmaß unsere geistigen Fähigkeiten dadurch ermöglicht wurden, daß wir sprechen lernten. Andererseits scheint die Auffassung, daß Mensch und Tier grundlegend verschieden sind, zu einem vordarwinischen, anthropozentrischen Dogmatismus und mittelalterlichen Mystizismus zurückzuführen. Wie ist es möglich, die ganz einmaligen Fähigkeiten des Menschen anzuerkennen, ohne dem Konzept der kontinuierlichen Entwicklung vom Tier zum Menschen Gewalt anzutun?

Eine mögliche Lösung für dieses Dilemma — und vielleicht ist es die einfachste — besteht darin, Wörter als genau gleich wie andere Reaktionen zu betrachten, nur in noch höherem Maße[1]. H. W. NISSEN (1958) schreibt zum Beispiel:

> Das Wesen der Wörter ist, daß sie viele vergangene Erfahrungen in verfügbare Einheiten zusammenfassen; d. h. sie produzieren und repräsentieren eine zeitliche Integration von vielen verschiedenen Erfahrungen. Wenn wir Wörter als Werkzeuge des Denkens, Überlegens oder Problemlösens brauchen, wirkt sich eine riesige Zahl von vergangenen Erfahrungen auf das gegenwärtige Verhalten aus. Sprache — oder sonstiges verbal vermittelnde Verhalten — ist ein zentrales Integrationsgeschehen von hoher Wirksamkeit, mit dem wir als gebildete Erwachsene besonders vertraut sind. Aber die Sprache scheint nicht einen wirklich neuen psychischen Vorgang einzuleiten. Vielmehr kann sie als Instrument, Mittel oder Technik angesehen werden, welches die Geschwindigkeit und Wirksamkeit der schon im Tier vorhandenen Prozesse gewaltig vergrößert[2].

[1] Eine Abwandlung des Witzes in *Animal Farm: »All animals are equal. But some are more equal than others.«* (Anm. d. Übers.)

[2] Auch andere amerikanische Verhaltensforscher haben sich im gleichen Sinne geäußert. Russische Psychologen hingegen waren sich im großen und ganzen ganz klar darüber, in welchem Ausmaß die Sprache neue psychische Prozesse unterstützt. Vgl. LURIA und YUDOVICH (1959). Dort lesen wir auf Seite 11 f.: »Die Erforschung der geistigen Entwicklung des Kindes als das Ergebnis seiner

Kurz, Sprache stellt nichts anderes als einen höchst vielschichtigen Fall von Verhalten dar, das man besser in seinen einfacheren Formen bei Tieren erforscht. Einige Psychologen gehen einen Schritt weiter und beharren darauf, daß sie bei Tieren erforscht werden *müssen*. Sie behaupten, der Kern des Problems sei nicht erreicht, wenn man seine Fragen über den Menschen nicht in solcher Weise formulieren könne, daß sie auch für die Tiere Gültigkeit haben.

So untersuchen sie z. B. die Unterscheidungsfähigkeit verschiedener Helligkeitsgrade beim Menschen, weil das gleiche Experiment auch mit Tieren ausgeführt werden kann. Aber sie würden einen Menschen nie bitten, die geschätzten Helligkeitsgrade in Zahlenwerten wiederzugeben, weil niemand weiß, wie diese Instruktion einem Tier gegeben werden könnte. Sie würden in diesem Fall argumentieren: Wenn für die Anweisungen Wörter gebraucht werden, kann man nie wissen, ob das Resultat durch die vorausgegangenen verbalen Konditionierungen der Versuchsperson oder durch die zu schätzende Reizstärke hervorgerufen wurde. Immer dann, wenn es nicht möglich ist, auch ein Tier als Untersuchungsobjekt zu benützen, wird der Versuch nach dieser Auffassung ganz bestimmt auf den heimtückischen Klippen der Introspektion auflaufen, welche die Psychologie erst seit kurzer Zeit zu umschiffen gelernt hat.

Die Psychologen, die dies behaupten, sind natürlich eine kleine Minderheit. Aber sie sind eine zähe Gruppe, die alles daransetzt zu beweisen, daß die Psychologie eine experimentelle Wissenschaft sein kann. Sie wissen, welche Merkmale zählen; sie setzen einen hohen Standard für alles, was sie als gültigen Beweis akzeptieren wollen, und man darf ihre Vorurteile nur auf eigenes Risiko hin angreifen. In diesem Fall haben sie jedoch die Grenzen von wissenschaftlicher Annehmbarkeit zu eng gezogen. Man bedenke ihre These: »Ein psychischer Prozeß ist nicht vollständig und wissenschaftlich erklärt, wenn er nicht in Teile zerlegt worden ist, die bei Tieren experimentell erforscht werden können.« Man fühlt intuitiv, daß in diesem Ansatz, den Menschen zu erfassen, etwas

---

Interkommunikation mit der Umwelt und als Erwerb von gemeinsamen Erfahrungen, die ihm durch die Sprache vermittelt werden, wurde zum wichtigsten Grundsatz der sowjetischen Psychologie ... Interkommunikation mit Erwachsenen ist von entscheidender Wichtigkeit, denn der Erwerb eines Sprachsystems schließt eine Umbildung aller grundlegenden geistigen Prozesse des Kindes mit ein. Somit wird das Wort zu einem sehr bedeutenden Faktor, der die geistige Aktivität formt, das Nachdenken über die Realität vervollkommnet und neue Formen der Aufmerksamkeit, des Gedächtnisses, der Einbildungskraft, der Gedanken und der Handlung schafft.«

zutiefst Rückständiges liegt. — Von dem, was wir an den Menschen und Tieren erforschen, wäre für uns nichts von Interesse, ausgenommen, es könnte innerhalb der Normen, die unser wortreicher Intellekt aufstellt, begrifflich gefaßt werden. Dieses Vorgehen ist geradezu eine Herausforderung für uns, etwas zu finden, das nicht dazu paßt. Also suchten wir ein für den Menschen wichtiges Problem, das die Psychologen verstehen müssen, das aber bei Tieren nicht experimentell erforscht werden kann. Oder, um die Fragestellung im Sinne des vorangehenden Zitats darzustellen: Gibt es irgendeinen neuen und wichtigen psychischen Prozeß, der durch die Sprache neu eingeführt wurde und der nicht einfach nur als Verstärkung bereits vorhandener, nicht sprachlich formulierter Vorgänge angesehen werden kann?

Sicher gibt es viele spezifisch menschliche Probleme, die wir wählen könnten, doch können wir am Problem des Sterbens die entscheidenden Punkte genügend klar illustrieren. Der Mensch ist das einzige Lebewesen, das weiß, daß es sterben wird. Kann dies als ein neuer und wichtiger psychischer Prozeß, der erst durch die Sprache bedingt wurde, betrachtet werden? Oder ist dieses Wissen nur die Verstärkung eines sprachfreien Prozesses? Ein Mensch kann seinen Tod in seine Pläne einbeziehen, wenn er einer Lebensversicherung beitritt oder ein Testament verfaßt; oder er kann sogar einen Plan entwerfen und ausführen, der seinen eigenen Tod zum Ziel hat. Wir hören in der Tat gelegentlich, daß ein vernünftiger Mensch in dieser oder jener Situation unmittelbar Selbstmord begehen würde. Aber wie wir auch den Wert unseres Lebens persönlich einschätzen, müssen wir feststellen, daß die Todeserwartung ein immer wiederkehrendes Thema in unserer Kunst und Literatur ist, daß sie unsere Erbfolgegesetze und das Lebensversicherungsgeschäft hervorbringt und daß sie uns veranlaßt, unsere Krankenhäuser und die medizinische Forschung zu unterstützen, daß sie der stärkste Anstoß für unsere Religiosität ist, daß die Todesangst die Alten so beschäftigt wie die Lebenslust die Jungen. Kurz: die Vorwegnahme des Todes beeinflußt unser Verhalten auf viele entscheidende Arten. Um menschliches Verhalten und menschliche Einrichtungen zu verstehen, ist es deshalb nötig, etwas über die Art zu wissen, wie Menschen dem Tod ins Auge sehen und sich für das Leben vorbereiten, das sie nach dem Tode vermuten. Aber um dieses wichtige psychologische Phänomen zu erforschen, müssen wir es, gemäß der psychologischen Richtung, mit der wir uns gerade auseinandersetzen, »auf Komponenten, die bei Tieren experimentell erforscht werden können«, reduzieren. Können wir einer Ratte die Erkenntnis übermitteln, daß ihr Tod unausweichlich ist? Wir können ein Tier lehren, gewisse Signale zu erkennen und bestimmte Tricks zu vollführen, aber das Wissen, daß alle lebenden Wesen sterblich sind, scheint allein dem Menschen vorbehalten zu sein. Wie sich das Vorauswissen um den Tod bei Tieren auswirkt, kann bei diesen nicht festgestellt werden. Nach der genannten Auffassung kann deshalb die Auswirkung des Todeswissens auf das Verhalten des Menschen wissenschaftlich überhaupt nicht untersucht werden[3]. Die Grenzen der Wissenschaft müssen weiter gesteckt werden.

Man kann in der Geschichte der psychologischen Forschung oft sehen, daß die Methoden den Forschungsgegenstand einschränkten und daß diese nicht zuließen, das zu erforschen, was die Psychologen interessierte. Aber dann war es immer wieder die Einschränkung, die aufgegeben wurde und nicht das Interesse. Vermutlich wird diese Haltung beibehalten werden, und Psychologen werden weiterhin Fragen über den Menschen stellen, die bei Tieren nicht angemessen oder nicht einmal denkbar sind. Wir wollen das wenigstens hoffen, denn schließlich hat die Sprache den Menschen mit einem neuen Evolutionsmechanismus ausgerüstet, der ihn in wenigen kurzen Jahrhunderten von allen anderen Lebewesen abhob. Der eifersüchtige Hüter des darwinischen Kontinuitätsgedankens schlägt sich mit einer solchen Haltung selbst mit Blindheit den offensichtlichen Tatsachen gegenüber. Wenn man die psychologische Wichtigkeit der Sprache auf etwas extravagante Weise herausstreicht, kann man fast nicht zu weit gehen. Die Überlegungen im 8. Kapitel über den Mecha-

---

[3] Dieser Umstand erklärt wohl, warum dieser Tatbestand von den Psychologen derart vernachlässigt wurde. (Vgl. Alexander u. a., 1957: *»Is death a matter of indifference?«)* Jedenfalls ist das Wissen vom kommenden Tode für einen robusten Reflextheoretiker ein abseitiges Problem. Wenn man glaubt, nur mit induktiven Methoden zu Wissen zu kommen, ist es kaum verständlich, wie ein Mensch, der 25 000mal der konditionierenden Wirkung des Tagesanbruchs ausgesetzt ist, an etwas anderes als an seine Unsterblichkeit glauben kann. Man könnte die Erklärung bei der Konditionierung durch den Tod von Bekannten suchen, doch spricht der Umstand dagegen, daß uns unsere Gesellschaft so sorgfältig vor der emotionalen Beunruhigung, die der Anblick eines Toten mit sich bringt, schützt. (Vgl. Hebb und Thompson, 1954, Seite 557.) Die meisten unserer Bekannten gehen früher oder später dahin, aber in modernen Gesellschaften sehen wir sie nur in ungewöhnlichen Umständen wie Kriegen oder Katastrophen sterben. Wie könnte etwas so Ungesundes wie die Erwartung des eigenen Todes in uns Wurzeln schlagen und wachsen, bis sie eine grundlegende Wahrheit unseres geistigen Lebens wird? (Vgl. Anthony, 1940.) Indem die Psychologen dieses Problem vernachlässigen, unterwerfen sie sich dem heute allgemeinen Tabu, über das Sterben zu sprechen, das heute fast so stark ist wie das Tabu der Sexualität in der Viktorianischen Zeit.

nismus der Hypnose sollten gezeigt haben, welche entscheidende Rolle wir der Sprache bei der Steuerung aller psychologischen Prozesse im Menschen zuschreiben.

Der wichtigste Gewinn, den wir aus unserer Fähigkeit ziehen, Dinge und Ereignisse in sprachlicher Form darzustellen, ist offensichtlich der, daß wir an Erfahrungen anderer Menschen teilhaben, die wir für uns auswerten können, sogar dann, wenn diese nicht mehr am Leben sind. Somit reicht das von uns aufgebaute Bild viel weiter als bis an die Grenzen unserer eigenen Erfahrungen und schließt die Ergebnisse der großen Denker und Entdecker, die uns vorausgegangen sind und die uns geholfen haben, eine Konzeption von uns selbst und dem Universum zu formen, mit ein. Aber nicht nur mitteilbare Bilder, sondern auch mitteilbare Pläne anderer Menschen können wir uns über die Sprache einverleiben. Fertigkeiten sind normalerweise sprachfrei, aber bei sorgfältiger Analyse und Nachforschung sind wir oft imstande, die ihnen zugrunde liegenden Prinzipien zu entdecken und sie sprachlich so zu formulieren, daß die Fertigkeit einer anderen Person übermittelt werden kann. Unser kulturelles Erbe schließt sowohl das Wissen um das »Wie« wie auch um das »Was« ein. Was diese beiden umfassen, könnte man mit der gebührenden Sorgfalt nur im Rahmen einer allgemeinen Psychologie des Wissens untersuchen, welches ein viel hochgespannteres Projekt wäre, als wir hier ausführen können.

Angemessenere Proportionen hat unser kleines Projekt, nämlich die Sprechfertigkeit selbst zu beschreiben, ohne auf die kulturelle Rolle dieser Fertigkeit oder den Inhalt, den sie uns zu übermitteln erlaubt, einzugehen. Das heißt, daß wir, anstatt zu untersuchen, wie die Sprache gebraucht wird, um andere Dinge zu erreichen, uns in diesem Kapitel vor Augen führen wollen, wie die linguistisch bedeutsamen Lautreihen selbst geplant und ausgeführt werden.

Am motorischen Ende des Sprechvorgangs stehen die wunderbar zarten, schnellen und synchronisierten Bewegungen der Zunge, der Lippen, der Zähne und des Halszäpfchens. Die Koordination dieser Organe ist das Hauptthema der physiologischen Phonetik und der Phonologie. Obwohl ihre Erforschung faszinierend ist, trägt sie nichts zu den psychologischen Problemen bei, die wir in diesem Buch untersuchen.

Steigen wir deshalb im hierarchischen System der Sprechfertigkeit etwas höher, bis wir zu molareren Einheiten kommen, die von einem mehr strategischen Teil des Planes unserer Sprechfertigkeit dirigiert werden. Wir wollen auf die Stufe hinaufsteigen, die lose mit der Bezeichnung »grammatikalisch« versehen werden könnte.

Wir wollen uns nun kurz im Bereich der modernen Linguistik umsehen, das heißt: wir wollen nicht etwa die gesamte Linguistik zusammenfassen (dazu fühlen wir uns auch nicht kompetent)[4]. Vielmehr werden wir uns in diesem Kapitel die Arbeit eines einzelnen Linguisten vornehmen und verfolgen, und zwar desjenigen Linguisten, der mit unseren eigenen Vorstellungen darüber, wie menschliches Verhalten im allgemeinen (nicht nur sprachliches Verhalten) organisiert ist, völlig gleicher Meinung zu sein scheint. Diese Übereinstimmung ist nicht etwa zufällig: einige unserer Ideen wurden durch sein Beispiel angeregt: Noam Chomsky. Seine Vorstellungen sind in seiner Monographie »*Syntactic structures*« (1957) zusammengefaßt[5]. Aus dem Studium der Grammatik und der Syntax hoffen wir einen Eindruck zu gewinnen, wie kompliziert ein Planungsgerät sein muß, das grammatikalisch richtige Sätze hervorbringen kann. Ein Ergebnis dieser Betrachtungen wird sein, daß wir für den Kompliziertheitsgrad der Apparatur, die wir für das Planen zur Verfügung haben, ein Mindestmaß festlegen können. Das gilt sowohl für sprachliche wie für nichtsprachliche Planungstätigkeit.

In Sätzen muß ein Wort nach dem anderen ausgesprochen werden. Bedeutet dies gleichzeitig, daß sie nur eine einfache Kette darstellen, d. h. wird das folgende Wort im Satz nur aufgrund der vorangegangenen Wörter wie auch durch die nachfolgenden bestimmt? Ein wenig Introspektion zeigt uns, daß wir sehr bestimmte Vorstellungen von dem haben, was wir sagen wollen. Unsere Wortwahl hängt von sehr viel mehr ab als von dem, was bis zum kritischen Punkt schon geäußert wurde. Wir haben einen Plan für jeden Satz, und während wir ihn ausführen, haben wir einen relativ klaren Eindruck von dem, was wir sagen wollen. William James (1890) beschreibt das viel besser, als wir es tun können:

Hat sich der Leser nie gefragt, was für eine Wirklichkeit sein Vorsatz, etwas zu sagen, ist, bevor er es gesagt hat? Es ist ein ganz klar umrissener Vorsatz, anders als alle andern Vorsätze; also ein absolut besonderer Bewußtseinszustand; und doch, wieviel davon besteht aus klaren, sensorischen Vorstellungsbildern, sei

---

[4] Eine ausgezeichnete Einführung in die Probleme und Methoden der Linguistik bietet Gleason (1957).

[5] Der deutschsprachige Leser findet in Lyons (1971) *Noam Chomsky* eine kurze, gut verständliche Einführung in die generative Grammatik und deren übergeordneten Zusammenhang. Von Chomsky selbst wurde bisher nur *Aspect of theory of syntax* (1965) übersetzt. Chomsky verfaßte dieses Werk als Erweiterung von *Syntactic Structures* und stellt die generative Grammatik zusammenhängend dar. Wer jedoch keine Vorkenntnisse hat, kann dieses Buch nur schwer lesen. Dennoch halten wir uns bei der Übersetzung der Fachausdrücke an die dort gewählten Termini. (Anm. d. Übers.)

es von Worten oder Dingen? Kaum etwas! Verweile ein bißchen, und die Worte und Dinge kommen dir in den Sinn; der vorausnehmende Vorsatz, das Erraten, ist verschwunden. Aber indem die Worte, die sie ersetzen, hereinkommen, heißt der Vorsatz eines nach dem andern willkommen und bestätigt es, wenn es mit ihm übereinstimmt oder weist es zurück und bezeichnet es als falsch, wenn es nicht mit ihm übereinstimmt. Der Vorsatz hat somit eine ihm eigene, überaus positive Natur, und doch, was können wir über ihn aussagen, ohne Worte zu gebrauchen, die ja zu den späteren geistigen Wirklichkeiten, die ihn ersetzen, gehören? Der Vorsatz, *das und das* zu sagen, ist der einzige Name, den er erhalten kann. Man kann zugeben, daß ein Drittel unseres psychischen Lebens aus diesen schnellen, vorwegnehmenden überblicksmäßigen Ansichten über Gedankenentwürfe, die noch nicht artikuliert sind, bestehen (Seite 253).

James beschreibt hier einen Bewußtseinszustand, der beim Vorsatz, einen Plan auszuführen, auftaucht. Der Plan eines Satzes, so scheint es uns, muß in allgemeiner Art abgegrenzt sein, schon bevor er sich auf besondere Wörter hin, die wir aussprechen werden, differenziert (Seite 253). Wie jeder Psychologe nur allzugut weiß, ist die Introspektion eine launische Herrin. Bevor wir versuchen, irgendein ausgeklügeltes, voraussehendes Gerät zu erfinden, das alles gleichzeitig denken kann, sollten wir zuerst die einfacheren Möglichkeiten durchgehen. Versuchen wir deshalb, unsere Introspektionen außer acht zu lassen, unsere Diskussion über Pläne zu vergessen und zu behaupten, daß das nächste Wort in unserer Äußerung nur von den Wörtern, die bis hin zu ihm gewählt wurden, abhängt, nicht aber von irgendeinem Plan für die Wörter, die ihm noch folgen mögen. Eine solche nichtantizipatorische Grammatik wäre außerordentlich einfach, und da die Mathematik solcher Systeme unter dem allgemeinen Titel Markov-Modelle schon sehr sorgfältig ausgearbeitet wurde, wüßten wir sofort, über welchen Grad von Komplexität der »Satzerzeuger« verfügt[6]. Dazu würde eine solche Grammatik eine ganz einfache Übereinstimmung zwischen der Sprache, wie sie der Sprecher hervorbringt, und der Sprache, wie sie der Hörer aufnimmt, ergeben. Der Hörer braucht nur die bisher gesprochenen Wörter eines Satzes zu wissen; die Weiterführung des Satzes muß er mit Wahrscheinlichkeitsschlüssen erraten. Man könnte sagen: da der Hörer diese Markovsche Ausrüstung ohnehin benötigt, wäre es ökonomisch, wenn er sie auch

[6] Die Verwendung von Markov-Modellen zur Beschreibung der Quelle von Aussagen wird in Shannon (1948) behandelt. Hockett (1955) nahm diese Vorstellungen zur Grundlage einer grammatikalischen Theorie. Chomsky und Miller (1958) beschrieben einige der strukturalen oder nicht-stochastischen Aspekte dieser Aussagenquellen.

braucht, wenn er mit Zuhören aufhört und mit Reden beginnt. Aber das Leben ist leider nicht immer so einfach, wie wir es wünschen. Es zeigt sich, daß unsere Introspektion recht hat und daß Modelle für die Erzeugung eines Satzes zu einfach sind, um der Wirklichkeit gerecht zu werden, wenn sie nur auf die Wörter, die schon geäußert wurden, Rücksicht nehmen. Diese Schwierigkeiten sind für jedermann nachvollziehbar, der versucht, einfache stochastische Ketten von Verhaltensereignissen zu einer allgemeinen Beschreibung für das menschliche Verhalten zu verwenden (vgl. GALANTER und MILLER, 1960).

Ein Modell des Satzplaners, das von links nach rechts arbeitet, kann unter zwei Gesichtspunkten als ein Ding der Unmöglichkeit dargestellt werden. Wir werden einerseits zeigen, daß es unmöglich wäre, auf diese Weise eine Sprache zu erlernen. Als zweites verweisen wir auf die grammatikalischen Satzgebilde, die eine solche Aussage nicht hervorbringen könnte.

Stellen wir uns vor, wir möchten wissen, wie man alle grammatikalischen Sätze bis zu einer festgelegten Länge, sagen wir von zwanzig Wörtern, hervorbringen und erkennen kann. Informationstheoretiker schätzen, daß Sätze der englischen Sprache im Durchschnitt ungefähr fünf Bits pro Wort übermitteln[7]. Daraus läßt sich ableiten, daß es ungefähr 2^{100} Wortketten von 20 Wörtern gibt, die wir bewältigen müßten. Es scheint einleuchtend, anzunehmen, daß jede dieser 2^{100} verschiedenen Wortreihen das System in einen anderen Zustand bringen würde. Um unserem Planungsorgan die Möglichkeit zu verschaffen, irgendeine beliebige dieser Wortreihen zu wählen — also einen dieser 2^{100} internen Zustände aufzubauen —, müßte ihm jede Wortreihe mindestens einmal zu Ohren gekommen sein. Das von links nach rechts arbeitende Satzerzeugungsorgan hätte keine anderen grammatischen Regeln als die folgende: »Nachdem du die Wörter *X* bis hierher hervorgebracht hast, muß du eine Fortsetzung aus der Menge *Y* wählen.« Damit ein Kind alle Regeln dieser Satzerzeugung von links nach rechts erlernen könnte, die nötig sind, um einen einwandfreien Satz von etwa zwanzig Wörtern zu sagen, müßte es die Regel hören oder Teile davon, von denen die Regeln abgeleitet werden. Das Kind müßte also 2^{100} Sätze hören, bevor es englisch reden und verstehen könnte. Das wären ungefähr 10^{30} Sätze. Damit wir erkennen, wie unsinnig diese Bedingung ist, müssen wir nur daran denken, daß ein Jahrhundert nur ungefähr $3{,}15 \cdot 10^{9}$ Sekunden hat. Kurz, das Kind müßte ungefähr $3 \cdot 10^{20}$ Sätze pro Sekunde hören, um

[7] Das ist eine alte vorsichtige Schätzung, die auf SHANNONS (1951) Berechnungen für Briefe beruht. Vgl. auch BURTON und LICKLIDER (1955).

über alle Informationen zu verfügen, die der Planer haben müßte, um Sätze nach dem Links-rechts-Prinzip bilden zu können und das während einer hundert Jahre dauernden Kindheit ohne Unterbrechungen zum Schlafen und Essen. Dazu müßte jede Wortreihe nach einer einzigen Vorgabe sofort behalten werden. Ein bißchen Rechnen überzeugt also jedermann, daß die Zahl von internen Zuständen, die ein solches System brauchen würde, alles über den Haufen wirft, und daß das System nie irgend etwas bewältigen könnte, was annähernd so kompliziert ist wie die natürliche Sprache. Damit ist auch klar, daß Sätze auf eine andere Art entstehen müssen.

Doch sogar, wenn wir tatsächlich lange genug leben würden, um soviel zu lernen, würde ein System, wie wir es uns hier ausgedacht haben, nicht Sätze erzeugen, die wir als grammatikalisch richtig erkennen. Wir haben eine obere Grenze für die Satzlänge von 20 Wörtern festgelegt, da wir irgendeine Grenze setzen mußten. Aber viele grammatische Sätze sind länger als 20 Wörter und könnten dann also durch das MARKOW-Modell nicht erzeugt werden. Umgekehrt ergäben sich viele Wortreihen von über 20 Wörtern, die nicht grammatische Sätze sind. Das Modell gibt ungefähr folgende Anweisung: Memoriere alle Sätze und Satzteile von weniger als 20 Wörtern wörtlich und mache dann längere Äußerungen, indem du die 20-Wörterreihen auf alle möglichen Arten zusammenfügst. Wenn die Regeln für das Erzeugen von Sätzen auf diese Art im Gehirn eines Menschen gespeichert wären, könnte dieser die grammatikalisch richtigen Sätze nicht einmal erkennen, sobald sie mehr als 20 Wörter zählten. Erhöhen wir die Satzlänge auf 30 oder 40 Wörter, wird die Aufgabe, richtiges Sprechen zu lernen, entsprechend unvorstellbarer. Gehen wir gar so weit, zu verlangen, daß ein Kind *alle* Sätze *jeder* beliebigen Länge memorieren sollte, wird die Vorstellung zur Absurdität. Es ist, als ob man das Zahlensystem dadurch lernen wollte, indem man alle Ziffernreihen, die möglich sind, memoriert. Die unendliche Zahl aller grammatischen Sätze memorieren heißt das eigentliche Problem der Grammatik umgehen.

Das Modell ist derart unnatürlich, daß man sich ermutigt fühlt, ein Gegenbeispiel zu suchen, den Beweis nämlich, daß ein MARKOWscher Worterzeuger mit einer endlichen Zahl von inneren Zuständen nicht alle grammatikalischen Sätze hervorbringen kann. Das Gegenbeispiel zu »von-links-nach-rechts«-Grammatiken besteht darin zu zeigen, daß Sätze grammatikalisch in anderen Sätzen eingebettet sein können (CHOMSKY, 1956, 1959).

Wir betrachten den Satz: »Der Mann, der *X* sagte, ist hier.« Für *X* können wir den Satz einsetzen: »Entweder *Y* oder ich gehen heim.« Für *Y* soll eingesetzt werden: »Wenn *Z*, dann wird es regnen.« So können wir endlos weiterfahren. In jedem Fall geht der grammatikalische Zusammenhang nach dem eingesetzten Satzteil weiter. Im ersten Fall gehören *Mann* und *ist* zusammen und werden von *X* unterbrochen. Im zweiten Fall gehören *entweder* und *oder* zusammen und werden durch *Y* unterbrochen, und im dritten Fall sind es *wenn* und *dann*, die durch *Z* unterbrochen werden. In abgekürzter Notierung haben wir: $S = aXa'$, dann $X = bYb'$, dann $Y = cZc'$ usw. Wird der ganze Satz gesprochen, haben wir: $S = abcZc'b'a'$. Unsere Grammatik erlaubt uns eine endlose Fortsetzung solcher Einbettungen. (Natürlich sind derartige Sätze schwer verständlich, doch ist es nicht die Grammatik, sondern die menschliche Auffassungsgabe, der Grenzen gesetzt sind.) Entscheidend ist, daß wir solche Sätze nicht mit einem Satzerzeuger des Von-links-nach-rechts-Typus, der ausschließlich im zeitlichen Nacheinander arbeitet, hervorbringen können. Da eine unendlich hohe Zahl von abhängigen Verschachtelungen möglich ist — es gibt keine Grammatikregel, die sie verbietet und sie alle in der richtigen Reihenfolge und gleichzeitig erinnert werden müssen, muß der Von-links-nach-rechts-Satzerzeuger ein unendlich großes Gedächtnis haben, d. h. er muß eine unendlich große Anzahl von internen Zuständen speichern können. Unendlich große Gedächtnisse sind jedoch nicht so leicht erhältlich, weder in biologischen Systemen noch in anderen Bereichen. Daher ist dieses Von-links-nach-rechts-System außerstande, gewisse grammatische Sätze hervorzubringen. Damit ist bewiesen, daß Wortketten nicht genügen, um Grammatik zu erklären[8].

---

[8] Yngve (1960) stellt fest, daß grammatikalische Sätze von Menschen erzeugt werden, deren Kurzzeitgedächtnis begrenzt ist; wenn auch keine Grammatikregel die Anzahl der ineinander verknüpften Einbettungen begrenzt, so gibt es doch psychologische Grenzen. Sätze mit mehreren ineinandergeschachtelten Teilen sind zwar nicht ungrammatikalisch, aber sie werden im allgemeinen vom Sprecher vermieden. Yngve veranschaulicht das Problem mit dem bekannten englischen Kinderreim: *The house that Jack built.* Die folgende Reihe von vier Einheiten — *This is the dog that the cow tossed. This is the cat that the dog worried. This is the rat that the cat killed. This is the malt that the rat ate* — würde schließlich zum einzigen Satz: *This is the malt that the rat that the cat that the dog that the cow tossed worried killed ate.* So führt uns die Grammatik in die Irre. Vier Verkettungen, auf diese Art zusammen verknüpft, sind gänzlich unverständlich. Um diese Schwierigkeit zu umgehen, konstruieren wir keine derart verschachtelten Sätze. Wir lassen sie sozusagen offen für nachfolgende Vervollständigungen, die jetzt noch nicht genau umrissen sind. *This is the cow that tossed the dog, that worried the cat that killed the rat, that ate the malt that*

Ohne diesen Punkt weiterzuverfolgen, wollen wir nun annehmen, daß der Erzeuger einer Mitteilung etwas darüber wissen kann, was er sagen will und was er schon gesagt hat. Wir wollen uns nun ein System vorstellen, in welchem der ganze Satz als eine Einheit gehandhabt und nach einem Plan nach und nach entwickelt wird — sozusagen von innen nach außen. Der ganze Satz soll mit dem Buchstaben *S* symbolisiert werden. Eine der ersten Regeln der Grammatik wird sein, daß man *S* als *NP* + *VP* schreiben kann, wobei wir bei *NP* an Nominal-Komplex (*noun phrase*) und bei *VP* an Verbal-Komplex (*verb phrase*) denken können.

Diese Regel schreiben wir als

(F 1) *S* ⟶ *NP* + *VP*,

wobei der Pfeil bedeutet, daß das Symbol *S* bei der Ableitung eines aktuellen Satzes durch *NP* + *VP* ersetzt werden kann. Der Nominal-Komplex kann zu der Darstellung

(F 2) *NP* ⟶ *T* + *Nomen*

erweitert werden, wobei *T* für den Artikel steht.

Besteht der Verbal-Komplex aus Verb und einem Nomina-Komplex, so schreiben wir

(F 3) *VP* ⟶ *Verb* + *NP*.

(In einer vollständigen Grammatik müßten natürlich verschiedene Arten erwähnt werden, wie der Nominal-Komplex und der Verbal-Komplex erweitert sein können, doch möchten wir das Beispiel so einfach wie möglich lassen.) Wir haben nun genügend Grammatikmaterial zur Verfügung, um das Beispiel zu vervollständigen. Darum wollen wir einige Regeln, die die Wortarten betreffen, anfügen:

(F 4) *T* ⟶ ein, der, die, das

(F 5) ⟶ Knabe, Junge, Ball, Stock

(F 6) *Verb* ⟶ traf

Nun setzen wir die Grammatikmaschine in Betrieb und sehen zu, was herauskommt. Um sie anlaufen zu lassen, geben wir ein *S* ein — und

---

lay in the house that Jack built. Wenn wir uns überlegen, weshalb Schachtelsätze soviel schwerfälliger sind als Konstruktionen mit einem offenen Ende, die ja schon von kleinen Kindern verstanden werden können, kommen wir darauf, daß offensichtlich die Sätze, wenn immer es geht, so geplant werden, daß sie taktisch vorweg noch ausgearbeitet werden können, der Reihe nach, wie sie geäußert werden. Die nachfolgenden Satzinhalte werden im unmittelbaren Gedächtnis in einer so kurzen und so strategischen Form wie nur möglich gespeichert. Daß die taktischen Details des Planes erst, wenn sie nötig sind, nacheinander ausgearbeitet werden, entlastet das Kurzzeitgedächtnis des Sprechers sehr.

warten auf die Antwort. Das einzige, was sie damit tun kann, ist, die Regel F 1 anzuwenden. Das Ergebnis ist in Abb. 6 dargestellt.

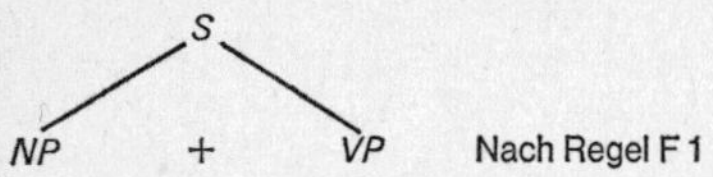

Abb. 6: Erster Schritt bei der Bildung eines Satzes

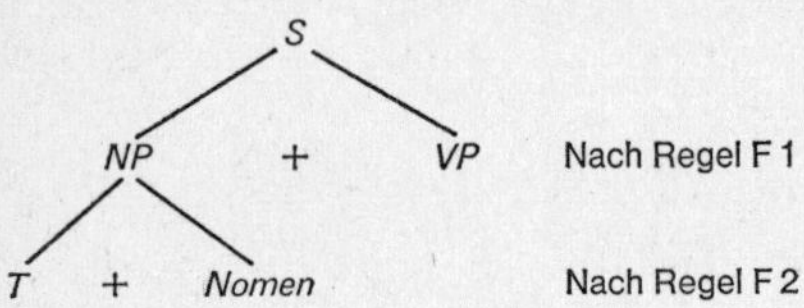

Abb. 7: Das Ergebnis von zwei Schritten bei der Bildung eines Satzes

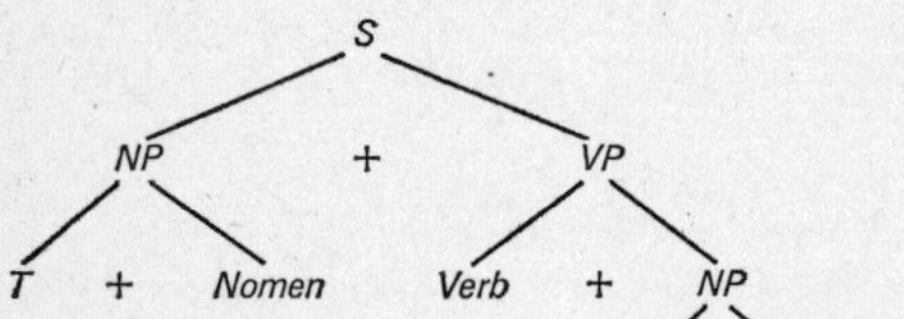

Abb. 8: Die unmittelbaren Bestandteile des Satzes

Als nächstes möchten wir entweder *NP* oder *VP* detaillierter ausdrükken. Angenommen, wir verwenden zuerst F 2, dann erhalten wir Abb. 7. Wir fahren so weiter, bis wir schließlich die Struktur von Abb. 8 erreicht haben. Nun sind wir so weit, daß wir die Wortschatzregeln anwenden können. Damit verwandeln wir

$$T + Nomen + Verb + T + Nomen$$

in irgendeinen von den sich ergebenden, verschiedenen Sätzen:

Ein Junge schlug den Ball.
Der Stock schlug einen Jungen.
Der Ball schlug den Ball.
usw.

Die Maschine ist nicht sehr redegewandt, aber es ist eben auch keine sehr ausgeklügelte Maschine.

Man kann zeigen, daß Satzerzeuger dieser Art mit den verwickelten Verschachtelungen, die für den Von-links-nach-rechts-Planer so verwirrend sind, leicht fertig werden. Es braucht dazu nur Regeln der Art wie $S \rightarrow aXa$, $X \rightarrow bXb$, $X \rightarrow cXc$ usw. Derartige Regeln können die Zukunft und die Vergangenheit gleichzeitig verarbeiten und lassen den Satz in der Mitte anwachsen statt lediglich am äußersten rechten Ende. Damit können die Argumente, die gegen die einfachen MARKOWschen Satzerzeugungsmodelle vorgebracht werden, beantwortet werden.

Hingegen wurde die andere Erfordernis, die Zahl der benötigten Regeln dürfe nicht zu groß sein, um in einer zeitlich begrenzten Kinderzeit gelernt werden zu können, noch nicht erfüllt. Um die obigen Sätze hervorzubringen, braucht es natürlich nur wenige Regeln, doch beweist das noch nichts. Erst wenn man ernsthaft beginnt, die Grammatik einer Sprache *nur* mit Hilfe dieser Regeln aufzubauen, tauchen die Probleme auf. CHOMSKY behandelte diese einigermaßen detailliert; wir werden sie hier nicht weiterverfolgen. Es genügt uns darauf einzugehen, daß einige außerordentlich große Vereinfachungen in der Aufstellung einer Grammatik erreicht werden können, wenn wir nur etwas kompliziertere Regeln benützen, die uns beides erlauben, die Satzteile sowohl umzuordnen wie umzuschreiben. Diese komplizierten Regeln sind eher Regeln zur Umbildung als zur Neubildung von sprachlichen Einheiten.

Eines der einfachsten Beispiele ist die Transformation, die aktive Satzgebilde in passive verwandelt: »John aß den Apfel« wird zu »Der Apfel wird von John gegessen«. Wenn die formalen Eigenschaften dieser Transformation geprüft werden, wird klar, daß die Verwandlung durch die einfachere Art von Regeln nicht erreicht wird. Eine andere bekannte Transformation ist die Verneinung. Im Englischen wird *»I can go«* zu *»I can't go«*, *»I have gone«* zu *»I haven't gone«*. Die Verneinung ist durch die Nachsilbe *»n't«* ausgedrückt, die ans Hilfsverb angehängt wird. Was passiert nun, wenn kein Hilfsverb vorhanden ist?« *»I go«* wird zu »*I don't go*«. Weil kein Hilfsverb vorhanden ist, an das man »*n't*« anhängen könnte, muß das Wort »*do*« eingefügt werden, an das man es anhängen kann. Dies brachte »*do*« den schlechten Ruf der Unregelmäßigkeit ein, welche sich aber aus einer transformatorischen Funktion der Grammatik sehr einfach ergibt[9]. Das gleiche Problem taucht bei der Transformation für die Frageform auf. Für diese Transformation heißt die allgemeine Formel: *a b c* wird *b a c*. So wird aus: »Ich werde gehen« »Werde ich gehen?« Im Englischen kann auch diese Formel nur in Sätzen mit Hilfsverben angewendet werden, so daß diese dort, wo sie fehlen, wieder in der Form des »*do*«, wie bei der Negation, eingefügt werden müssen. »*I go*« wird zu »*do I go*«. Wir sehen, daß die *do*-Transformation in der englischen Grammatik eine ziemlich wichtige Rolle spielt.

Diese Beispiele mögen genügen, um zu zeigen, welche Art von grammatikalischen Transformationen wir verwenden, wenn wir einfache Aussagen umformen. Andere Transformationen werden gebraucht, wenn wir zwei Sätze miteinander verbinden, indem wir sie mit »und« oder »oder« zusammenhängen. Diese Transformationen erlauben uns, auf verschiedenste Arten lange, komplizierte und verschachtelte Sätze aufzubauen.

Aus den bisherigen Darstellungen geht hervor, daß der Satzerzeuger, ganz allgemein gesehen, nach einem ziemlich einfachen System arbeitet, wenn wir Sätze hervorbringen wollen wie: »Ein Junge schlug einen Ball«. CHOMSKY nennt sie Kernketten (*kernel strings*). Darüber befindet sich ein Transformationssystem, nach dem diese Kernketten kombiniert, umgeformt usw. werden. Auf diese Weise entsteht die endlose Vielfalt von grammatikalischen Sätzen. Mit einer derartigen Theorie müßte es möglich sein, mit weniger als 100 Satzbildungsregeln, weniger als 100 Transformationen und vielleicht 100 000 Wortschatz- und Ausspracheregeln ein grammatikalisch richtiges Englisch zu sprechen. Sogar ein Kind sollte imstande sein, diese zu beherrschen, wenn es zehn bis fünfzehn Jahre Übung hinter sich hat.

Besonders interessant an CHOMSKYS Analyse ist, daß sie auch zweideutige Sätze erfaßt. Beispielsweise erkennen Englischsprechende die Zweideutigkeit in einem Satz wie: *Flying planes can be dangerous*. Die Grammatik muß deshalb zwei verschiedene Pläne zur Verfügung haben, um einen derartigen Satz hervorzubringen. Nach dem einen ist es eine

---

[9] LAFFAL, LENKOSKI und AMEEN (1956) beschreiben einen interessanten Fall von »Gegenteil«-Sprache, wobei der Patient alle bejahenden Aussagen in verneinender Form machte und umgekehrt. *Yes* und *No* konnte der Patient auswechseln, ohne den übrigen Teil des Satzes zu ändern. Aber anstatt *I go* sagte er: *I do go*, und wendete somit die zweifache Transformation der Verneinung an. Offensichtlich sind in der Grammatik zwei negative Transformationen das gleiche wie gar keine, denn *do* bleibt als Träger für die Nachsilbe allein übrig.

Form der Aussage: *Flying planes* are *dangerous* (fliegende Flugzeuge sind gefährlich), und nach dem anderen von *Flying* is *dangerous* ([mit Flugzeugen zu] fliegen ist gefährlich). Die meisten Menschen nehmen nicht wahr, wie viele derart zweideutige Sätze es gibt[10]. Solche Zweideutigkeiten bieten viel Stoff für Wortspiele und grammatikalische Witze.
Es ist zu beachten, daß man einen mehrdeutigen Satz nur verstehen oder abwandeln kann, wenn man die ihm zugrunde liegende Satzstruktur versteht. Dem Satz *They are cooking apples* können zwei Strukturen zugrunde liegen. Die eine, wenn die Bedeutung heißt: *The friends are cooking apples*, und eine andere, wenn er bedeutet: *Those apples are good only for cooking*. Wenn jemand die Struktur (*They*) [(*are cooking*) (*apples*)] im Sinne hat, kann er die Passiv-Transformation anwenden, und er erhält: *Apples are being cooked by them*. Wenn aber jemand die andere Struktur meint: (*They*) [(*are*) (*cooking apples*)], ist die Passiv-Transformation nicht möglich. Wir können nur dann wissen, welche Transformation möglich ist und welche Zweideutigkeit im Satz liegt, wenn uns die ganze Hierarchie in ihrer Bedeutung gegenwärtig ist und nicht bloß die vorliegende Wortkette, die schließlich aus dieser Hierarchie hervorging.
Daß die Grammatik Chomskys diese Zweideutigkeiten wiederzugeben vermag, ist ein deutlicher Beweis für die Angemessenheit dieser Grammatik. Es wäre interessant zu verfolgen, ob auch außerhalb der Linguistik ein solcher Test für die Angemessenheit einer Theorie möglich ist. Zum Beispiel können zwei Versuchspersonen die gleiche Reihe von Symbolen memorieren und sie genau gleich wiedergeben, obwohl sie ganz verschiedene mnemonische Pläne verwendet haben. Eine dem Sachverhalt angemessene Theorie müßte beide Pläne erklären können. Bis jetzt gibt es jedoch keine Theorie des mündlichen Lernens, die auch nur annähernd eine derartige Vollkommenheit erreichen würde.
Noch vieles von dem, wie Sätze entstehen, bleibt durch diese Grammatik-Theorie ohne Erklärung. Wenn das Sprechen ein Spiel wäre, würde die Grammatik die Spielregeln formulieren. Sie würde uns sagen, welche

[10] In der deutschen Sprache gibt es nur wenige mehrdeutige Sätze, da nur wenige Wörter die gleiche Form haben, wenn sie als Nomen, als Verb oder Adjektiv benützt werden. Beispiele müßten konstruiert werden wie: »Gläubiger wurde er und half mir nicht.« Ungewöhnliche Satzstellungen, wie sie die gebundene Form mit sich bringt, erleichtern die Aufgabe: »Rascher war mein Postillion.«
»Alte Männer und Frauen« kann entweder »alte Menschen (Männer und Frauen«) oder »Frauen und alte Männer« bedeuten. (Anm. d. Übers.)

Züge erlaubt, aber nicht, welche klug sind. Wir können noch nicht sagen, wie ein Sprecher den Inhalt seiner Äußerungen auswählt. Aber sogar innerhalb der engen Grenzen der Syntax konstruiert der Mensch mit großer Geschwindigkeit sehr komplizierte Pläne und führt sie aus. Es ist möglich, daß er diese Fähigkeit allein für das Sprechen hat. Aber es ist ziemlich unwahrscheinlich.

Die Erforschung der grammatikalischen Systeme ist ein besonders interessanter Weg, menschliche Pläne zu erforschen. Das Forschungsmaterial steht in großen Mengen zur Verfügung und beschränkt sich auf relativ wenig Erscheinungsformen. Man kann es leicht beschreiben, mehrere alternative Theorien (d. h. Grammatiken) können verglichen werden, vernünftige, intuitive Vereinbarungen über akzeptable oder nicht akzeptable Folgen von Äußerungen können erreicht werden. Dank all dieser Vorteile hat die wissenschaftliche Beschreibung des sprachlichen Verhaltens (natürlich durch Linguisten und nicht durch Psychologen) weit mehr Fortschritte gemacht als alle anderen Bereiche der Verhaltensbeschreibung. Sie gibt uns eine Ahnung, wie andere Verhaltenstheorien später einmal aussehen mögen. LASHLEY (1951) bemerkte:

Ich habe nicht nur deshalb so viel Zeit aufgewendet, um das Problem der syntaktischen Systeme zu behandeln, weil die Sprache eines der wichtigsten Produkte der menschlichen Gehirntätigkeit ist, sondern auch, weil die Probleme, die die Organisation der Sprache aufgibt, mir für fast alle anderen Arten von Gehirntätigkeiten charakteristisch scheinen. In der Sprache finden wir Reihen von hierarchischen Organisationen: die Anordnung der vokalen Bewegungen beim Aussprechen von Wörtern, die Anordnung der Wörter im Satz, die Satzfolge in Abschnitten, die rationale Abfolge von Abschnitten in einer Rede. Nicht nur die Sprache, sondern alle Fertigkeiten (*skilled acts*) scheinen mit den gleichen Problemen der Abfolge zu tun zu haben. Das reicht sogar bis hinunter zur zeitlichen Koordination der Muskelkontraktionen in einer Bewegung wie der des Handausstreckens und des Greifens. Die Analyse der nervlichen Mechanismen, die der geordneten Abfolge einfacherer Handlungen zugrunde liegen, kann schließlich sogar dazu beitragen, eine Physiologie der Logik zu finden (Seite 121 f.).

Damit ist die Frage aufgeworfen, ob LASHLEY — oder wir — die alte Behauptung unterstützt, daß die Gesetze der Grammatik eigentlich die Gesetze des Denkens seien, oder ob wir die moderne Auffassung von WHORF (1956) vertreten, der schrieb: »Die Formen der Gedanken eines Menschen werden von unerbittlichen Strukturgesetzen gesteuert, die ihm unbewußt bleiben. Diese Muster sind nicht wahrgenommene, schwer zu beschreibende Systematisierungen seiner eigenen Sprache. Sie werden sofort sichtbar, wenn wir verschiedene Sprachen, besonders solche von verschiedenen Sprachfamilien, unvoreingenommen miteinander vergleichen und sie einander gegenüberstellen« (Seite 252). Eine Antwort auf diese Frage würde zu Folgerungen führen, die weit über die Grenzen dieser Untersuchung hinausreichen. Aber vielleicht läßt sich die Lage etwas klären, wenn wir festhalten, daß die von uns verteidigte Position keinerlei Stellungnahme für oder gegen die Hypothese WHORFS zur Folge hat. Nicht nur die englische Grammatik ist nach hierarchischen Plänen und ihren verschiedenen Transformationen aufgebaut. Die Grammatik jeder Sprache ist so konstruiert, daß der Denkvorgang eines bestimmten Sprechers in bezug auf seine hierarchische Organisation nicht einmalig in seiner Art sein kann. Wenn unsere Spekulationen stimmen, sind alle menschlichen Verhaltensbereiche ähnlich organisiert. Wir könnten bildlich von einer allgemeinen Verhaltensgrammatik sprechen, was sagen soll, daß die Grammatik einer Sprache nur das Beispiel eines allgemeinen Steuerungsmusters ist. In anderen Verhaltensbereichen könnten ebenfalls Beispiele dafür gefunden werden. Es ist aber nicht dasselbe, ob man sagt, die formale Struktur der grammatikalischen Gesetze sei *ähnlich* wie die formale Struktur der Gesetze des Denkens, oder ob man sagt, die grammatikalischen Gesetze *sind* die Gesetze des Denkens, oder sogar, das Denken eines Menschen könne sich nie von den Konjugationen und Deklinationen seiner Muttersprache, an welche es gekettet ist, befreien.

Die Sprache wirft ganz verschiedene psychologische Probleme auf, je nachdem, ob man sie benützt, um Anweisungen zu geben, Beschreibungen mitzuteilen, Fragen zu stellen, Zärtlichkeiten auszutauschen, Probleme zu lösen, Pläne zu machen oder (innere) Bilder zu organisieren. Jede dieser psychologischen Situationen ist so einmalig und ganz dem besonderen Gebrauch der Sprache zugeordnet, daß keine einfachen Verallgemeinerungen sie alle decken können. Die Rolle, die die Sprache in jeder dieser Situationen spielt, kann nur entschieden werden, wenn man die Situation selbst erforscht. Wie wir schon sagten, spezifiziert der grammatikalische Plan nur die erlaubten Züge im sozialen Spiel der Kommunikation. Hingegen können die Gründe, warum das Spiel überhaupt gespielt wird, nicht von seinen Spielregeln abgelesen werden.

Wir wollen zum Schluß dieses Kapitels einen summarischen Versuch unternehmen, diese linguistischen Beobachtungen enger mit der allgemeinen These dieses Buches zu verbinden:

Als erstes kann man festhalten: Das normale Aussprechen eines Satzes ist eine eingeübte Fertigkeit, die durch viele Jahre der Übung erreicht wurde. Wie jede Fertigkeit muß sie von einem Plan geleitet werden, d. h. für jeden besonderen, ausgeprägten Satz braucht es einen besonderen, ausgeprägten Plan. Der Hierarchie eines Planes entspricht die Hierarchie, nach der ein Satz zerlegt werden kann. Die Testphasen der TOTE-Einheiten dieses Planes vergleichen die geäußerten Laute und gefühlten Bewegungen der Sprechorgane mit den auf innerem Hören und Wahrnehmen beruhenden Bild der erwünschten Laute und Bewegungen. Die letzte operationale Phase des Satzplanes veranlaßt die Bewegungen der Sprechmuskulatur. Wir können das den »motorischen Plan« des Satzes nennen.

Hinter dem motorischen Plan steht ein Vorgang, der allerdings schwerer zu verstehen ist, der Vorgang nämlich, der den motorischen Plan selbst hervorbringt. Auf einer höheren Stufe hat es also einen anderen Plan, der den motorischen Plan bearbeitet. Diese Vorstellung trafen wir schon an, als wir im 10. Kapitel einen Plan besprachen, der einen anderen hervorbringt, mit dem wir einen gespeicherten Inhalt zurückrufen können. Hier haben wir eine analoge Situation. Um die beiden Systeme auseinanderzuhalten, nennen wir den Plan in diesem Kapitel den »Grammatikplan«. Um ihn kreisten die Aussagen in diesem Kapitel. Seine Struktur ist die Hierarchie der Grammatikregeln für den Aufbau und die Transformation von Sätzen. Der von ihm bearbeitete Gegenstand wird auf seine »Satztauglichkeit« hin geprüft. Das Ganze wird auf die Frage zurückgeführt, ob der Satz einen Nominal-Komplex und einen Verb-Komplex hat. Wenn der Prüfvorgang ergibt, daß kein Nominal-Komplex da ist, so wird das System beauftragt, einen hervorzubringen usw., bis schließlich alle Unter- und Unteruntertests befriedigt sind. Dann kann das System wieder zum Haupttest zurückkommen. Wenn dieser nun auch erfüllt ist, ist der motorische Plan vollständig. Haben wir dann den vollständigen motorischen Plan einer Kernwortkette, so muß man vielleicht noch einige Transformationen durchführen, was noch detaillierte Ausarbeitungen des Grammatikplanes nötig macht.

Beim Erarbeiten eines Grammatikplanes müssen natürlich viele wichtige semantische Entscheide getroffen werden. D. h., wenn die Prüfphase ergibt, daß der Nominal-Komplex fehlt und der Suchmechanismus nach einem Nominal-Komplex begonnen hat, muß das System eine Richtlinie haben, um zu bestimmen, welcher ausgewählt werden soll. Auswahlvorgänge verlangen natürlich Bewertungsfunktionen[11]. Eine Möglichkeit, sich vorzustellen, wie dies vor sich geht, ist die Annahme, daß ein

[11] Die Prüfphase der TOTE muß wahrscheinlich aus einer Liste von annehmbaren Auswahlmöglichkeiten bestehen. Daraus müßte aufgrund der Bewertungsfunktion der Bilder und der zur Verfügung stehenden Zeit gewählt werden. Die Beobachtung, daß in Wortassoziationsuntersuchungen die Versuchsperson

vorgefaßtes »Bild« des Resultates, das ein Satz erreicht, oder der Information, die er vermitteln soll, Kriterien liefert, welche der Prüfphase zugrunde liegen. Wie aber dieser Teilaspekt des ganzen Ablaufs funktioniert, wird sehr verschieden aussehen, je nachdem es sich, sagen wir, um einen zufälligen Gruß oder um das Dichten eines Sonetts handelt. Die erwähnten vom »Bild« aufgestellten Kriterien bestimmen zweifellos die Geschwindigkeit, mit der der motorische Plan realisiert werden kann.

Doch kommen hier weiterreichende Konsequenzen unserer Spekulationen ins Spiel. Ohne die Eigenschaften des Bildes und das Bedeutungsproblem ein gutes Stück weiterzuentwickeln, kommen wir hier nicht weiter und möchten es auch nicht versuchen. Für den jetzigen Augenblick genügt es uns, erkannt zu haben, daß sprachliche Fertigkeiten in den gleichen Bezugsrahmen wie andere hierarchisch organisierte Fertigkeiten gehören, und die Meinung zum Ausdruck gebracht zu haben, daß ein derartig organisiertes System grammatikalisch sprechen könnte — und sogar imstande wäre, etwas zu sagen zu haben.

Wo stehen wir nun bezüglich der Fragestellung, mit der wir das Kapitel eröffnet haben? Enthält die Sprache neue psychologische Prozesse, oder sind alle unsere durch die Sprache erworbenen Künste auch schon bei den niedrigeren Tierarten in ähnlichen Prozessen angedeutet? Soweit die Sprache auf TOTE-Hierarchien beruht, die wir ja auch bei den Tieren gefunden haben, ist nichts Neues zu bemerken als ein höherer Grad von Komplexität. Diese Feststellung hat nicht mehr Bedeutung, als wenn wir sagen, daß Menschen wie Tiere aus Atomen bestehen. Interessanter ist die Frage, ob sich beim Menschen aus diesen grundlegenden Komponenten neue Strukturen herausgestaltet haben. Vor allem könnten wir fragen: Ist die Fähigkeit, Pläne zu gebrauchen, um Pläne aufzubauen, die das Verhalten bestimmen, ein solcher neuer psychologischer Prozeß? Ein motorischer Plan kann instinktiv sein, oder er kann eine durch viele Übungsstunden erworbene Fertigkeit sein — hier gilt für Mensch und Tier dasselbe. In der Abhandlung über das Memorieren und, noch deutlicher, in der über das Sprechen, sahen wir uns genötigt anzunehmen, daß ein motorischer Plan sehr schnell und gezielt aufgebaut wird, nicht durch mechanische Übung, sondern durch den aktiven Einsatz eines übergeordneten Planes, der den motorischen Plan als Objekt bearbeitet. Es geht hier um mehr als um die übliche Diskussion, die dem Versuch

---

starke Tendenz hat, in die gleiche syntaktische Kategorie, zu der das Reizwort gehört, zu fallen, gibt uns einen gewissen Hinweis, wie das funktionieren könnte. Vgl. WOODWORTH (1938), S. 347 f.

und Irrtum Einsicht gegenüberstellt. Ein motorischer Plan könnte auch von einem Organismus einsichtsvoll ausgewählt werden, der keinen Plan zum Aufbau von motorischen Plänen ausführen könnte. Vielleicht haben einige Affenarten oder auch andere höhere Säugetiere rudimentäre Ansätze dieser übergeordneten Planungsfähigkeit. Wenn dem so ist, muß der Mensch sich vielleicht tatsächlich auf seine größere Komplexität berufen, um seine Einmaligkeit zu erklären. Im anderen Falle hätten wir hier einen evolutionären Durchbruch vor uns, der nicht weniger wichtig ist als die Entwicklung der Lunge und der Beine.

12

Suchpläne und Problemlösepläne

Jeder Plan, der komplex genug ist, um überhaupt interessant zu sein, enthält Elemente, die nur dazu dienen, den Weg für das, was wir eigentlich wollen, frei zu machen. Im zweiten Kapitel nannten wir sie die vorbereitenden Phasen des Planes. Das Heben des Hammers war die vorbereitende Phase für das Zuschlagen. Die Phase des Zuschlagens vollendete die Handlung, d. h. sie änderte die Bedingungen, aufgrund deren die Prüfung in der TOTE-Einheit über Fortsetzung oder Beendigung der Tätigkeit entscheidet. Es gibt natürlich viele Arten von vorbereitenden Unterplänen. Eine notwendige vorbereitende Phase für das Nageleinschlagen ist — wie jeder Schreiner weiß — der (oft nicht so einfache) Unterplan, den Hammer zu finden. In seiner einfachsten Form besteht dieser vorbereitende Unterplan darin, einen Gegenstand nach dem anderen zu prüfen, bis etwas in befriedigender Weise zu unserer Vorstellung eines Hammers paßt; erst dann sind die Bedingungen, die uns gestatten, den nächsten Teil des Planes in Angriff zu nehmen, erfüllt.

Wie führen wir eine Suche dieser Art durch? Folgen wir dabei irgendeiner Art von Plan? Sicherlich gibt es einige Stellen, wo sich der Hammer mit relativ großer Wahrscheinlichkeit finden könnte; dort suchen wir zuerst. Wenn er da nicht zum Vorschein kommt, gehen wir vielleicht ziellos von einer Zimmerecke zur anderen und schauen überall ein bißchen nach. Dabei werden wir oft zwei- oder dreimal an denselben Ort zurückkommen. Schließlich kommen wir darauf, daß wir systematisch vorgehen sollten. Also beginnen wir in einem Zimmer und durchsuchen es von einem Ende zum anderen, dann gehen wir ins nächste usw. Wir können auch jemanden fragen, ob er wisse, wo der Hammer sei, oder wir gehen zum Nachbarn und leihen uns einen aus. Wenn alles schiefgeht, können wir in der Eisenhandlung immer noch einen neuen Hammer kaufen; sicher wird der alte dann wiederauftauchen.

In einem Intelligenztest wird gefragt, wie man einen Ball, der irgendwo im freien Feld verlorengegangen sei, am besten finden könne. Die Antwort wird dann als richtig bewertet, wenn der Proband irgendeine Lösung vorschlägt, nach der jeder Punkt des Feldes abgesucht, dieselbe Stelle jedoch nie zweimal berührt wird. Liegt der Ball wirklich im Felde, dann muß dieser intelligente, systematische Suchplan früher oder später zum Ball führen. Systematische Pläne werden manchmal

»Algorithmen« genannt. Der Mensch verwendet aber beim Suchen nicht immer systematische Pläne, denn — obwohl sie in den Intelligenztests erwartet werden — haben sie oft wenig Sinn und können wirkungslos sein. Die Alternative ist, unsystematisch zu sein — jedoch auf eine kluge Art. Versuchen wir, den systematischen Plan abzukürzen — z. B. durch Erraten, durch Beizug fremder Hilfe oder durch den Versuch, uns zu erinnern, wo wir den Gegenstand zuletzt gesehen haben —, dann ist der Plan, nach dem wir vorgehen, ein »heuristischer« Plan[1]. Ein systematischer Plan — wo ein solcher möglich ist — führt sicher zum Ziel, aber vielleicht dauert das Vorgehen zu lange, oder der Aufwand ist zu hoch. Ein heuristischer Plan kann billig und schnell sein, manchmal jedoch wird er das gewünschte Ziel nicht erreichen.

Eine Gefahr bei der Durchführung einer Suchaktion ist, daß der gesuchte Gegenstand gar nicht existiert. Wenn der Hammer nicht mehr im Hause ist, wird ihn auch die gründlichste, systematische Suchaktion nicht hervorzaubern; wir haben etwas Unmögliches versucht. Da wir im voraus nie ganz sicher sind, ob ein Gegenstand überhaupt gefunden werden kann, ist es klug, ein Stop-System in den Suchplan einzubauen. Das heißt: Wenn der Gegenstand nach einer festgelegten Zeit, nach einer festgesetzten Anzahl von Handlungen oder bevor ein bestimmtes Ereignis eintrifft, nicht zum Vorschein gekommen ist, wird die Suche abgebrochen und angenommen, daß der Gegenstand nicht existiere. (Die Aufhebung von Stop-Befehlen unter Hypnose wurde schon in Kapitel 8 be-

---

[1] Das kürzlich wiedererwachte Interesse an der Heuristik — der Kunst des Entdeckens — scheint vor allem im Zusammenhang mit der Arbeit des Mathematikers Polya (1949, 1954) zu stehen, der den Versuch unternommen hat, die heuristischen Maximen des mathematischen Entdeckens aufzustellen. Unter den Psychologen hob hauptsächlich Duncker (1945) die Entdeckung von heuristischen Methoden hervor. — Die Erforschung von Algorithmen, als wirksame rechnerische Vorgehensweisen ist ein aktiver Zweig der modernen Mathematik, ein Feld, das man normalerweise als die Theorie der rekursiven Funktionen bezeichnet (vgl. Davis, 1958). Im Sinne einer groben Definition kann man mit Algorithmus jedes rein mechanische Vorgehen bezeichnen, das eine Antwort in einer endlichen Anzahl von Schritten errechnen kann. Für gewisse Probleme sind sehr wirksame Algorithmen bekannt (z. B. um das Maximum einer Funktion herauszufinden). Für andere Probleme sind Algorithmen bekannt, die nicht praktikabel sind (z. B. alle möglichen Fortsetzungen einer Schachposition herausfinden). Für wieder andere Probleme gibt es überhaupt keine Algorithmen; hier ist man ganz auf heuristische Methoden angewiesen (z. B. darauf, den Beweis zu erbringen, daß eine bestimmte logische Aussage nicht ein Theorem der Quantifikationstheorie ist).

sprochen.) Bei allen menschlichen Suchplänen werden mehrere, verschiedene solcher Stop-Systeme in die Prüfungsphasen eingebaut. Mancher Suchvorgang wird nur durchgeführt, um das Bild zu prüfen und es entweder zu bestätigen oder zu verändern. Er kann nicht durchgeführt werden ohne eine klare Festlegung, unter welchen Bedingungen das Bild als widerlegt gilt, weil der gesuchte Gegenstand nicht existiert. Wir wissen überraschend wenig über diese Stop-Systeme oder über die Bedingungen, nach denen sie aufgestellt werden. Wonach aber entscheiden wir, daß es das gesuchte Ding nicht gibt? Wir nehmen an, daß beides, die Wahrscheinlichkeit einer Entdeckung und die Nützlichkeit des Gegenstandes, beim Aufstellen des Stop-Befehls beteiligt ist und daß auch der systematische oder heuristische Plan, der gerade ausgeführt wird, eine Rolle spielt.

Pläne, um einen Gegenstand in unserer physischen Umwelt zu suchen, sind meistens recht einfach. Sie enthalten einen auf eine bestimmte Wahrnehmung geeichten Test, der dem Suchenden die Richtung weist. Dazu kommt eine operationale Phase, in der die Sinnesorgane von Objekt zu Objekt gelenkt werden, wobei an jedem der Prüfvorgang wiederholt wird, bis ein Objekt gefunden ist, das ihm genügt, oder bis das Stop-System wirksam wird. Der Suchplan interessiert uns besonders, da er uns als Modell für einige andere kognitive Prozesse dient, die wir auf den ersten Blick überhaupt nicht als Suchverhalten bezeichnen würden. Wir sagen z. B., daß wir in unserem Gedächtnis nach einem Namen, nach einem Bild oder nach einer Assoziation »suchen«. Oder wir »suchen« als Lösung eines Problems eine Antwort, eine Methode oder eine Einsicht. Bei Edison, der Tausende von Materialien prüfte, um elektrisches Licht zu erzeugen, sprechen wir von einem »Suchen« nach einem guten Glühfaden oder bei Ehrlich von einem »Suchen« nach einem Heilmittel für Syphilis. Diese Aufgaben haben alle die formalen Eigenschaften des »Suchens«, nur daß das gesuchte Objekt nicht in räumlichen Koordinaten zu finden ist.

Um deutlich machen zu können, welche Arten des Suchens das Problemlösen umfaßt, wollen wir nun ein Problem betrachten, das die Psychologen im Laboratorium in großer Breite untersucht haben. Den Versuchspersonen wird eine Sammlung von Gegenständen, die in verschiedener Hinsicht ungleich sind, vorgelegt: Einige sind z. B. groß, die anderen klein; einige sind rot, die anderen grün; einige können rund und die anderen dreieckig sein; einige können Ränder haben und die anderen nicht usw. Alle möglichen Kombinationen also kann die Versuchsperson betrachten. Der Versuchsleiter sagt ihr, einige Objekte seien Beispiele für einen Begriff, andere nicht. Der Begriff könnte natürlich eine zufällige Auswahl der vorgelegten Dinge sein, aber niemand hat diese Bedingung als der Erforschung wert erachtet. »Alle großen, grünen Dinge« oder »alle Dinge mit Rändern« usw. sind Begriffe. Die Versuchsperson kann auf einen Gegenstand zeigen, und der Versuchsleiter sagt ihr, ob der Gegenstand zum Begriff gehört oder nicht. Die Versuchsperson fragt so lange nach den verschiedenen Gegenständen, bis sie zum richtigen Begriff gekommen ist (d. h. bis sie die Gedanken des Versuchsleiters erraten hat).

Stellen wie uns z. B. vor, es seien drei Dimensionen vorhanden und bei jeder seien zwei Werte möglich. In diesem Fall hat es $2 \cdot 2 \cdot 2 = 8$ verschiedene Gegenstände, welche alle Vertreter des Begriffes sein können oder nicht. Wenn wir die Dimensionen, Größe, Form und Farbe haben, werden die acht Gegenstände so aussehen:

(1) Große, weiße Kreise
(2) Große, weiße Quadrate
(3) Große, schwarze Kreise
(4) Große, schwarze Quadrate
(5) Kleine, weiße Kreise
(6) Kleine, weiße Quadrate
(7) Kleine, schwarze Kreise
(8) Kleine, schwarze Quadrate

Nun folgt die Aufstellung der Hypothese, die die Versuchsperson in bezug auf die Gegenstände aufstellen kann:

(1) Große Kreise
(2) Große Quadrate
(3) Kleine Kreise
(4) Kleine Quadrate
(5) Große, weiße Dinge
(6) Große, schwarze Dinge
(7) Kleine, weiße Dinge
(8) Kleine, schwarze Dinge
(9) Weiße Kreise
(10) Weiße Quadrate
(11) Schwarze Kreise
(12) Schwarze Quadrate
(13) Große Dinge
(14) Kleine Dinge
(15) Weiße Dinge
(16) Schwarze Dinge
(17) Kreise
(18) Quadrate

Offensichtlich könnten wir noch andere Hypothesen aufstellen, zum Beispiel: »alle Gegenstände«, »kleine Gegenstände«, Disjunktionen wie: entweder »große Kreise oder kleine Quadrate« oder »alles, ausgenommen große Kreise« usw. Die der Versuchsperson gegebenen Instruktionen und vielleicht solche, die sie von sich aus annimmt, werden die genaue Zusammensetzung der Hypothesen, nach denen sie sucht, bestimmen.

Diese Methode des Lernens von Begriffen wird gewöhnlich in der experimentellen Denkpsychologie angewendet. Sie kann als Suchproblem aufgefaßt und mit fast denselben Ausdrücken, wie wir sie für das Suchen von Gegenständen verwendet haben, beschrieben werden. Die Versuchsperson sucht unter einer Menge von möglichen Lösungen nach der richtigen, d. h. sie sucht die Menge der möglichen Vermutungen, die sie über den vom Versuchsleiter gewählten Begriff haben kann[2]. Jedesmal, wenn sie etwas über die Art eines neuen Gegenstandes herausfindet, verkleinert sie die Anzahl der möglichen Hypothesen, die mit der erhaltenen Information noch vereinbar sind. Den Versuchsleiter interessiert, in welcher Reihenfolge die Versuchsperson nach den Gegenständen fragt, und wie geschickt sie die zur Verfügung stehende Information anwendet. Dieser Versuch läßt uns einige der heuristischen Pläne erkennen, die der Mensch braucht, um Auskunft über die Welt, in der er lebt, zu erhalten.

Die Vorstellung, wir hätten es mit einer Menge zur Auswahl stehender Hypothesen zu tun, die die Lösung des Problems sein könnten, versetzt uns in die Lage, viele Probleme auf einen Nenner zu bringen — wie man nämlich am wirkungsvollsten eine große Zahl von Möglichkeiten untersucht.

Die Analogie mag etwas gesucht erscheinen. Es läßt sich z. B. schwer vorstellen, etwa ein Buch zu schreiben, indem man aus all den unzähligen Möglichkeiten, 100 000 Worte zusammenzureihen, eine bestimmte aus wählt. Wir könnten noch die legendären Affen zu Hilfe rufen, die aufs Geratewohl irgendwelche Buchstaben tippen würden, bis zufällig alle Bücher des Britischen Museums geschrieben wären. Wir müßten sie dann alle lesen, um das auszuwählen, was wir haben wollten. Diese Geschichte scheint deshalb so unnatürlich, weil wir das Vorhaben, ein Buch zu

---

[2] Diese Erkenntnis scheinen Hovland (1952, 1953) und Whitfield (1951) ungefähr gleichzeitig unabhängig voneinander gewonnen zu haben. Die allgemeinere Annahme, daß Denken, Problemlösen und Begriffsbildung nach dem Modell der Suchprozesse verstanden werden könne, ist den Psychologen schon länger vertraut (vgl. Johnson, 1944).

schreiben, niemals auf diese Art angehen. Der Grund dafür ist: wir benützen heuristische Pläne und nicht zufällige oder systematische. Doch gibt uns eine derartige Vorstellung — trotz ihrer Künstlichkeit — ein wertvolles Werkzeug für die Analyse und das Verständnis von Problemen und Unklarheiten an die Hand.

Eine systematische Methode, Begriffe zu lernen, bestünde darin, alle möglichen Hypothesen über den Begriff aufzuschreiben, so wie wir es im obigen Beispiel getan haben. Dann könnte die Versuchsperson die erste Hypothese der Liste vornehmen und systematisch die Gegenstände vergleichen, bis sie einen findet, der ihrer Hypothese widerspricht. Sobald dieser Fall eintritt, würde sie die nächste Hypothese vornehmen und noch einmal die Gegenstände befragen. Erst wenn sie die ganze vorgegebene Menge von Gegenständen derart befragen kann, ohne einen zu finden, der der zu prüfenden Hypothese widerspricht, weiß sie, daß diese Hypothese richtig ist. Bei der Ausführung dieses Planes strengt sie sich weder an, etwas zu erinnern, noch, etwas zu verstehen. Sie rückt unverdrossen systematisch Tag für Tag weiter, bis eine Hypothese als die richtige hervorgeht. Dies ist ein Algorithmus, ein systematischer Plan zum Lösen des Problems. Er funktioniert zwar mit Sicherheit — ist aber unüblich. Keine der Tausenden von Versuchspersonen in den Hunderten von Experimenten ist je so vorgegangen. Keine wollte es versuchen, und kein Versuchsleiter hätte die Geduld, das Ergebnis abzuwarten.

Ein anderer systematischer Plan, der etwas klüger wäre, könnte darin bestehen, alle möglichen Hypothesen niederzuschreiben und sie dann alle gleichzeitig zu prüfen. Nachdem die Versuchsperson gefragt hätte, ob ein Gegenstand ein Beispiel des Begriffs sei, würde sie die Antwort der Reihe nach auf jede Hypothese beziehen. Die Hypothesen, die nicht mit dem Gegenstand übereinstimmen, können dann schon von der Liste gestrichen werden. Diese Abart des Problemlöseplans sieht für den Versuchsleiter viel wirkungsvoller aus, da die Versuchsperson verhältnismäßig wenig Fragen nach den Gegenständen stellt, aber in Wirklichkeit unterscheidet sie sich nur unbedeutend vom obigen Plan. Sie wurde gelegentlich von Versuchspersonen ausprobiert; ohne Bleistift und Papier mißlingt sie jedoch fast sicher. Die kognitive Belastung ist zu groß.

Das tatsächliche Verhalten der Versuchspersonen in dieser Situation ist ganz anders. Einige fassen das Problem sprachlich, symbolisch an; andere möchten die Gegenstände in die Hand nehmen, um sie dem Aussehen entsprechend so oder anders anzuordnen; einige wenige sind imstande, zwischen den abstrakten und den anschaulichen Strategien zu wechseln (vgl. Hanfmann, 1941). Die meisten von uns entwerfen recht ausgeklügelte mnemonische Pläne, um sich zu erinnern, welche Gegenstände in welcher Klasse sind und welche nicht zu einer Klasse gehören (vgl. z. B. HEIDBREDER, 1947). Jeder Mensch hat seinen eigenen Stil, seine eigenen Tricks und seine eigenen heuristischen Pläne, um den Begriff zu entdekken.

In einer interessanten und wichtigen Arbeit von BRUNER, GOODNOW und AUSTIN (1956) über das Finden wird dargestellt, daß der Plan, wie eine Versuchsperson Begriffe lernt, entdeckt und analysiert werden kann. BRUNER und seine Mitarbeiter konnten verschiedene heuristische Strategien ihrer Versuchspersonen unterscheiden. Einige ließen sich z. B. nach Zufall von diesem oder jenem Gegenstand sagen, ob er zum gemachten Begriff gehöre, fragten mehrmals das gleiche und brachten zum Ausdruck, daß sie die gesammelten Informationen nicht gut verwenden konnten. Leute, die so vorgehen, neigen dazu, einen Gegenstand nach einigen Versuchen mit mehreren Begriffen zu verlassen.

Einige Probanden entwickelten den folgenden interessanten Plan. Als erstes suchten sie einen Gegenstand, der ein Beispiel des Begriffes war. Dann wählten sie einen weiteren Gegenstand, der nur in einer Beziehung anders war als der erste. In allen übrigen Merkmalen mußte er gleich sein. War der erste Gegenstand ein *großer* roter Kreis ohne Rand, so suchten sie den *kleinen* roten Kreis ohne Rand und fragten den Versuchsleiter, ob dieser auch zum Begriff gehöre. Bei einer negativen Antwort wußten sie, daß die Größe für den Begriff relevant war. War die Antwort positiv, so wußten sie, daß die Größe nichts mit dem Begriff zu tun hatte. Das gleiche Verfahren wendeten sie für die Farbe, die Form und die Ränder usw. an, bis alle Aspekte bekannt waren. Dieses Vorgehen ist nicht das wirkungsvollste, das man sich vorstellen kann, aber es ermöglicht einer Person, die verschiedenen Hypothesen mit einem Plan zu überprüfen, der die aufgenommene Information fast automatisch speichert. (Diese Strategie wäre tatsächlich ein Algorithmus, wenn die Versuchsperson unbegrenzt viele Fragen stellen könnte.) Die kognitive Belastung ist viel geringer, und jeder zusätzliche untersuchte Gegenstand gibt nur eine leichte zusätzliche Belastung.

Stehen Versuchspersonen unter dem Druck, einen Begriff mit möglichst wenig Fragen zu finden, so versuchen sie vielleicht, die ganze Menge der zu überprüfenden Hypothesen zu verarbeiten. In Mathematik oder Logik ausgebildete Versuchspersonen werden am wahrscheinlichsten diesem riskanten Plan nachgehen. Sind die Probleme auch nur ein bißchen kompliziert, so wird ein solcher Plan fast sicher zum Mißerfolg führen, da ja die Versuchsperson nicht alle Implikationen der erhaltenen Information überblicken kann. Andere Versuchspersonen, die unter dem gleichen

Druck stehen, haben vielleicht mit Raten Erfolg. Sie benutzen ebenfalls den Plan, die Merkmale eines als positiv bezeichneten Gegenstandes zu wechseln, doch wechseln sie dabei zwei oder drei Merkmale gleichzeitig. Falls sie zwei wechseln, und der Gegenstand fällt noch immer unter den zu suchenden Begriff, wissen sie, daß beide irrelevant sind und haben zwei Merkmale mit einer Frage erkundet. Ist die Antwort jedoch negativ, dann wissen sie immer noch nicht, welches der beiden Merkmale wichtig ist. Mit etwas Glück kann der Plan Erfolg haben. Wir halten fest, daß es viele verschiedene heuristische Pläne gibt, die eine Versuchsperson benützen kann: Alle können zum Mißerfolg führen, aber einige sind risikoreicher als andere.

Als weiteres Beispiel, an dem wir den wichtigen Unterschied zwischen systematischen und heuristischen Plänen sehen, betrachten wir das Anagramm. Nehmen wir an, wir sollen aus den vier Buchstaben E I B L ein deutsches Wort bilden. Wir können nun systematisch alle 4 Buchstaben — das sind 24 Anordnungsmöglichkeiten — betrachten und uns auf unser Sprachgefühl verlassen, um die Aufgabe zu lösen. Ein aufwendigerer, aber sicherer Weg wäre, alle 24 Anordnungen im Duden nachzuschlagen. Auf diese Art würden wir BEIL, BLEI, LIEB und jede andere Lösung, die das Anagramm haben mag, finden. Die Arbeit wäre nicht interessant und würde etwas lange dauern, aber wir könnten sicher so vorgehen. Könnten wir das Nachschlagen im Wörterbuch mechanisieren, so wäre es besser, die Zeit eines Computers als die eines erwachsenen Menschen in Anspruch zu nehmen.

Wie man weiß, packen wenig normale Menschen solche Probleme, auch wenn sie so einfach sind wie das unsrige, mit Hilfe eines systematischen Planes an. Im Falle des Anagramms gehen wohl viele am ehesten andersherum vor: sie erraten ein Wort und schauen dann, ob die Buchstaben dazu passen. Oder sie verlassen sich auf ihr Gefühl für die Wahrscheinlichkeiten von Buchstabenpaaren. Sie würden z. B. keine Zeit damit verlieren, Wörter zu untersuchen, die mit LB beginnen, da sie wissen, es gibt keine deutschen Wörter, die mit LB anfangen. Vielleicht versuchen sie, die Tatsache, daß I und E oft als Doppelvokale vorkommen, einzubeziehen. Fest steht: die meisten dieser heuristischen Regeln sind unsicher. Es könnte immerhin Wörter geben, die mit LB anfangen, und E und I müssen nicht als Doppellaute vorkommen. Besonders bei längeren Anagrammen mit nur einer Lösung ist es leicht möglich, daß Intuitionen, Gefühle oder Ahnungen überhaupt nicht zur Lösung führen. Man muß dann zu einem alles umfassenden Plan greifen, nach dem die Buchstaben systematisch verändert werden, bis sich ein Wort ergibt. Normalerweise weiß man aber lieber, wo die Suche nach der Lösung am lohnendsten ist. Man findet sie dann rascher. Für die meisten Probleme haben wir überhaupt nur heuristische Pläne, und einen großen Teil der Denkforschung — bei vorgeschlagenen Lösungen — kann man auf sie zurückführen.

Problemlösen kann also folgendermaßen dargestellt werden: Eine große Menge von Möglichkeiten wird so lange untersucht, bis die eine gefunden wird, die das Problem löst. Diese Auffassung mag zunächst etwas seltsam erscheinen, und für jemanden, der seine heuristischen Pläne für etwas Selbstverständliches hält und sich nie darüber Gedanken gemacht hat, wie viele Alternativen er nicht zu prüfen und zu verwerfen braucht, da sie ihm nicht einmal in den Sinn kommen, mögen sie geradezu ungewöhnlich scheinen. Die Vorstellung ist Mathematikern jedoch vertraut. Denn sie haben über die heuristische Kunst viel mehr nachgedacht als die meisten von uns. POINCARÉ (1952) schreibt z. B.:

Worin besteht mathematisches Entdecken eigentlich? Es besteht nicht darin, neue Kombinationen mit mathematischen Größen, die schon bekannt sind, zu schaffen. Das kann jedermann tun, und es gibt unzählige derartige Kombinationen. Die meisten davon sind überhaupt nicht von Interesse. Entdecken besteht eben gerade nicht darin, nutzlose Kombinationen zu konstruieren, sondern die, welche brauchbar sind, und das sind nur ganz wenige. Entdecken ist Unterscheidung, Wahl (Seite 50—51).

Mit systematischen Plänen kann man gewisse mathematische Probleme lösen, aber wenn diese nicht sehr einfach sind, macht die große Zahl der zu prüfenden Hypothesen sie unpraktikabel. Der Mathematiker TURING illustrierte vor einigen Jahren die Unbrauchbarkeit von systematischen Plänen. Er berechnete die Zahl der Anordnungen, die überprüft werden müßten, wenn beim bekannten Puzzle mit den senkrecht und waagerecht verschiebbaren Plättchen eine bestimmte Anordnung mit einem systematischen Plan gelöst werden sollte. Er kam auf 20' 922' 789' 888' 000 Anordnungen. Wenn Tag und Nacht gearbeitet würde und in jeder Minute eine Anordnung überprüft würde, so würde die Arbeit 4 Millionen Jahre beanspruchen. (Das Beispiel wurde nach POLYANI [1958], Seite 126, zitiert.)

Unter denselben Gesichtspunkten betrachteten NEWELL, SHAW und SIMON (1957) die Menge aller möglichen Reihenfolgen der Ausdrücke der Aussagelogik und versuchten zu schätzen, welcher Teil davon Beweise für die Theoreme des 2. Kapitels der *Principia mathematica* von WHITEHEAD und RUSSELS seien. Würde der Vorgang mit der Geschwindigkeit von modernen elektronischen Computern ablaufen, so würde er nach ihrer Schätzung einige hunderttausend Jahre brauchen, falls die Maschinen einen systematischen Algorithmus (den sog. *»British Museum Algorithmus«)* benützten. WHITEHEAD und RUSSELS gingen also offensichtlich nicht derart vor; sie müssen mit heuristischen Methoden gearbeitet haben.

Es wird überaus deutlich, daß wir nicht lange genug leben, um irgend etwas zu lösen, wenn wir nicht ein bißchen Unterscheidungsvermögen besitzen, um unter den Alternativen auszuwählen, welche wir prüfen wollen. Heuristik ist eine Art Einsatz von Unterscheidungsvermögen, die immer riskiert, daß die Lösung zusammen mit einer Million anderer, scheinbar nutzloser Kombinationen verworfen wird. Damit sind wir bei einem typisch menschlichen Dilemma angekommen — langsam und sicher oder schnell und risikoreich? Jeder von uns ist ein kognitiver Glücksspieler — der eine mehr als der andere, aber die meisten mehr, als sie denken[3].

Für jeden, der die Hauptthesen dieses Buches ernst nimmt, ist natürlich eine Betrachtungsweise, die das Denken und Problemlösen auf die Frage nach wirkungsvollen Techniken des Suchens zurückführt, von großem Interesse. Wir stellen uns dabei vor, daß die Prüfphase und die Handlungsphase einander ablösen, bis die Handlung etwas zum Vorschein bringt, das den Prüfungskriterien standhält. Ein Problem lösen heißt, viele wahrscheinlich richtige Hypothesen zu erzeugen, bis eine die Prüfung besteht oder bis der Stop-Befehl in Funktion tritt.

Stellt aber der Suchprozeß für alles, was wir normalerweise als Denken und Problemlösen bezeichnen, ein angemessenes Modell dar? Einige Forscher würden diese Frage verneinen. Es gibt z. B. einen Unterschied zwischen einer Suchaufgabe und einer Beweisaufgabe, den PAPPUS schon im Jahre 300 v. Chr. festgestellt hat. Dieser griechische Mathematiker hat nach POLYA (1945, Seite 141 ff.) die älteste erhalten gebliebene Beschreibung von Heuristiken verfaßt. Das Ziel einer Suchaufgabe besteht darin, einen Gegenstand — einen Hammer, einen Begriff, eine Erfindung oder einen Wert von X zu finden. Dagegen besteht das Ziel einer Beweisaufgabe darin, zwingend zu zeigen, daß eine klar aufgestellte Behauptung richtig oder falsch ist. Daß eine Suchaufgabe einen Such-

---

[3] Das Buch von BRUNER, GOODNOW und AUSTIN, *»A study of thinking«* (1956), macht mehrere Vorschläge, wo die psychologische Forschung ansetzen sollte, um verschiedene Strategien der Informationsverarbeitung beim Denken und Problemlösen ökonomisch zu analysieren und ihren Aufwand und Ertrag zu ermitteln. Vgl. auch GALANTER und GERSTENHEBER (1956), wo die Beziehungen zwischen Aufwand, Ertrag, Komplexität des Problems und der Problemlöse-Strategien der Versuchspersonen behandelt werden.

vorgang erfordert, ist klar. Kann das auch von einer Beweisaufgabe gesagt werden?

Stellen wir uns die Beweisaufgabe einmal so vor: Wir haben eine klare Aufstellung dessen, was bekannt ist, und dessen, was bewiesen werden muß. Die Lösung der Aufgabe besteht im Finden eines Weges (d. h. einer Abfolge von Schritten), der vom Gegebenen zum Beweisenden führt. Wenn also die Aufgabe darin besteht, zu beweisen, daß *A* (das Gegebene) *C* (zu Beweisendes) einschließt, dann müssen wir ein *X* suchen, das so beschaffen sein muß, daß *A X* impliziert und *X B*. Wir durchsuchen eine große Menge von *X*, bis wir eines finden, nämlich *B*, das nun einen solchen Weg eröffnet: *A* - *B* - *C*. (*B* kann natürlich auch aus mehreren Schritten bestehen.) PAPPUS behandelte die Beweisaufgabe mit eben diesen Begriffen. Es ist also eigentlich nichts Neues, wenn wir betonen, daß die Suche nach einem Weg, der zwei Dinge verbindet, nichts anderes ist als der Suchvorgang nach irgendeiner anderen unbekannten Sache. Doch während die Suche nach einem Unbekannten erledigt ist, wenn eine bestimmte Hypothese oder eine bestimmte Zahl gewählt wird, ist die Suche nach einem verbindenden Weg in Wirklichkeit die Suche nach einem Plan. Damit sehen wir uns ein weiteres Mal vor der Notwendigkeit, uns einen Plan vorzustellen, der Prüfungen und Handlungen an einem anderen Plan vollzieht. Solche Mehrschichtigkeit haben wir schon bei der Behandlung des Erinnerns und des Sprechens kennengelernt.

Für die komplexeren Problemlösevorgänge müssen wir deshalb über die Möglichkeit verfügen, verschiedene Pläne neu zu schaffen und dann mit ihnen zu arbeiten, sie zu prüfen und zu bewerten. Solche Metapläne — Pläne, die dazu dienen, andere zu bilden — sollen im nächsten Kapitel besprochen werden. Dort sollen auch die verfügbaren Techniken für die Erforschung solch komplizierter Systeme dargestellt werden.

Hier hingegen wollen wir die Frage weiterverfolgen, wie sich der Suchvorgang als Modell für das Denken und Problemlösen darstellt. Eines ist dabei absolut unerläßlich: Der Suchende muß imstande sein, das, wonach er sucht, zu erkennen. Wer befand sich nicht schon in der Lage, daß er mit einem ganz unbekannten Menschen einen Treffpunkt vereinbart hatte, aber keiner daran gedacht hatte, auszumachen, woran man sich erkennen sollte. In eben dieser Hilflosigkeit befindet sich ein Denker, der die Lösung seines Problems nicht erkennen kann. Sind aber genügend Prüfkriterien dafür vorhanden, so nennen wir es ein »wohldefiniertes« Problem.

Die Prüfung für eine Such-TOTE-Einheit muß nicht unkompliziert verlaufen. Prüft ein Chemiker einen Stoff, um festzustellen, ob es Schwefel ist, so braucht er vielleicht mehrere Arbeitsschritte und viel Zeit, ähnlich wie ein Mathematiker, der prüfen will, ob er für *X* den richtigen Wert errechnet hat, und die Frage, ob ein bestimmter Plan zu einem gültigen Beweis taugt, mag ein beträchtliches Maß Übung und Einsicht verlangen. Die Prüfphase kann also außerordentlich komplex sein, die Fähigkeit, sie richtig auszuführen, nicht minder. Wenn es einen Vorbehalt beim Betrachten des Suchvorganges als Modell für das Problemlösen gibt, der wichtiger ist als alle anderen, dann der folgende: Es gibt wichtige Probleme, deren Lösung nicht in einer endlichen Zahl von Schritten erreicht werden kann. Das heißt, es gibt keine zufriedenstellenden Prüfungskriterien. Wir können in die Situation geraten, nach einer Lösung zu suchen, die wir nicht erkennen könnten, auch wenn wir sie vor uns hätten. An diese Möglichkeit müssen wir denken, wenn wir das Suchmodell für das Problemlösen verwenden.

Ein interessantes und wichtiges Beispiel für ein Problem, für das es keine Prüfkriterien gibt, ist folgendes: Wir haben im 2. Kapitel davon gesprochen, daß die TOTE-Hierarchie in eine endlose Schleife von Prüfphasen geraten kann. Der Test der Haupteinheit wird nicht befriedigend gelöst, so daß das System eine Reihe von Untereinheiten ausführt, wobei alle Tests befriedigen. Das System kommt wieder zum Haupttest, der wieder unbefriedigend verläuft und also wiederum dieselben Untereinheiten erfordert usw. In dieser Situation muß ein Stop-Befehl die Schleife unterbrechen: Nur eine bestimmte Zeit, Anstrengung usw. wird bewilligt, ehe der Plan zum Anhalten gebracht wird. Wir wissen aber auch, daß Stop-Befehle manchmal zu früh ausgegeben werden. Was nach einer endlosen Schleife aussah, war gar keine. Hätten wir etwas länger ausgehalten, so wäre das Ziel erreicht worden. Was wir nun also brauchten, wäre eine Methode, die den Stop-Befehl nur dann benützt, wenn wir uns wirklich in einer endlosen Schleife befinden, und nicht, wenn es uns nur so scheint. Dazu müßten wir Prüfkriterien haben: eine Prüfphase müßte im voraus von unseren Plänen sagen können, ob sie das Ziel in einer endlichen Zahl von Schritten erreichen oder ob sie in eine Schleife führen werden, die nie Erfolg bringen wird. Aber es gibt keinen solchen Test. Das Stop-Problem ist unlösbar. Das einzige, was wir tun können, ist, uns selbst ein künstliches Kriterium zu schaffen, das den Wert, den das Resultat für uns hat, widerspiegelt. Wir können uns sagen: »Ich will versuchen, dieses oder jenes so zu tun, und wenn ich nach *N* Jahren keinen Erfolg damit habe, werde ich damit aufhören.« Es geht dann darum, *N* als eine Funktion der Wichtigkeit des Problems zu bestimmen.

Als Alternative für die Stop-Regel besteht noch die Möglichkeit, die Bedingungen, nach denen die Prüfphase entscheidet, zu verändern. Nachdem wir erfolglos nach einem Federhalter gesucht haben, können wir nach einem Bleistift Ausschau halten. Ein Bankier, der vergebens nach einem Konzept gesucht hat, das jedes Risiko aufzeigt, gibt sich schließlich damit zufrieden, wenn er eines findet, das in 19 von 20 Fällen zum Erfolg führt. Nachdem jemand keinen Plan gefunden hat, der zwei unvereinbare Pläne zu einem einzigen integriert, wird er sich für den einen oder den anderen entscheiden. Ein halbes Brot ist besser als gar keines. Zum Glück können wir auf vielerlei Arten Kompromisse mit der Wirklichkeit schließen. Und vermutlich verändert man auch sein eigenes Bild jedesmal, wenn man einen Plan aufgeben muß.

In alltäglichen Angelegenheiten lassen wir uns von der Gewohnheit leiten. Kommt dabei nicht das erwartete Ergebnis heraus, sind wir vielleicht ein wenig überrascht. Allerdings nehmen wir uns nicht die Mühe, uns Gedanken über kleine Fehlschläge zu machen, weil zu viele andere Dinge zu tun sind. Dann verschwören sich möglicherweise die Umstände gegen uns, und wir entdecken plötzlich unser Versagen an einer Stelle, wo wir Erfolg haben müßten. Vielleicht liegen die Umstände so, daß wir uns nicht aus diesem Feld zurückziehen, noch die Standards, die wir uns selber gesetzt haben, herabsetzen können, noch um Hilfe bitten oder in Wut geraten können. Dann beginnen wir das Problem zu ahnen. Zuerst ist uns nicht klar, worin es besteht, oder welche Prüfkriterien durch eine Lösung erfüllt sein müßten. Ein wichtiger Teil des Denkens geht in diesem Stadium vor sich, in dem wir das Problem definieren, und es ist nicht ersichtlich, daß das Suchmodell die beste Art der Erklärung für dieses Denken bietet. Aber schon, indem wir in dieser Weise diskutieren, schreiben wir ihm einen Grad von Klarheit und Objektivität zu, der vergessen läßt, wie unaussprechlich verwirrt wir sind, ehe ein Problem gut definiert ist. Man sucht ziellos herum, versucht eine Vorahnung davon zu bekommen, möchte eine gute Idee haben, indem man ein bißchen Zeit hier oder dort verbringt und mit einigen Beispielen gedanklich herumspielt. Man sucht sich vorzustellen, was fehlen könnte oder wovon man sich befreien müßte, aber man ist nie ganz sicher, wonach man eigentlich sucht. Man möchte sich ein besseres Bild von der Situation machen. Während in einem psychologischen Experiment die Versuchsperson, der man die Problemstellung erklärt hat, ziemlich sicher sein kann, daß es eine Lösung gibt, ist man im Alltag normalerweise nicht einmal sicher, ob überhaupt ein Problem vorliegt, und wenn ja, ob ein einfaches Nachprüfverfahren für seine Lösung gefunden werden kann. Falls es schon existiert, ist immer noch nicht sicher, ob eine Lösung gefunden werden kann, die ihm genügt. In der alltäglichen Problemlösesituation ist viel mehr Unsicherheit enthalten als in der Laborsituation: Die Formulierung der Aufgabe wird ständig wiederholt, während man sich mit ihr auseinandersetzt. Man hört mehr darüber und baut infolgedessen ein klareres Bild davon auf. Ist ein angemessenes Bild gegeben, so muß das Prüfverfahren, falls ein solches existiert, natürlich ein Teil davon sein. Häufig aber wird das Problem erst klar und gut definiert und das Prüfverfahren für die Lösung erst in dem Augenblick einsichtig, wo auch die Lösung gefunden wird.

Während wir an unserem Problem herumstudieren, um das dahinterliegende Bild zu klären, um Prüfkriterien zu finden, die es definieren, brauchen wir immer noch heuristische Kniffe, oft ohne irgendeine Rückmeldung zu erhalten, so daß wir nicht wissen, ob wir damit näher zur Definition oder zur Lösung der Aufgabe kommen. Fast ist es so, wie wenn wir versuchten, ein gutes Ablege- oder Einordnungssystem zu entwickeln, ohne überhaupt genau zu wissen, was darin untergebracht werden soll[4].

Nachdem wir dann besser wissen, was alles darin untergebracht werden muß, müssen wir das eben aufgestellte Einordnungssystem vielleicht verschiedentlich abändern. Dabei nimmt man bewußt in Kauf, daß zunächst einmal größere Unordnung entsteht, da man hofft, später auf eine nützlichere Form zurückzukommen. Es wäre ganz falsch anzunehmen, alle Probleme seien in einer gut definierten Form vorhanden und Denken bestehe bloß darin, eine Gruppe von Möglichkeiten nach einer funktionierenden Lösung zu untersuchen. Es gibt sogar Forscher, die glauben, daß, wenn das Problem erst einmal gut definiert sei, das »eigentliche« Denken vorbei sei. Die Durchführung einer Lösung sei nur eine mechanische Übung, in der man zwar mehr oder weniger leistungsfähig sein könne, nicht jedoch schöpferisch. Diese Ansicht ist natürlich einseitig, sie erinnert uns aber daran, daß viele Menschen, die ihre Probleme vorbringen, ihr Bild davon geklärt haben möchten, und daß sie nicht Pläne zur Entdeckung einer Lösung ausarbeiten wollen. Wenn das Bild einmal richtig da sei, behaupten sie, folge der Plan unmittelbar nach. Leider ist diese Behauptung falsch. Sie enthält aber immerhin genug Wahrheit, um uns nachdenklich werden zu lassen.

---

4 MINSKY (1956) spricht in sehr allgemeinen Begriffen über einen *»character generator«*, der Situationen klassifiziert und festhält, welche heuristischen Methoden in welchen Klassen von Problemen zum Erfolg führten. Was wir die »Herstellung eines Bildes der Problemlage« genannt haben, würde in MINSKYS Darstellung etwa der Entwicklung eines brauchbaren Klassifikationsschemas entsprechen. Der Vergleich mit einem Ablegesystem würde dann ganz gut dazu passen.

Gibt es neben dem Suchmodell noch andere Modelle für das Denken? Natürlich gibt es verschiedene. Statt jedes Problem als einen Suchvorgang zu betrachten, in dem ein Gegenstand, ein Begriff oder ein Plan gesucht wird, kann man z. B. jede gestellte Aufgabe als einen Versuch ansehen vorauszusagen, was geschehen wird. Wir sagen voraus, der Hammer sei in der Werkstatt zu finden, und prüfen dann die Voraussage, indem wir dort nachschauen. Wir sagen voraus, daß der Gegenstand *X* die Eigenschaften des Begriffes enthalte. Also fragen wir den Versuchsleiter, ob es stimme oder nicht, um die Voraussage zu prüfen. Wir sagen voraus, diese oder jene Folge von Schritten werde einen Beweis hervorbringen. Also führen wir sie aus und prüfen damit wieder die Voraussage. Damit soll gezeigt werden, daß dieses Ersetzen von Suchen durch Voraussage nichts anderes ist als eine neue Art, die entsprechenden TOTE-Einheiten zu beschreiben. Die Prüfphase bleibt die gleiche, aber die Handlungsphase heißt nun »Voraussagen« statt »Suchen«. Nichtsdestoweniger hat dieses Ersetzen heuristischen Wert, denn es ermuntert uns, die gleichen Vorgänge auf etwas andere Art anzusehen und bereichert auf diese Weise das Verständnis.

Das Voraussagemodell für das Denken und Problemlösen richtet unsere Aufmerksamkeit etwas mehr auf das Bild als auf den Plan, denn das Überprüfen der Voraussage bestätigt das Bild, das die Grundlage für die Voraussage war, oder stellt es als unrichtig hin. GALANTER und GERSTENHABER (1956) bemerken dazu: »Vorstellungshaftes Denken ist genau dasselbe wie das Aufstellen eines Bildes oder Modells der Umgebung. Das Denken im Modell läuft schneller ab als die Geschehnisse der Umgebung selbst und ergibt als Voraussage, daß die Umgebung sich so verhalten wird, wie das Modell es tut« (Seite 219). Die Elemente, mit denen der Problemlösende zu arbeiten scheint, sind demnach einmal sein perzeptives Vorstellungsbild von der Situation, bevor er etwas getan hat, dann sein vorgestelltes Bild, wie die Situation sein wird, wenn er einen bestimmten Weg einschlägt, weiter die Wahrnehmung der Situation, nachdem er etwas getan hat, schließlich sein Bild einer idealen Situation, die er zu erreichen hofft usw. Alle diese Bilder müssen anhand einer Nützlichkeitsskala bewertet werden und der Entscheid, einen bestimmten Plan auszuführen, wird von der Belohnungsfunktion, welche von diesen Nützlichkeiten definiert wird, abhängen. Beschreibungen des Problemlösens und Denkens, die mehr das Bild betonen, entsprechen oft besser unseren persönlichen Intuitionen über das, was vor sich geht. Das heißt, der vorstellungshafte Teil des Vorganges ist uns eher gewahr als der mit der Bildung eines Planes zusammenhängende. Wer nicht besonders in dieser Richtung ausgebildet wurde, geht ein Problem fast nie systematisch und in erschöpfender Breite an. Für uns dagegen ist es natürlich, das Augenmerk darauf zu richten, was ist und was sein sollte, und dann den Unterschied zwischen den beiden zu betrachten, nicht aber etwa sich auf irgendeine große Gruppe verschiedenartiger Möglichkeiten, die zu untersuchen wäre, zu konzentrieren. Mit anderen Worten: die phänomenologischen Aspekte des Problemlösens sind häufiger mit den verschiedenen Bildern verbunden als mit verschiedenen möglichen Plänen.

Wir sehen also, daß es mindestens zwei Arten gibt, uns den Informationsverarbeitungsprozeß vorzustellen, der im Zuge des Denkens und Problemlösens abläuft. Nach dem Voraussagemodell liegt die Hauptquelle der Schwierigkeiten beim Problemlösen darin, daß die Bilder der Problemsituation nicht genügen. Man muß mehr Informationen sammeln, verschiedene Organisationsweisen ausprobieren, alte Bilder zerstören, um sie durch neue zu ersetzen, oder Vorstellungsbilder von vertrauteren Situationen in die gegebene Lage herübernehmen. Um ein Bild, das sich ändert, zu verifizieren, muß man Voraussagen machen und sie prüfen. Man muß sie an den Stellen erproben, wo unser Wissen klein und unser Verständnis schwach ist. Vielleicht fehlt uns die nötige Muße, um all die Information zu sammeln, die wir brauchen könnten oder die wir haben müßten, um uns für ein Bild, das auch nur annähernd richtig ist, zu entscheiden. Darüber hinaus wird die nötige Information ohne Garantie für ihre Relevanz oder Wichtigkeit geliefert. Wir müssen selbst danach bohren, und selbst dann ist ein großer Teil des ans Tageslicht geförderten Materials nutzlos, wenn einmal eine stabile kognitive Struktur erreicht ist. Das Voraussagen selbst kann außerdem recht viel Zeit und Aufwand kosten, so daß wir sehr behutsam entscheiden müssen, welche Voraussagen wir prüfen wollen.

Alle diese Bemerkungen finden ihre Parallele im Suchmodell: Die Hauptquelle der Schwierigkeiten beim Problemlösen kommt daher, daß die Menge der Alternativmöglichkeiten außerordentlich groß, ja vielleicht unendlich groß sein kann und daß die annehmbaren Lösungen zufällig verstreut und damit nur schwer zu finden sind. Es gibt wenig Situationen, in denen man alle möglichen Abwandlungen von atomischen Elementen erschöpfend und systematisch ganz frei prüfen kann. Verspricht das Prüfen aufwendig zu werden, möchten wir eine Lösung finden, die so wenig Aufwand wie möglich erfordert. Dazu kommt, daß die anderen Hypothesen selten in dem Sinn »gegeben« sind, daß wir nur auf eine, die wir wollen, zu zeigen brauchen. Meistens müssen sie nach bestimmten Regeln hervorgebracht werden, und dieser Vorgang, potentielle Lösungen hervorzubringen, kann ebenfalls wieder viel Zeit und Aufwand erfordern. Die Leistung des richtigen Suchens nach Lösungen kann nicht bloß als mechanische Übung für zweitrangige Denker abgetan werden!

Manchmal wird uns diese eine Darstellung eher helfen und manchmal die andere, je nachdem, ob der Kern der Schwierigkeit im Aufbau eines besseren Bildes oder in der Erarbeitung eines besseren Planes liegt. Beide können — wie die Verfasser glauben — in Begriffen des TOTE-Schemas abgehandelt werden. Im Hinblick auf dieses Buch müssen wir jedoch vor allem dem Modell des Suchverhaltens Beachtung schenken. Wir untersuchen deshalb im nächsten Kapitel, wie Menschen heuristische Pläne formulieren, um eine Antwort auf gut definierte Probleme zu erhalten. Deren Betonung soll aber nicht so verstanden werden, als ob die Autoren den großen Bereich der ungenügend definierten Aufgabenstellungen zur Seite schieben möchten oder die entscheidende Wichtigkeit der Präzisierung unserer Bilder übersehen würden. Je genauer, ausgearbeiteter und brauchbarer unsere Bilder werden, desto mehr Probleme können wir definieren, um sie aus dem Bereich der bloßen Schwierigkeiten in den der praktischen Probleme zu übersetzen. Damit verwandeln wir sie in etwas, was wir lösen können, und es bleibt nichts, das wir übersehen, gewaltsam lösen oder umgehen müssen.

13
Die Bildung von Plänen

Woher kommen Pläne überhaupt? Neue Pläne gehen in der Regel wohl aus alten hervor. Jedesmal, wenn wir sie brauchen, möbeln wir sie zwar ein bißchen auf; im Grunde sind es jedoch immer dieselben alten Pläne mit einigen kleineren Abänderungen. Dann gibt es noch die Möglichkeit, neue Pläne von anderen zu borgen. Daß ein total neuer Plan aufgebaut wird, ist selten.

Betrachten wir nun die Herkunft der schon behandelten Pläne: Instinkte sind ererbte Pläne, werden also nicht vom Individuum selber geschaffen. Gewohnheiten und Fertigkeiten sind fast immer durch Nachahmung oder sprachliche Instruktion von einer anderen Person übernommen; es kommt auch vor, daß sie sich unbemerkt entwickeln, während wir uns bemühen, mit dem Durcheinander von Ereignissen im täglichen Leben fertig zu werden. Über Pläne, an denen mehrere Personen teilhaben, werden wir normalerweise als Teilnehmer informiert. Aber auch wenn wir mithelfen, einen neuen gemeinsamen Plan zu erarbeiten, versuchen wir meist, ihn so zu formen, wie es dem bereits vertrauten Rahmen entspricht. Bei Plänen zum Erinnern nützen wir vertraute Situationen und früher aufgestellte Assoziationen aus; beim Sprechen versuchen wir gewöhnlich etwas zu sagen, das nicht schon von Anfang an voraussagbar ist. Doch auch wenn wir etwas völlig Neues sagen, ist es immer den festgefügten, grammatischen Plänen unterworfen, die wir nicht nach Lust und Laune verändern können. Sogar beim Denken und Problemlösen führen wir ununterbrochen Pläne aus, die in der Schule mühsam erworben wurden.

Diese Ansicht zur Frage nach dem Ursprung unserer Pläne erinnert an die Bostoner Damen und ihre Hüte: »Meine Liebe, wir *kaufen* unsere Hüte nicht, wir *haben* sie.« Die Analogie würde besser stimmen, wenn sie einige wenige Hüte hätten und von vielen anderen nur das Muster. Wenn wir nämlich sagen, daß die meisten Pläne erinnert und nicht geschaffen werden, meinen wir nicht, diese Pläne seien im Gedächtnis fix und fertig gespeichert, so daß sie bis hinunter zur letzten Muskelbewegung nur einfach ausgeführt werden könnten. Gespeichert wird oft nur ein Metaplan, von dem eine große Zahl anderer Pläne, wie sie gerade benötigt werden, abgeleitet werden kann.

Wann nun speichern wir direkt anwendbare Pläne, und wann sind es Grundlagenpläne für weitere Pläne? Der einfache Plan für das Aufsagen des Alphabets zum Beispiel wird vermutlich als solcher aufbewahrt — er wird memoriert, so wie eine andere motorische Fertigkeit. Und so ist es mit dem Plan für das Zählen, wenigstens für die ersten hundert oder zweihundert Zahlen. Werden die Zahlen jedoch komplizierter, dann ist anzunehmen, daß wir mit einem Metaplan arbeiten. Wir brauchen dann ein System von Regeln, nach denen wir $N + 1$ von N ableiten, und keinen direkten Plan, um die aufeinanderfolgenden Zahlen zu nennen. Wir stehen hier vor interessanten Fragen zur Ökonomie des Denkens: Wie oft muß ein Plan verwendet werden, damit sich die Zeit lohnt, ihn auswendig zu lernen, statt besser einen Plan im Gedächtnis zu behalten, mit dem man ihn jeweils rekonstruieren kann?

Eine Kreativität einfachster Art wird in jedem System entfaltet, das so vielschichtig ist, daß es Metapläne braucht. Wir verwenden dazu ein Beispiel aus der Arbeit mit elektronischen Rechenanlagen: Soll die Anlage Berechnungen ausführen, für die sie Logarithmen braucht, so müssen wir entscheiden, ob man ihr eine Logarithmentafel oder aber die Formeln zur Errechnung von Logarithmen eingeben soll. Wenn die Tafel eingespeichert wird, werden die Logarithmen jeweils sehr schnell gefunden, falls sie wirklich darauf sind. Der Computer kann jedoch nichts mit einer Zahl anfangen, deren Logarithmus nicht ausdrücklich auf der Tafel vorkommt. Wenn er nach der Berechnungsformel arbeiten soll, geht der Prozeß langsamer vor sich. Aber der Computer kann dann Logarithmen von Zahlen, die er nie zuvor gesehen hat, »erzeugen«. Hier liegt der große Vorteil von Berechnungsformeln, zusammenhängenden Regeln und Metaplänen: Sie können leicht aufbewahrt und bei Bedarf in einer unendlichen Vielfalt von unvorhergesehenen Situationen eingesetzt werden. Die Vorteile, Grundlagenpläne zur Erzeugung anderer Pläne zu haben, sind so groß, daß kein »intelligenter« Automat, lebend oder tot, ohne sie auskommen könnte. Sie erlauben nicht nur dem Computer, in einem kleinen Bereich (z. B. beim Erzeugen von Logarithmen) schöpferisch zu sein, sondern auch dem Menschen, in den verschiedensten Situationen in besonderer Weise kreativ zu werden.

Nehmen wir als Beispiel ein klar definiertes Problem: eine Beweisfindung für einen mathematischen Ausdruck, und achten wir dabei auf die Ebenen der Metaplanung. Der mathematische Ausdruck selbst ist ein Plan, der gebraucht werden kann, um einige genau bestimmte arithmetische Operationen auszuführen. Er hat seine eigene hierarchische Organisation, ganz ähnlich wie ein Satzgefüge. Ein Beweis ist eine Folge solcher mathematischer Ausdrücke. Auch er hat seine eigene hierarchische Struktur. Also ist ein Beweis seinerseits ein Plan: ein Metaplan, weil die Objekte, mit denen er operiert, selbst wieder Pläne sind. Aber damit hört das System nicht auf. Eine dritte Stufe im Planen entdecken wir, sobald wir an das Vorgehen des Mathematikers, der einen Beweis liefert, denken. Stellen wir uns einen Beweis als Weg vor, der vom gegebenen Ausdruck zum zu beweisenden führt, so können wir sagen, daß der Mathematiker die verschiedensten möglichen Pläne sichten muß, um den einen richtigen zu finden. Wie in Kapitel 12 bereits behandelt, wird das Suchen im allgemeinen von einem Plan geleitet. Dieser ist zumeist heuristischer Natur. Wir brauchen also einen heuristischen Plan, um den Beweis-Plan zu erzeugen, der seinerseits einen mathematischen Plan bearbeitet, der schließlich die gewünschten Rechenoperationen bestimmt. Ist dies das Ende? Oder müssen wir noch eine Stufe weiter zurückgehen, zu den Erforschern der Heuristiken: Mathematiker, Computertechniker, Psychologen, Lehrer usw., die eines Tages hierarchische Strukturen herausfinden werden, welche Heuristiken hervorbringen? Können alle Pläne Metapläne haben, von denen sie hervorgebracht wurden, und geht es so *ad infinitum* weiter? Oder ist die Heuristik das Ende? Es sieht so aus, denn die Methoden, die der Mensch braucht, um neue heuristische Pläne zu finden, sind selbst wieder heuristische Pläne. Ihre plausible Darstellung wird uns deshalb die allgemeinen Linien aufweisen, innerhalb deren eine Theorie des Denkens und des Lösens von klar definierten Problemen einmal aufgestellt werden kann.

POLYA (1949) unterscheidet in seinem populären Buch »Schule des Denkens« vier Phasen des heuristischen Prozesses:

— Erstens muß die Aufgabe verstanden werden. Wir müssen klar sehen, welche Angaben gegeben sind, welche Lösungsbedingungen festgesetzt sind, und welches die Unbekannte ist, die wir suchen.
— Zweitens müssen wir einen Plan entwerfen, nach dem wir zu einer Lösung kommen, und die gegebenen Angaben mit der Unbekannten in Beziehung setzen.
— Drittens müssen wir unseren Plan zur Lösung ausführen und dabei jeden Schritt, den wir machen, nachprüfen.
— Viertens sollten wir den gefundenen Lösungsweg noch einmal ansehen und ihn kritisch prüfen, abwägen, vergleichen und entscheiden, ob vielleicht eine Verbesserung möglich ist.

Am schwierigsten ist offensichtlich die zweite Phase. Die erste umfaßt im wesentlichen das, was wir in Kapitel 12 als die »Herstellung eines klaren Bildes der Situation« beschrieben haben, damit daraus ein Prüfkriterium für die Lösung des Problems aufgestellt werden kann. Dieser erste Schritt ist selbstverständlich unumgänglich; wir nehmen jedoch an, daß in der Behandlung von klar umrissenen Aufgaben das alles schon geschehen ist. Die dritte Phase umfaßt das, was wir unter »Ausführung der Pläne« beschrieben haben, und wenn sie auch viel Mühe kosten mag oder eine hohe Fertigkeit verlangt, so nehmen wir doch an, daß sie direkt ausgeführt werden kann. Die vierte Phase ist wichtig für Lernende, die ihre Fähigkeiten im Problemlösen entwickeln wollen, denn sie erleichtert es, die gefundene Methode zu weiterem Gebrauch bereitzuhalten. In der zweiten Phase jedoch, in der der eigentliche Plan entsteht, muß etwas Schöpferisches geschehen. POLYA beschreibt das (auf S. 22) so:

Erst wenn wir wenigstens im großen und ganzen wissen, welche Berechnungen oder Konstruktionen wir ausführen müssen, um das Unbekannte zu erhalten, haben wir einen Plan. Der Weg vom Verstehen der Aufgabe bis zum Finden eines Planes kann lang und mühsam sein. Tatsächlich besteht die größte Leistung bei der Lösung einer Aufgabe darin, zu einer Konzeption für einen Plan zu gelangen. Die Idee ergibt sich oft erst nach und nach. Sie kann aber auch nach scheinbar erfolglosen Versuchen und nach einer Zeit des Zögerns mit einem Schlag dasein, wie eine plötzliche Erleuchtung, als der große Einfall.

Was POLYA hier darstellt, sind die heuristischen Methoden, wie sie die Mathematiker in Frageform benützen, wenn sie ein Lehrgespräch führen. Zuerst muß man fragen, ob man eine verwandte Aufgabe kennt. Normalerweise kennt man viele ähnliche Probleme, und es kommt nun darauf an, das richtige auszuwählen. Folgende Anregung hilft, den wesentlichen gemeinsamen Punkt zu finden: Nimm die Unbekannte und versuche, ein schon bekanntes Problem zu finden, welches die gleiche oder eine ähnliche Unbekannte hat. Ergibt das keinen Plan, so lautet die Frage: Kann man die Aufgabe anders stellen? Kann man die gegebene Aufgabe nicht lösen, so läßt sich vielleicht eine ähnliche Aufgabe lösen. Kann man sie auseinandernehmen und in mehrere einfache Aufgaben zerlegen? Vielleicht läßt sich rückwärts arbeiten? Wovon könnte man das gewünschte Resultat ableiten? Alle diese heuristischen Methoden werden von POLYA mit Beispielen besprochen.

Wir betrachten nun die folgende Denkaufgabe: Jemand geht zum Fluß und hat nur zwei Wassergefäße, einen Vierlitereimer und einen Neunlitereimer. Er soll genau sechs Liter Wasser vom Fluß heraufbringen. Die Antwort liegt nicht auf der Hand. Welche verwandte Aufgabe können wir lösen? Wir bekommen acht Liter, wenn wir aus dem kleinen Eimer zweimal vier Liter in den großen gießen, oder wir bekommen fünf Liter, wenn wir den großen Eimer füllen und dann so viel in den kleineren gießen, bis dieser voll ist. Aber die gewünschte Menge ist ja sechs Liter! Wir erreichen wenig damit, wenn wir vorwärts vom Gegebenen zum Gewünschten vorgehen. Vielleicht ginge es rückwärts besser? Was möchten wir erreichen? Stellen wir uns sechs Liter im großen

Eimer vor! Von welcher vorangehenden Bedingung könnte dies abgeleitet werden? Wenn wir den großen Eimer füllen würden und dann drei Liter ausgössen, hätten wir das Gewünschte. Von welcher gegebenen Situation könnte dieses letztere erreicht werden? Wenn der kleinere Eimer schon einen Liter enthielte, wäre die Bedingung gegeben, die wir brauchen. Von welcher davorliegenden Situation aus könnte man dazu kommen? Man könnte einen Liter abmessen, indem man den Neunlitereimer füllt, dann zweimal vier Liter davon in den kleinen Eimer abfüllt und ausgießt. Den übrigbleibenden Liter kann man dann in den kleinen Eimer füllen. Wenn wir so rückwärts arbeiten, stoßen wir auf etwas, von dem wir wissen, wie man es macht. Wenn wir nun den ganzen Vorgang umkehren, haben wir unseren Plan, wie wir die sechs Liter abmessen können. Dieses heuristische Prinzip — das man auf PLATO zurückführt — besteht darin, daß man sich auf das Unbekannte konzentriert und zu entdecken versucht, was dazu geführt haben könnte. Man kann damit nicht nur Wassermeßprobleme, sondern die verschiedensten anderen Probleme lösen. (Am sinnfälligsten ist das Prinzip vermutlich, wenn wir daran denken, wie leicht es in einem Vielfach-T-Labyrinth ist, vom Ziel zum Start zu kommen, und wie schwer, den Weg in der umgekehrten Richtung zu finden.) Rückwärts arbeiten ist eine der vielen heuristischen Methoden, die alle guten Problemlöser kennen.

Ein Kritiker unserer Ausführungen könnte hier mit Recht einige Einwände erheben. Sie könnten etwa so lauten: 1. Metapläne, die Metapläne hervorbringen, welche immer wieder neue Pläne hervorbringen, sind viel zu kompliziert. Ein guter Wissenschaftler kann mit drei Parametern einen Elefanten genügend beschreiben; hat er einen vierten, so kann er ihm damit einen Knoten in den Schwanz knüpfen. In dieser Art von Theorie geistern Hunderte von Parametern herum, und niemand wird sie je entwirren können. 2. Diese groben heuristischen, über den Daumen gepeilten Regeln, diese Versuche und Fragen, diese Maximen und Sprichwörter können nur von Menschen gebraucht werden, die über eine besondere Intelligenz verfügen, um sie zu verstehen, und die auch wissen, wie man sie anwenden kann. Sie können nicht im Ernst als unmißverständliche Komponenten einer wissenschaftlichen Theorie vorgeschlagen werden. 3. Auch wenn wir diese Methode ernst nehmen, gibt es ja keine Möglichkeit, sie experimentell zu überprüfen. Nicht einmal gewöhnliche Introspektion kann einen Nachweis erbringen. Sie gründet sich auf etwas, das noch hinter der Introspektion liegen muß. Sie verletzt alle Regeln der behavioristischen Tradition und droht die Psychologie um *N* Jahre zurückzuwerfen (wobei *N* proportional zur Intensität der emotionalen Reaktion des Kritikers zu messen ist).

Das sind gewichtige Einwände, denen man sich stellen muß. Zum ersten Einwand ist die Antwort klar: Wenn eine Beschreibung gültig ist, muß man es hinnehmen, daß sie unter Umständen kompliziert ist. Keine huldreiche und noch so parsimonische Göttin beschützt uns je gegen Komplexität. Man darf sich jedoch nicht so rasch entmutigen lassen, denn in den letzten Jahren haben die Elektroniker damit angefangen, Datenverarbeitungsanlagen zu bauen, die groß und schnell genug sind, uns als Modelle zu dienen, an denen wir auch sehr komplizierte Theorien nachprüfen können. Was allein nötig ist, die Theorie sorgfältig zu beschreiben, diese Beschreibung in ein Computerprogramm umzuwandeln, das Programm dem Computer einzugeben und zu schauen, ob der Computer ähnlich wie ein lebender Organismus reagiert. Da wir jetzt wissen, wie man solche Programme schreibt — besonders seit der Arbeit von NEWELL, SHAW und SIMON (1956) — können wir auch Ideen überprüfen, die kompliziert erschienen wären. Eben erst haben Computertechniker damit angefangen, Möglichkeiten herauszufinden, selbstprogrammierende Automaten zu konstruieren. Da sie immer besser verstehen, was NORBERT WIENER »die Probleme der organisierten Komplexität« nennt, können wir auf viele neue Entdeckungen hoffen.

Die Möglichkeit, elektronische Datenverarbeitungsanlagen einzusetzen, gibt uns auch eine Antwort auf den zweiten Punkt der erwähnten Kritik. Wenn die heuristischen Theorien, nach denen die Denker angeblich arbeiten, in Computerprogramme übersetzt werden können, die die gleichen Resultate hervorbringen wie eine lebende Person, so haben wir jeden Grund anzunehmen, daß diese heuristische Theorie eine zutreffende Beschreibung des Problemlösevorgangs ist. Wäre sie zweideutig, so würde das Programm nicht funktionieren. Da wir nun aber diese seriöse Überprüfungsmöglichkeit haben, können grobe heuristische Faustregeln tatsächlich als Elemente einer seriösen Denktheorie vorgeschlagen werden.

Natürlich stammt die Vorstellung, daß eine Theorie des Denkens und Problemlösens alle heuristischen Regeln einschließen sollte, die die Menschen gefunden haben, ursprünglich nicht von den Autoren dieses Buches. Sie hat eine lange und besonders interessante Geschichte, denn implizit ist sie in fast jeder subjektiven Beschreibung des Problemlöseprozesses enthalten. Ohne einen guten Vorrat an heuristischen Methoden könnte kein Künstler schöpferisch arbeiten, kein Wissenschaftler entdekken und kein Techniker erfinden. Die Abhandlungen über heuristische Methoden waren allerdings in den meisten Fällen nicht viel mehr als Sammlungen nützlicher Tricks. Erst kürzlich hat man damit angefangen auszuprobieren, ob man deren Katalog in eine kohärente Theorie umwandeln könnte.

Marvin Minsky (1956) stellte fest, in welchem Maße die Sprache unsere Bemühungen beim Problemlösen beeinflußt. Als einen Weg, zu einer heuristischen Theorie zu gelangen, schlug er vor, eine Sprache festzulegen oder zu entwickeln, in welcher einer Maschine heuristische Arbeitsanweisungen eingegeben werden könnten, die sie dann auf verschiedensten Wegen angemessen verwirklichen müßte. Wir könnten uns dann mit der Maschine in der gleichen Art wie Polya mit seinen Studenten unterhalten. Die Maschine müßte natürlich eine verständliche Beschreibung dessen liefern, was sie zu tun versucht, damit man erfährt, welche Vorschläge man ihr machen kann. Sie würde nach und nach ihren eigenen privaten Katalog von heuristischen Tricks aufbauen wie jeder Student. Dann könnte man die Maschine öffnen und nachschauen, wie sie arbeitet — eine Analyse, der sich die wenigsten Studenten unterziehen würden. Nach Minskys Ansicht, die sich übrigens weitgehend mit der unsrigen deckt, versorgt sprachliche Information einen Organismus mit »einer Folge von Instruktionen, damit er in seinem Kopf aus den dort erhältlichen Teilen einen Apparat konstruieren kann, der eine Antwort der gewünschten Art hervorbringt« (S. III, 18). Minsky weist darauf hin, daß eine Maschine, die die Sprache benützt wie wir, eine riesige Allzweckanlage eingebaut haben müßte, die — durch linguistische Signale angeleitet — eine Reihe von Spezialanlagen erzeugen könnte. Würde man einer solchen Maschine z. B. befehlen, durch Rückwärtsschreiten einen Plan zu entwerfen, so wäre sie dazu vermutlich imstande. Kinder erwerben sich ihren Vorrat an heuristischen Methoden, indem sie auf sprachliche Anregungen hören und dann versuchen, sie auszuführen. Vielleicht ist dies auch die beste Art, um eine Maschine etwas entwickeln zu lassen. Zur Entwicklung eines selbstprogrammierenden Automaten müssen wir ihn vielleicht auf die gleiche Art lernen lassen, wie wir es selbst tun.

Wenn die Heuristik-Forscher über derartige Anlagen sprechen, heißt das allerdings noch nicht, daß sie sie auch ausführen können. Unsere Kritiker sollten nicht weggeschoben werden, indem wir auf Autoritäten pochen oder darauf hinweisen, Computer seien nun einmal beeindruckend und modern. Gespräche über selbstprogrammierende Anlagen könnten den Eindruck erwecken, daß alles, was die Psychologie problematisch macht, für immer in einer Kiste verpackt wurde mit der Aufschrift: »Plan-Hersteller«. Um dieser Kritik frontal zu begegnen, sollten wir, schon bevor wir auf den dritten Punkt eingehen, konkreter beschreiben, wie heuristische Pläne in richtigen Computern realisiert werden.

Betrachten wir einmal das Schachspiel und wie die Computer dieses Spiel nach heuristischen Plänen spielen könnten. Der erste Gedanke, der

einem dabei kommt, ist vielleicht, daß er von einer gegebenen Position aus alle möglichen Züge berechnet und dann denjenigen wählt, der den Gegner matt setzt. Leider könnte auch der derzeit schnellste Computer einen so weitläufigen Plan nicht in einer vernünftigen Zeitperiode bewältigen. Es ist daher nötig, heuristische Pläne zu benützen. Aber welche heuristischen Pläne sind für das Schachspiel vorhanden? Wir finden sie in jedem Schachhandbuch für Anfänger. Es finden sich dort Grundsätze wie: »Versuche, die vier Felder in der Mitte nie aus den Augen zu lassen!« Oder: »Vergewissere dich immer, daß dein König geschützt ist, bevor du einen Angriff beginnst!« Oder: »Greife die Positionen des Gegners nicht an, bevor du deine eigene Position ausgebaut hast!« usw. Die Frage ist: Wie können wir diese heuristischen Prinzipien dazu benützen, um das zu steuern, was die Maschine tun soll?
Newell, Shaw und Simon haben die traditionellen Schach-Heuristiken in sechs unabhängige »Ziele« zerlegt:

1. Sicherheit des Königs,
2. Gleichgewicht der Figuren,
3. Beherrschung der Mitte,
4. fortschreitender Spielaufbau,
5. Angriff auf der Königsseite,
6. Vorwärtsbewegung der Bauern[1].

Die Reihenfolge dieser Ziele ist bedeutsam, denn die Maschine wird sie immer in der gleichen Reihenfolge anstreben, d. h. zuerst prüft sie, ob ihr König geschützt ist. Wenn nicht, versucht sie, ihn zu verteidigen. Wenn ja, nimmt sie das nächste Ziel in Angriff. Sie prüft die möglichen Abtauschmöglichkeiten, um sich zu versichern, daß ihre Figuren angemessen geschützt sind. Ist dies nicht der Fall, schützt sie sie. Wenn ja, geht die Maschine als nächstes zur Kontrolle der Mittelfelder über. Kann sie einen ihrer Bauern ins Zentrum schieben? Wenn ja, tut sie es, wenn nein, schreitet sie zum Ausbau ihrer eigenen Positionen, geht dann zum Angriff auf den König über und überprüft schließlich, wenn keines von diesen Zielen zu einem guten Zug führt, die Aufstellung ihrer Bauern.
Zu jedem dieser Ziele gehört ein System von Regeln, die die wichtigen Züge für es herausarbeiten. Wendet die Maschine z. B. die Heuristik zur Kontrolle der Mitte an, so wird sie der Reihe nach folgende Züge vorschlagen: »Verschiebe den Bauern von *d2* auf *d4*!« »Verschiebe

---

[1] Newell, Shaw und Simon (1958) geben neben der Beschreibung ihrer eigenen Arbeit eine Aufstellung über die Geschichte des Versuches, die mit Shannons Aufsatz (1949) beginnt.

den Bauern von *e2* auf *e4*!« »Mache Züge, die den Gegner daran hindern, diese beiden wichtigen Züge ebenfalls zu machen!« »Mache Vorbereitungszüge für die erstgenannten Züge (z. B. nach welchen das Feld *d4* oder *e4* geschützt ist, oder hebe die Sperre vor dem Damen- oder Königsbauern auf)!«

Hat die Stelle im Computer, die die Schachzüge findet, einen bestimmten Zug vorgeschlagen, nimmt die Maschine den Vorschlag natürlich nicht automatisch an. Er muß zuerst bewertet werden, damit klar hervorgeht, ob er wirklich zum gewünschten Ziel führt. Diese Bewertung kann wiederum nicht nur auf ein einzelnes Teilziel begrenzt werden. Denn ein Zug, der beipielsweise dem Plan für die Kontrolle der Mitte sehr gut dienen würde, könnte die Position des Königs ganz zerstören, den Verlust einer Figur zur Folge haben usw. Der vorgeschlagene Zug muß unter Berücksichtigung aller sechs Ziele betrachtet werden, wobei der Wert eines Zuges ein Vektor ist. Will man den Wert eines Zuges für die Kontrolle der Mitte feststellen, so zählt man die Anzahl der Sperren, die dem Zug der beiden dafür geeigneten Bauern entgegenstehen. Unter dem Teilziel, das das Gleichgewicht der Figuren zu erhalten bestrebt ist, wird mit den konventionellen, numerischen Werten, die jede Figur hat, gearbeitet; es werden verschiedene mögliche Fortsetzungszüge überprüft, bis keine weiteren Möglichkeiten zum Austausch mehr bestehen, und es wird der eventuelle Verlust von Figuren notiert, der damit verbunden wäre. (Die Bewertung der Züge im Blick auf das Gleichgewicht der Figuren ist außerordentlich vielschichtig und schließt zahlreiche weitere heuristische Prinzipien ein.) So arbeitet das Programm ein Ziel nach dem anderen bewertend durch.

Hat die Maschine nun einen Zug gefunden, der nicht im Widerspruch zu einem der heuristischen Prinzipien steht, so ist immer noch nicht sicher, daß gerade dieser Zug ausgeführt wird. Vielleicht gäbe es noch einen besseren! Der Computer hat also die Aufgabe, unter allen möglichen Zügen nach der Bewertung auszuwählen. Er kann dabei auf verschiedene Arten vorgehen. Nur eines kann er nicht: er kann nicht warten, bis alle denkbaren Vorschläge gemacht und bewertet sind, um dann den mit der höchsten Punktzahl auszuwählen. Es sind nämlich viel zu viele Züge möglich. Newell, Shaw und Simon schlagen als einfachste Auswahlmethode vor, man möge künstlich ein »Annahme-Niveau« für die Züge festsetzen, damit sie überhaupt in Betracht gezogen werden (eine Art mechanisches Anspruchsniveau), damit der Computer dann einfach den ersten Zug, der dieses »Annahme-Niveau« erreicht, ausführt. Um der Möglichkeit zu begegnen, daß überhaupt kein Zug dieses Niveau erreicht, kann auch eine Stop-Regel eingebaut werden. Diese tritt nach einer bestimmten Zeit in Kraft. Der beste vorgeschlagene Zug wird jeweils gespeichert, und wenn die in der Stop-Regel vorgesehene Zeitspanne ausläuft, ohne daß ein optimaler Zug gefunden wurde, nimmt der Computer den besten gespeicherten Zug und führt ihn aus.

Um ganz konkret zu sein, müßten wir die einzelnen Arbeitsgänge, die die Maschine braucht, um Züge zu erzeugen und zu bewerten, noch mehr im Detail betrachten. Aber dies würde uns zu weit von unserem Hauptthema abbringen. Wer immer noch zweifelt, daß heuristische Regeln in vollständig deterministische Computerprogramme eingebaut werden können, muß seine Vorbehalte anhand der vorhandenen Originalliteratur selbst klären. Wir wollten jedoch so lange bei diesem Thema bleiben, bis es uns gelungen ist, das Programm von Newell, Shaw und Simon in der Sprache dieses Buches auszudrücken. Dabei glauben wir nicht, ihre Darstellungen etwa noch bereichern zu können, es soll nur klarwerden, daß ihre Arbeit unsere weniger explizit ausgedrückten Vorstellungen über Informationsverarbeitung, die wir auf psychologische Fragen anwandten, sehr gut illustriert und glaubwürdiger macht.

TOTE-Hierarchien könnten auf verschiedene Weisen für das Schachspiel organisiert werden, und man könnte jedesmal die Heuristiken benützen, die Newell, Shaw und Simon programmiert haben. Die einfachste dieser Möglichkeiten, die auch dem Geist ihres Werkes am nächsten kommt, hat zwei wichtige Unterpläne: einer, der die Züge hervorbringt, und einer, der sie bewertet. Die Frage »Wer spielt als nächster?« ist der Prototest. Ist die Maschine an der Reihe, wird die Handlungsphase: »Mache einen Zug!« ausgeführt. Diese Phase enthält zwei Tests: zuerst: »Welcher Zug?«, und, wenn dies geschehen ist: »Ist dies der beste Zug?« Die Handlungsphase der die Züge ausdenkenden Computereinheit hat sechs Prüfungen, die in der folgenden Form anschaulich ausgedrückt werden können: »Wenn sonst kein Zug möglich ist, warum es nicht mit Feld X versuchen?«, wobei X eines der sechs Ziele ist. Wurde kein anderer Zug herausgefunden, wird die operationale Phase von X ausgeführt. Im Falle der Beherrschung der Mittelfelder z. B. wird sie aus einer Reihe von Tests folgender Art bestehen: »Wurde *d2* — *d4* ausprobiert?« »Wurde *e2* — *e4* ausprobiert?« »Hast du versucht, den Gegner daran zu hindern, auf *d4* vorzurücken?« usw. Jeder Test kann weiter ausgearbeitet werden. Wenn dann der gültige Zug ausgewählt ist, wird die Steuerung auf den zweiten, den bewertenden Arbeitsgang transferiert. Auch dieser hat sechs Teile, nämlich einen für jedes Ziel. Zu jeder Frage, wie z. B.: »Beeinflußt der Zug die Sicherheit des Königs?«, oder: »Was ändert er in bezug auf das Gleichgewicht der Figuren?« usw., gehören bestimmte Handlungsphasen, die mehr oder weniger ins Detail gehend ausgearbeitet werden können, je nachdem, wie schwierig die Frage zu beantworten ist. Wir könnten es, wenn es uns richtig schiene, so einrichten, daß in jeder dieser sechs Bewertungsphasen ein vorgeschlagener Zug sofort zurückgewiesen wird, wenn er in bezug auf das bestimmte Teilziel zu schlecht ausfällt. Eine derartige Einstellung würde es aber für die Maschine schwermachen, Opfer anzubieten, und es ist wohl besser, alle endgültigen Nein-Entscheide zu verschieben, bis die Resultate aller sechs Bewertungen gesammelt und verglichen sind. Schachamateure sind nicht immer so klug; sie führen oft einen Zug nicht aus, weil irgendein ins Auge springender Nachteil damit verbunden wäre. Studieren sie später Spiele von Meistern, so entdecken sie, wie solche Nachteile nachträglich durch andere Vorteile ausgeglichen werden können. Damit wollten wir nicht etwa zum Programm von NEWELL, SHAW und SIMON eine Alternative bringen; es ging uns nur darum zu zeigen: ihre heuristischen Programme stehen mit unserer Idee von Plänen in keinerlei Widerspruch.

Es gibt allerdings noch viele andere heuristische Arbeitsmethoden. Eine der interessantesten ist der Gebrauch einer »skizzierenden Heuristik« in einem Geometrieprogramm, erstellt von GALANTER und ROCHESTER (1958). Sie benützten die heuristische Programmiertechnik von NEWELL, SHAW und SIMON, um einen Computer für geometrische Probleme etwa im Schwierigkeitsgrad eines Oberschülers einzusetzen. Geometrische Beweise sind ja normalerweise recht lang, und es ist fast unmöglich, einen Beweis zu finden, indem man einfach alle möglichen Transformationen durchprobiert. Der Geometer geht dabei so vor, daß er zuerst eine Figur zeichnet, die alle wesentlichen Bedingungen der Aufgabe erfüllt, und dann die Figur studiert, bis er einen Plan für die Beweisführung gefunden hat. Er kann sie auch mit anderen Figuren vergleichen, um sicher zu sein, daß er nicht von einer zufälligen Eigenschaft seiner Figur befangen ist; oder er kann — den heuristischen Standardmethoden folgend — versuchen, das Problem anders auszudrücken oder es in Teilprobleme zu zerlegen, die neue Probleme ergeben. Dann kann er Figuren konstruieren, die ihm helfen, vorerst diese Teilaufgaben zu beweisen. Das Vorgehen, nach dem er dieses Bild des Problems auswertet, ist interessant und vielschichtig, und die Aufgabe, es in explizite Regeln umzuwandeln, die für eine Maschine programmiert werden können, scheint lohnend. Solche Regeln sähen etwa so aus: »Wenn die Figur eine Symmetrieachse hat, die noch nicht gezeichnet ist, dann zeichne sie!« Besonders wichtig ist: »Wenn bewiesen werden soll, daß zwei Strecken oder zwei Winkel gleich lang sind, dann stelle durch Messen an der Skizze fest, ob sie entsprechende Teile von zwei kongruenten Dreiecken sind!«

Entdeckt die Maschine durch Messen, daß zwei Dinge gleich oder proportional sind, dann kann sie auch eine entsprechende Hypothese aufstellen und herausfinden, ob sie stimmt. Wenn ja, wird sie feststellen, ob die gefundene Kongruenz oder Ähnlichkeit etwas zum Beweis beiträgt. Es ist — wie unser Kritiker betonte — wahr: diese Systeme können außerordentlich kompliziert werden. Darin liegt gleichzeitig aber auch ein gewisser Trost. Die meisten wissenschaftlichen Fortschritte haben die Würde des Menschen untergraben: Der Mensch wurde aus dem Mittelpunkt des Universums verstoßen, man gab ihm Affen als Vettern, sein Gehirn wurde als von inneren Drüsensekretionen für abhängig erklärt und sein Geist den unbewußten Zwängen des Lustprinzips unterworfen — die Reduktion seiner Denkprozesse auf maschinell durchführbare Operationen erscheint wie der letzte, niederschmetternde Schlag. Trösten wir uns damit, daß wir immer noch viel zu kompliziert sind, als daß man uns wie einfache Maschinen erklären könnte. Bis jetzt scheint das menschliche Gehirn die erstaunlichste Datenverarbeitungsanlage zu sein, die je geschaffen wurde — uns ist nichts bekannt, das ihm auch nur annähernd nahekommt. Je genauer wir die Informationsverarbeitungen analysieren, die vor sich gehen, wenn auch nur das einfachste Problem gelöst werden muß, desto mehr wächst unser Respekt für diesen wundervollen Teil unserer biologischen Ausrüstung.

Ehe wir auf die letzte der erwähnten Kritiken eingehen, wollen wir uns noch zwei weitere heuristische Methoden ansehen. Es handelt sich um zwei — ebenfalls von Newell, Shaw und Simon (1959) beschriebene — recht allgemeine Methoden, die daraufhin geprüft wurden, ob sie es einem Computer ermöglichen, Probleme der Logik, des Schachspiels und der Trigonometrie zu lösen. Die Autoren nennen sie »Mittel-Ziel-Analyse« und die »Methode des Planens«. Durch die Mittel-Ziel-Analyse wird versucht, eine Aufgabe in eine Folge von Unterproblemen aufzuteilen, und mit der Methode des Planens wird versucht, einen Plan zu finden, indem man vorläufig über einige komplizierende Faktoren hinwegsieht. Es gibt bestimmt noch viele andere Problemlöse-Heuristiken; diese zwei sind jedenfalls wichtig, wirkungsvoll und kommen in allen Bereichen vor.

Die Mittel-Ziel-Analyse verläuft etwa folgendermaßen: »Kläre als ersten Schritt, ob du das Gegebene in die gewünschte Lösung umformen kannst! Falls das nicht gelingt, versuche, den Unterschied zwischen den beiden zu verkleinern! Suche eine Transformation, die den Unterschied kleiner macht, und wende sie an! Dann wiederhole den ersten Schritt und versuche, ihn durchzuführen: Kläre ab, ob du jetzt einen Weg findest, um die neue Version des Gegebenen in die gesuchte Lösung umzuwandeln! Wenn nicht, suche erneut nach einem Weg, den Unterschied zu verringern! usw.« Nach jeder Verringerung des Unterschieds ist die Aufgabe etwas leichter zu lösen. Rein intuitiv gesehen, funktioniert die Heuristik etwa so: »Ich möchte von *A* zu *B* kommen, weiß aber nicht wie. Was ist der Unterschied zwischen dem, was ich habe, und dem, was ich erhalten möchte? Der Unterschied ist *D*. Wie kann ich *D* vermindern? *D* könnte durch den Operator *T* vermindert werden, aber ich weiß nicht, wie ich ihn anwenden soll. Nun muß ich *A* in eine Form bringen, damit der Operator *T* angewendet werden kann. Ich führe die Operation *T* durch und erhalte ein neues Objekt *A'*. Als neues Problem ergibt sich, von *A'* zu *B* überzugehen, aber ich weiß nicht wie. Was ist hier der Unterschied?« So fährt die Mittel-Ziel-Analyse fort[2]. Man versucht, in dieser Weise fortzuschreiten, indem man ein Ziel nicht direkt anstrebt, sondern es durch eine Gruppe von leichteren Zielen ersetzt. Der Erfolg hängt davon ab, wie genau die Größe der Unterschiede bestimmt ist und die Umwandlungen gewählt werden.

Auf der Hand liegt, daß jede Methode, die gefunden werden kann, um ein großes Problem in kleinere Probleme zu zerlegen, die Lösung gewaltig vereinfacht. Dieses Vorgehen ist dann wertvoll, wenn die Lösung gleichzeitig durch verschiedene Attribute charakterisiert werden kann. Das heißt: Wenn eine Ausgangssituation sich von der gesuchten Zielsituation in zwei Hinsichten unterscheidet, durch Attribut *A* und Attribut *B*, können wir versuchen, das Problem in zwei Faktoren aufzulösen. Anstatt nach einem Plan Umschau zu halten, mit dem wir beide Unterschiede gleichzeitig zum Verschwinden bringen, suchen wir zuerst nach einer Gruppe von Plänen, die sich mit dem Attribut *A* befassen. Dann durchsuchen wir diese kleinere Gruppe von Plänen nach einem, der sich auch auf Attribut *B* anwenden läßt. Bei solchem Vorgehen können wir frei entscheiden, in welcher Reihenfolge nach jedem Aspekt gesucht werden soll bzw. welchen Unterschied wir zuerst eliminieren wollen. Wie die Kinder, die »Suchen« spielen und dabei in einen immer »wärmeren« Bereich kommen, wenn sie sich dem versteckten Gegenstand nähern, wird es bei unserer Heuristik immer »wärmer«, wenn wir ein Teilproblem nach dem anderen lösen.

---

[2] Was NEWELL, SHAW und SIMON die Mittel-Ziel-Analyse nennen, ist der von DUNCKER (1935) beschriebenen Theorie des produktiven Denkens ähnlich. Nachdem die Person die Situation und das Ziel analysiert hat, stellt sie die Quelle der Schwierigkeit fest, die sie dann zum Verschwinden zu bringen sucht. Die wichtige Leistung von NEWELL, SHAW und SIMON besteht darin, den ganzen Vorgang in Begriffen des Computerprogramms vollständig explizit gemacht zu haben.

Das zweite, sehr allgemeine heuristische System, das NEWELL, SHAW und SIMON benützten, läßt gewisse Details der Aufgabenstellung aus. Meist wird dadurch die Aufgabe vereinfacht und kann mit irgendeinem bekannten Plan gelöst werden. Derselbe Plan, der sich zur Lösung des vereinfachten Problems verwenden läßt, dient dann auch als Strategie für das ursprüngliche, komplizierte Problem. Um z. B. ein Problem in der Aussagelogik zu lösen, kann die Maschine den Entscheid treffen, Unterschiede zwischen den verschiedenen logischen Verknüpfungszeichen und der Reihenfolge der Symbole zu übersehen und allein darauf zu achten, welche Symbole vorkommen und wie sie gruppiert sind. Diejenigen logischen Operationen, die jeweils Symbole hinzufügen, eliminieren oder sie umgruppieren, werden dann auf die derart abstrahierten Aussagen angewandt, ohne daß man die Verknüpfungen beachtet. Die zur richtigen Anordnung der Symbole nötigen Schritte dienen jetzt als mögliche Strategie für eine vollständige Beweisführung. Es kommt jetzt natürlich darauf an, ob nicht die Auslassungen das Problem so stark verändert haben, daß die für das vereinfachte Problem richtige Lösung für das ursprüngliche irrelevant wird. Die meisten heuristischen Methoden schließen ja den Gebrauch der schon erworbenen Information mit ein. Wenn richtige Lösungen buchstäblich unter allen überhaupt möglichen Lösungen verstreut sind, ist vielleicht eine erste Suchaktion in der einen Hälfte der Lösungen nutzlos, wenn man den zweiten Teil durchkämmt. Diese Situation bildet allerdings eher die Ausnahme, denn wenn es bisher Menschen gelang, ein Problem zu lösen, lag die gute Lösung meist in der Nähe einer anderen guten Lösung. Hamlet ist z. B. auch dann noch ein gutes Theaterstück, wenn ein Schauspieler zufällig ein paar Zeilen SHAKESPEARES verwechselt und so ein anderes, jedoch sehr ähnliches Stück daraus macht. Der Hauptgedanke der Evolutionstheorie ist gut, auch wenn die Entwicklungsabfolge einiger Spezies unter dem Aspekt zukünftiger Befunde gewisse Änderungen erfahren wird. Nicht erfolgreich sind wir in Situationen, wo die Abänderung irgendeiner kleinen Einzelheit die richtige Lösung in eine falsche verwandelt, z. B. beim Öffnen eines Kombinationsschlosses. Wenn aber die beste Lösung in der Nähe von guten Lösungen liegt, kann man die Nachbarschaft nach allen relativ erfolgreichen Lösungen untersuchen, um zu sehen, ob dabei eine bessere auftaucht.

Gruppiert sich eine Anzahl von möglichen Lösungen in einem Feld, das durch die Attribute oder Dimensionen des Problems umrissen ist, dann läßt sich das Problem dadurch vereinfachen, daß man eines oder zwei Attribute überhaupt vorläufig übersieht. Ist eine Lösung des vereinfachten Problems auf diese Weise möglich, so enthalten die Schritte, die zur

Lösung führten, wahrscheinlich den Plan, nach dem das ursprüngliche Problem gelöst werden kann. Mit etwas Glück führen die Schritte, die in einem Bezirk des kleinen Feldes Erfolg brachten, auch zum Erfolg in einem entsprechenden Bezirk des größeren Feldes. Diese Art von Heuristik benützen wir beispielsweise, wenn wir nach Wegen suchen, um Konflikte zwischen Völkern zu bereinigen: wir denken nämlich darüber nach, wie man ähnliche Differenzen zwischen Individuen lösen würde. Ein anderes Beispiel ist der Gebrauch der Skizzier-Heuristik von GALANTER und ROCHESTER. Die Lösungsschritte, die uns eine bestimmte Skizze nahelegt, ergeben den Plan für die Beweisführung des allgemeinen Theorems.

Die Mittel-Ziel-Analyse und die Methode des Planens sind zwei der wirkungsvollsten heuristischen Methoden, die NEWELL, SHAW und SIMON für die Entwicklung ihres allgemeinen Problemlöseprogramms benützt haben. Eine davon ist von so allgemeiner Natur, daß sie als Lösungsweg für die verschiedenartigsten klar definierten Probleme dienen kann. Wenn die Autoren Erfolg haben, werden ihre Computerprogramme tatsächlich über die Ebene der heuristischen »Kataloge«, wie sie POLYA und andere anzubieten hatten, hinausgekommen sein. Sie haben dann den Status einer heuristischen »Theorie« des Denkens erreicht.

Nach dem Studium des Pionierwerkes von NEWELL, SHAW und SIMON ist es schwierig, in den unschuldigen Respekt für Parsimonie gegenüber psychologischen Theorien zurückzufallen. Man kann sicher nicht länger daran glauben, jeder, der komplizierte Informationsverarbeitungsvorgänge bei Organismen postuliert, appelliere an mysteriöse, vitalistische, zweideutige oder unwissenschaftliche Prinzipien. Komplizierte Informationsverarbeitung nach heuristischen Prinzipien ist nicht nur denkbar, sie wurde schon durchgeführt und auf vorhandenen Datenverarbeitungsanlagen demonstriert. Man darf daher den Verdacht fallenlassen, jeder psychologische Prozeß, der komplizierter als ein konditionierter Reflex ist, sei eine metaphysische Narrenfalle. Die Arbeit von NEWELL, SHAW und SIMON zeigt im einzelnen, wie Problemlösevorgänge von elementareren Vorgängen her — auch für Maschinen ausführbar — erarbeitet werden können. Sie zeigt, daß diese elementaren Vorgänge, richtig aufgebaut, tatsächlich komplizierte Probleme lösen können. Keine Mitwirkung irgendeiner unbekannten Kraft, menschlicher oder göttlicher Natur, ist dazu nötig.

Während wir in unserer vorliegenden Arbeit zur Behandlung von Problemen mit organisierter Komplexität klärend fortschreiten, hängt immer noch die dritte Beschwerde unseres geduldigen Kritikers über uns. Er mag inzwischen zugegeben haben, daß heuristische Methoden von

Maschinen verwirklicht werden können, aber er muß immer noch das Gefühl haben, es könne nie genügend Beweismaterial aus dem tatsächlichen Verhalten gesammelt werden, um diese Theorien stichfest zu belegen. Dies ist ein schwerwiegender Einwand. Sollten wir wirklich so kompliziert sein und sollten so komplizierte Dinge nicht experimentell untersucht werden können, wäre auch wissenschaftliche Psychologie ein Ding der Unmöglichkeit. Sollte dieser Einwand wahr sein, wäre es unumgänglich, ihn zu beweisen.

Aber ist er wahr? Sicher, wenn »wissenschaftlich« heißt: alle sprachlichen Äußerungen einer Versuchsperson außer acht zu lassen. Dann ist es nämlich unmöglich, das menschliche Denken auf der Komplexitätsebene zu studieren, die notwendig ist, wenn man Computer programmieren will oder die Neurologie und Physiologie des Gehirns verstehen möchte. Sind aber solche spartanischen Einschränkungen nötig? Sie würden uns vielleicht vor langen heftigen Disputen über »unanschauliches Denken« bewahren, weil sie es unmöglich machen, überhaupt etwas über Gedanken auszusagen! Damit ist die Einigkeit aber zu teuer bezahlt!

Der wertvollste Ansatz scheint uns die Methode des »lauten Denkens«, die BINET, DUNCKER, CLAPAREDE (1934) und viele andere benützt haben. Im Gegensatz zu den üblichen, introspektiven oder retrospektiven Methoden, die von der Versuchsperson verlangen, daß sie ihre lebendige Erfahrung in bedeutungslose Bewußtseinsinhalte zerlegt — Empfindungen, Vorstellungsbilder und Gefühle —, verlangt das laute Denken bloß, eine Person solle während der Arbeit reden. Sie kommentiert, was sie tut, worauf sie achtet, wonach sie Ausschau hält, welche Absichten sie hat, welche Objekte und welche Beziehungen ihre Aufmerksamkeit erregen usw. Wie CLAPAREDE zeigt, hat diese Methode viele Mängel. Das Sprechen kann beispielsweise Denkprozesse verdecken oder verlangsamen. Das Redenmüssen kann bewirken, daß der Ablauf zusammenhängender und geordneter klingt, als er tatsächlich ist. Bei einigen Äußerungen ist der Zusammenhang nicht klar, und die Versuchsperson verstummt gerade dann, wenn der Versuchsleiter am allerdringlichsten wissen möchte, was sie tut. Intelligent und gewissenhaft angewandt, kann diese Methode jedoch sehr viel Information über den genauen Denkvorgang liefern. Die Schwierigkeit dabei liegt nicht so sehr im Sammeln von Material, sondern darin, zu wissen, was man damit anfangen soll.

Was die Versuchsperson etwa sagt, kann auf folgendes herauskommen: »Ich möchte *A* tun. Doch bevor ich die Handlung *A* ausführen kann, muß ich als Voraussetzung dafür die Handlung *B* ausführen.« Sie geht dann daran, *B* auszuführen, was so unvorhergesehene Folgen hat, daß die Person nie mehr zu *A* zurückkehrt. Trotzdem war ein wesentlicher Schritt im Gedankengang, der zu *B* führte, daß zuerst *A* in Betracht gezogen wurde. Wollen wir ein angemessenes heuristisches Modell entwickeln, das eine ähnliche Aufgabe so löst wie die Versuchsperson, dann muß zuerst *A*, dann *B* beachtet werden. Dieses Unternehmen wäre hoffnungslos, hätten wir nicht festgehalten, was die Versuchsperson außer dem, was sie tatsächlich tat, über ihre Gedankengänge aussagte. Es ist nämlich leichter, die ausgesprochenen Gedanken einer Person zu simulieren als nur die Entscheidungen, die in ihrem Verhalten erscheinen. Weil lautes Denken eine größere Zahl von Denkprozessen sichtbar werden lassen kann, hilft es mit, die Vielzahl der möglichen Verhaltensbeschreibungen auf einige wenige leidlich genaue zu beschränken.

NEWELL, SHAW und SIMON fanden, daß die Beschreibung, die die Versuchsperson von dem gibt, was sie tut, genau die nötigen Unterlagen enthält, die sie benötigen, um eine Theorie zu formulieren, nach der man ihr Verhalten voraussagen kann[3]. Sie bitten eine Versuchsperson, einen logischen Ausdruck nach einer Liste von bestimmten Transformationsregeln von einem anderen abzuleiten. Die Versuchsperson spricht über ihre Aufgabe, während sie sie löst. Vielleicht vergleicht sie die beiden Ausdrücke, die man ihr vorgelegt hat, und sagt, derjenige, mit dem sie beginnen solle, habe zu viele Aussagen links von der Hauptverknüpfung, deshalb müsse sie einige davon loswerden. (Eine Anwendung der »Planungsmethode«.) Sie betrachtet die Liste der Transformationsregeln, bis sie eine findet, die diese Aussagen eliminiert. Nun möchte sie diese anwenden. Darauf merkt sie, daß sie das nicht tun kann, denn der Ausdruck, den sie verwandeln möchte, enthält ein »und«, während die Regel, mit der sie arbeiten möchte, nur auf Ausdrücke mit »oder« anwendbar ist. Sie sagt: »Dann muß man die Verknüpfung ändern, damit man die Transformationsregel anwenden kann, die die linke Seite vereinfacht.« Sie sieht sich nach einer Transformation um, die die »und«-Ausdrücke in »oder«-Ausdrücke verwandelt und entscheidet dann, dies als ersten Schritt zu versuchen. Es gibt eine recht einfache Gruppe von heuristischen Methoden, die beschreiben, was diese Versuchsperson gerade tut (ihre Methode ist z. B., eher die Aussagen als deren Verknüpfungen zu beachten und die Transformationen entsprechend zu wählen). Jetzt kann man auch voraussagen, daß sie zuerst die vereinfachenden Transformationen für die linke Seite erwähnen und dann die Verknüpfungstransformation ausführen wird. Hält aber der Versuchsleiter nur fest, daß die Versuchsperson als erstes die Verknüpfungstransformation

[3] H. A. SIMON in einer Ansprache vor der *Psychological Association* in Atlantic City, April 1959.

wählt und durchführt, dann ist es unmöglich, ihre Strategie zu erschließen.

Man ist versucht zu behaupten, eine gute Theorie sage das sprachliche Verhalten der Versuchsperson voraus. De facto ist niemand bisher am sprachlichen Verhalten als Verhalten interessiert, sondern lediglich an der Bedeutung dessen, was gesagt wird. Die Versuchsperson kann sagen: »Ich will als nächstes Nr. 8 benützen!«, oder: »Ich versuche das noch einmal!«, oder irgendeinen anderen gleichwertigen Satz. Auf diese Unterschiede im sprachlichen Verhalten achten wir nicht, wenn wir die Richtigkeit der Theorie prüfen. Offensichtlich interessieren wir uns für den Plan der Versuchsperson und nicht für ihre einzelnen Handlungen. Sagt der Psychologe, seine Versuchsperson sei in Experimenten diesem oder jenem Plan gefolgt oder habe einzelne Pläne zur Lösung des Problems aufgrund eines bestimmten Metaplans hervorgebracht, so ist klar, daß es sich dabei um eine hypothetische Aussage handelt. Der Plan oder der Metaplan gibt die Theorie des Psychologen über die Gesamtheit des beobachteten Verhaltens wieder. Offenbar können wir nie wissen, ob wir *die* Theorie für irgendeinen Bereich der Forschung haben oder nicht. Immer gibt es mehrere verschiedene Pläne, die die Versuchsperson dazu geführt haben könnten, sich so und nicht anders zu verhalten. Im besten Fall können wir hoffen, den einfachsten zu finden, der allen Fakten gerecht wird. Da diese Unsicherheit aber eine jede Verhaltensanalyse kennzeichnet, sollte man sie wenigstens soweit wie möglich vermindern. Dies ist von größter Wichtigkeit, denn in diesem Bemühen liegt der große Vorteil des mündlichen Berichts der Versuchsperson: Trotz all ihrer notorischen Mängel ist die Sprache immer noch das am wenigsten zweideutige Kommunikationsmittel zwischen Menschen.

14

Einige neurophysiologische Spekulationen

»Ein Loch ist zum Graben.« Kinder belustigen uns mit ihren operationalen Definitionen. »Ein Messer ist zum Schneiden.« »Ein Buch ist zum Lesen.« »Milch ist zum Trinken.« Jedes Ding wird durch die konkrete Handlung definiert, die normalerweise mit ihm ausgeführt wird. Das Kind lernt, was man mit Dingen tut. Oder — um es in der Sprache dieses Buches auszudrücken —, das Kind baut TOTE-Einheiten auf, indem es ein wahrnehmungsmäßiges Bild, das in der Prüfphase gebraucht wird, mit einem Handlungsmuster, welches in der Handlungsphase gebraucht wird, verbindet. Es muß eine gewaltige Zahl solcher TOTE-Einheiten lernen. Vielleicht hilft ihm dabei — wenigstens am Anfang — unsere Sprache, in welcher in fast jedem Satz ein Subjekt mit einem Prädikat verbunden ist. Dem Kind genügt nicht, wenn es einem Gegenstand einen Namen geben oder wenn es ihn von anderen Objekten unterscheiden kann. Es muß, wenn die Prüfphase ergibt, daß der Gegenstand zur Verfügung steht, wissen, welche Handlungen vorgenommen werden können. Nicht nur Kinder jedoch bringen Definitionen der oben erwähnten Art hervor. KURT GOLDSTEIN (1941) hat die Tatsache, daß Menschen nach ganz bestimmten Gehirnverletzungen anfangen, Gegenstände in dieser Weise zu definieren, bekanntgemacht. Dem unglücklichen Patienten wird ein Messer oder das Bild eines Messers gezeigt. Er kann ihn nicht benennen. Gibt man ihm aber den Gegenstand, so weiß er, wie man ihn braucht. Vielleicht bringt er das zum Ausdruck, indem er gestikulierend vormacht, wie man den Gegenstand benützt. Vielleicht sagt er sogar: »Das ist zum Schneiden«, genau wie ein Kind. Nach GOLDSTEINS Interpretation weist dieses Verhalten auf eine Schädigung der »abstrakten Haltung« hin. Die Gehirnverletzung zwingt den Patienten, auf eine einfachere, konkretere Art mit seiner Welt umzugehen. GOLDSTEINS berühmte theoretische Analyse der abstrakt-konkreten Dimension des geistigen Lebens ist jedoch nur eine Art, wie die Symptome, die er bei seinen Patienten beschreibt, zu verstehen sind. Nach einer anderen Theorie, die mit den Vorschlägen, die in diesem Buch gemacht wurden, besser übereinstimmt, muß angenommen werden, daß das Gehirn so verletzt werden kann, daß der Vorgang, gespeichertes Wissen wieder ins Gedächtnis zu rufen, gestört ist, daß aber andere Pläne, die normalerweise vom *Objekt* ausgelöst werden, intakt bleiben. Der Patient mag die Fähigkeit verloren haben, die Pläne auszuführen, die er zum Benennen von Objekten braucht, er kann aber die Fähigkeit, alle anderen Pläne auszuführen, behalten haben. Oder der Patient kann die Fähigkeit verloren haben, einen Plan durch innere sprachliche Prozesse wieder hervorzurufen und ist daher vollständig von externen Gedächtnishilfen abhängig.

Auf jeden Fall haben wir guten Grund anzunehmen, daß an dem uralten Glauben, das Gehirn habe etwas mit dem Verstand zu tun, etwas Wahres ist. Oder um weniger dualistische Ausdrücke zu gebrauchen: Wenn sich Verhaltensphänomene in der Kontaktzone dieser beiden ausgestalten, muß die Analyse der geistigen Funktionen eine irgendwie geartete Entsprechung im Aufbau des Gehirns finden. Wohl werden psychologische Probleme nicht durch Messungen am Gehirn gelöst. Bescheidenere Ziele könnten aber doch erreicht werden. Eine psychologische Analyse, die sich gegenüber neurologischen Befunden behaupten kann, ist sicher besser als eine, die das nicht kann. Offensichtlich liegt der Haken im Ausdruck »sich behaupten«, da viele Vorurteile bei seiner Definition mit im Spiele sein können. Jedenfalls kann man beobachten, daß immer dann, wenn in der Psychologie eine neue Idee auftaucht, sie auch entsprechende Einsichten in der Neurophysiologie nach sich zieht, und umgekehrt. Das gegenseitige Schielen aufeinander ist nicht nur ein uralter und ehrwürdiger Brauch, es ist dazu noch vergnüglich und gelegentlich sogar nützlich.

Die Autoren dieses Buches beschlossen, dieser Tradition treu zu bleiben und durch ihre theoretischen Brillen auch das Nervensystem zu betrachten. Tatsächlich war in unseren Diskussionen das Gehirn nie allzuweit vom Zentrum unserer Gespräche. Unzählige verschiedenartige Interpretationen der vorhandenen neuropsychologischen Befunde wurden aufgestellt und wieder verworfen. In der Hoffnung, den Leser mit dem »Geschmack« der verschiedenen Argumente bekannt zu machen, berichtet dieses Kapitel über einige der Ideen, die wir ins Auge gefaßt haben. Wir sind jedoch eher skeptisch, ob wir den allein gültigen Weg gefunden haben[1].

---

[1] Schon aus folgendem Grund hatten wir große Mühe, uns einig zu werden, wie das Gehirn arbeitet: Zwei von uns hielten es mit der trockenen *»hardware«* und versuchten hartnäckig, in Begriffen des modernen Digitalcomputers über das Gehirn zu sprechen, während der Dritte, der es mit der feuchten *»software«* im Innern des Schädels hielt, es auf seine Art versuchte. Nach zehn Jahren Erfahrung mit Kybernetik sollte man meinen, die Übersetzung aus einer dieser Sprachen in die andere sei eine einfache Sache. Weit gefehlt. Das Seilziehen zwischen den Autoren, die in »Computern« und »Gehirnen« dachten, dauerte fort und fort, bis die Verzweiflung unerträglich wurde.

Unsere Argumente kreisten um eine dreifache Analogie: Die Beziehung zwischen einem Plan und dem Verstand ist analog der Beziehung eines Programms zum Computer. Und beide sind analog zu der Beziehung von X zum Gehirn. Frage: Was ist X?

Der Computer ist das System, das wir von den dreien am besten kennen. Wenn ein großer, moderner Vielzweckcomputer am Morgen eingeschaltet wird, wenn er friedlich dasitzt und sich aufwärmen läßt, behaglich in seinen Magnettrommeln schnurrt und seine Multifibratoren kratzt, fehlt doch noch etwas zu einer richtigen Datenverarbeitungsanlage: Erst wenn er Instruktionen erhalten hat, beginnt er wie ein richtiger Computer zu handeln. Je nachdem, was für Instruktionen man ihm gibt, wird er dann gleich wie irgendeiner der ungezählten Computertypen, die ihre speziellen Instruktionen fest und unveränderlich eingebaut haben, arbeiten. Aber ohne Instruktionen und ohne Programm wird der Computer keine Information verarbeiten. Die faszinierendsten Daten mögen in seinem Gedächtnis aufbewahrt sein oder von außen eingegeben werden, ohne Programm kann nichts geschehen: Ein Computer braucht ein Programm.

Wenn nun jemand meint, daß Menschen eigentlich Computern gleichen — und das hört man fast jeden Tag —, müßten logischerweise auch sie Programme haben, wenn der Vergleich stimmen soll. Gleicht ein Mensch einem Computer, dann muß er von irgendwoher einen Satz Instruktionen zur Verfügung haben, die er auszuführen versucht. Das heißt, er braucht einen Plan. Wenn man die Analogie zwischen Mensch und Computer ernst nimmt, fühlt man sich buchstäblich dazu gedrängt, Quellen der Instruktion zu suchen, die das menschliche Verhalten bestimmen. Die vorangegangenen Seiten versuchen, das Ergebnis dieses Suchens in psychologischen Begriffen zu beschreiben. Wir werden nun auf den nächsten Seiten sehen, welche Ergebnisse die gleiche Haltung in der Neurologie zeitigen könnte.

Wie sieht — nur in allergröbste Begriffe gefaßt — das Muster aus, das dem Gehirn vom Computer übertragen werden muß? Es gibt viele Arten, elektronische Computer zu bauen, aber bei den meisten scheint ein *Gedächtnis* — worin das Programm, die Daten, die Zwischenresultate und die Schlußantwort gespeichert werden — ein wesentlicher Bestandteil zu sein samt der dazugehörigen Einrichtung, mit der Informationen hineingegeben oder zurückgerufen werden können. Als zweites gehört eine *Verarbeitungseinheit* dazu, in der die gewünschten Operationen wie Vergleiche, Additionen, Multiplikationen, Verlagerungen usw. ausgeführt werden. Der Computer beginnt damit, die erste Instruktion des Programms aufzunehmen und sie vom Speicher in die Verarbeitungseinheit zu überführen. Je nachdem, welche Instruktion gerade in der Verarbeitungseinheit ist, wird die Tätigkeit der Maschine gesteuert. Sie führt die Instruktion aus und geht zur nächsten über usw. — alles mit unfaßbarer Geschwindigkeit und blinder Gleichförmigkeit, bis eine Instruktion den Stop-Befehl ausgibt. Von einer gerade in der Verarbeitungseinheit befindlichen Instruktion kann gesagt werden, der Computer »befasse« sich im Augenblick mit ihr. Wir beachten hier, daß das Zentrum der Aufmerksamkeit ein bestimmter Ort ist und daß Symbole aus dem Gedächtnis dorthin und von dort wieder zurück ins Gedächtnis gebracht werden. Das Zentrum der Aufmerksamkeit wandert nicht selbst im Gedächtnis herum, wie etwa ein Lichtstrahl einen verdunkelten Raum absucht. Natürlich muß nicht jeder Computer nach diesem Schema gebaut sein, aber so ist er uns nun einmal vertraut, und wir wissen, daß er so funktioniert[2].

Ist es möglich, Teile des Gehirns — wenn auch nur in groben Zügen — so weit zu lokalisieren, daß man sagen kann, sie entsprechen den beschriebenen Teilen des Computers? Wenn wir das Gehirn auf einen bestimmten Teil hin untersuchen, der der Ort des Bewußtseins sein könnte oder der Brennpunkt der Aufmerksamkeit oder irgend etwas, das der Verarbeitungseinheit eines Computers entspricht, so nehmen wir eine naive und unmögliche Vereinfachung vor. Aber auch die andere Vorstellung, daß nämlich der Brennpunkt der Aktivität sich im Gehirn umherbewege und das Bewußtsein von Ort zu Ort trage, sieht hinsichtlich der bisherigen Befunde ebenso aus der Luft gegriffen aus wie die andere Vorstellung. Auch wenn wir nicht in Betracht ziehen, was das Bewußtsein überhaupt sein könnte, fordert uns die Computeranalogie auf, nach einem bestimmten Ort zu suchen, der zum Aufbewahren von Programmen und Daten, d. h. als Gedächtnis dient. Die Analogie fordert uns auch auf, nach einem anderen Gehirnteil Ausschau zu halten, wohin

[2] Wir haben nur die Möglichkeit betrachtet, daß das Nervensystem eine einzige Operation auf einmal ausführt. Es wäre aber auch denkbar, daß verschiedene Teile des Gehirns gleichzeitig Berechnungen ausführen. O. Selfridge sprach 1958 am London Symposium *»On Mechanization of Thought Processes«* (Symposium über die Mechanisierung von Denkprozessen) über: *»Pandemonium: a Paradigm for Learning«* (Das Pandämonium, ein Modell des Lernvorgangs). Dort beschrieb er eine hierarchische Organisation von parallel geschalteten Computern, die lernen konnten, *Vorlagen* zu erkennen. Er illustrierte deren Arbeitsweise mit einer Maschine, die geschriebene Morsezeichen erkennen lernen könnte. Neisser (1959) ging einigen der Vorteile nach, die das Pandämonium als ein Modell für menschliches Erkennen im allgemeinen bietet.

die Instruktionen transferiert werden können, wenn die Zeit zu ihrer Ausführung gekommen ist.

Monatelang haben wir über diese Fragen diskutiert. Wir waren dann fast (aber nicht ganz) überzeugt, daß man die Namen verschiedener Gehirnteile auf Zettelchen schreiben und sie durcheinanderwerfen könnte, um dann zwei zufällige zu ziehen, und nach Gutdünken den einen oder anderen als Gedächtnis oder als Verarbeitungsteil zu erklären. Jeder wäre anschließend imstande, irgendwelche Befunde als Beweis für seine Version zu interpretieren. Nach einer bestimmten Meinung liegt z. B. die Gedächtniseinheit im Kortex des Großhirns, die Verarbeitungseinheit in den limbischen Zonen, und das Kleinhirn ist ein »Digital-zu-analog-Umwandler« im *Output*-System. Die primären Projektionsbereiche könnten die kurzfristigen Aufbewahrungsorte für Bilder sein, die durch Programme bearbeitet würden, die ihrerseits in den benachbarten Assoziationsbereichen gespeichert sind. Und so ginge es weiter. Es ist zu schön, mit anzusehen, wie solche Analogien aufblühen, wenn sie nur ein bißchen affektive Zuneigung bekommen.

Schließlich spürt aber doch sogar der zuversichtlichste Theoretiker, daß Beweise nötig sind. Was hat der Neurologe zu diesem Punkt beizutragen? Welche Struktur kann im Aufbau des Gehirns wahrgenommen werden, wenn wir uns, wie wir noch einmal betonen, aufs gröbste und allgemeinste beschränken?

Cäsar beschrieb Gallien seinerzeit in drei Teilen. Wenn wir das Gehirn ähnlich aufteilen, so schlägt sich darin die Überzeugung nieder, daß zwei Dinge, die nahe beieinanderliegen, vermutlich auch zusammenarbeiten. Das Vorderhirn kann man in vier Teile aufteilen: Wir haben einmal einen inneren Kern und einen äußeren Lappen; bei beiden können wiederum zwei Teile unterschieden werden. Der innere Kern besteht aus den limbischen Systemen und einem vorderen »Assoziationsbereich«. Die äußeren Teile bestehen aus Projektionssystemen für die verschiedenen Empfindungsmodalitäten und einem hinteren »Assoziationsbereich« [3].

Diese Aufteilungen beruhen auf neuroanatomischen Befunden. Sie sind überdies ein Hinweis auf verhältnismäßig feststehende Unterschiede in den psychologischen Funktionen, denen sie dienen. In bezug auf die Hauptunterteilung zwischen innerem und äußerem Teil schreibt Pribram folgendes:

[3] Diese Aufteilungen sind aufgrund von Pribram (1958, Kapitel 7, Seite 140 bis 164) vorgenommen worden.

Man nimmt an, daß der innere Teil in erster Linie mit Veränderungen der Erregbarkeit des zentralen Nervensystems in Beziehung steht. Der äußere Bereich dient dazu, Signalmuster zu verbreiten. Der innere Teil beschäftigt sich vorwiegend mit Mechanismen, die die Ausführung von Verhaltenssequenzen ermöglichen, während der äußere Bereich mit der Informationsverarbeitung zusammenhängt, die zu spezifischen Verhaltensweisen nötig ist (Seite 143).

Der Leser, der uns durch die verschiedenen Kapitel hindurch bis hierher gefolgt ist, muß bei dieser Aufteilung des Gehirns in einen inneren Kern, der Handlungssequenzen bearbeitet, und einen äußeren Teil, der Unterscheidungen beurteilt, interessiert aufhorchen. Wenn man auf diese Weise zwischen einem Plan und einem Bild unterscheidet, kann man dem Schluß fast nicht ausweichen, man sollte den inneren Teil als den Teil des Gehirns identifizieren, der sich mit dem Planen beschäftigt (d. h. mit »Handlungssequenzen«), und den äußeren als denjenigen, der mit unserem gut aufgebauten Tatsachen- und Wertesystem (d. h. »Diskrimination« = Unterscheidung) zu tun hat. Damit kommen wir etwa zu der folgenden Zuordnung: Der innere Kern ist eine Stelle, die die Ausführung von Plänen besorgt. Die limbischen Teile des inneren Kerns, zusammen mit den dazugehörigen subkortikalen Zentren, könnten eine ähnliche Funktion haben wie die Verarbeitungseinheit im Computer. Den vorderen Gehirnlappen, der der »Assoziationsbereich« im System des inneren Kerns ist, könnte man schließlich als »Arbeitsgedächtnis« bezeichnen, wo verschiedene Pläne vorübergehend aufbewahrt (oder vielleicht erneuert) werden können, bis sie zur Ausführung gelangen.
Dieses Schema hat natürlich seine Probleme. Eine Schwierigkeit ist die Bereitstellung von verschiedenen motivierten Handlungsabläufen. Da wir die Werte als Teile des Bildes angenommen haben, müßte man folgerichtig erwarten, daß Bewertungen eigentlich vom äußeren Teil des Vorderhirns vermittelt werden müssen. Leider muß aber aufgrund neuester Forschungen an den limbischen Bereichen — das ist der Teil des inneren Kerns, der vermutlich die Ausführung des Planes bestimmt — angenommen werden, daß diese sehr viel mit motivierten Vorgängen zu tun haben. So schien es, als stünden wir vor einem Dilemma, und wir mußten sorgfältigste Analysen aller Befunde über das Verhalten vornehmen. Da dies sehr wichtig ist, wollen wir unverzüglich darauf eingehen.
Eine der hervorragendsten Leistungen der Neurophysiologie in den fünfziger Jahren war die Analyse der Funktionen der limbischen Systeme im Vorderhirn. Diese liegen tief im Zentrum des Gehirns, und weil man auf chirurgischem Wege schwer an diese Stellen herankommt, wurden sie bis vor kurzem vernachlässigt. Es ist auch jetzt trotz intensiver

Forschungsarbeit noch nicht möglich, genau zu spezifizieren, welchen Funktionen im normalen Verhalten diese vorgefundenen Strukturen dienen. Was es so schwierig macht, ist die Tatsache, daß die verschiedenartigsten, scheinbar unzusammenhängenden Auswirkungen auf das Verhalten zustande kommen, wenn man diese Regionen elektrisch reizt oder chirurgisch zerstört. In den zahlreichen Versuchen, das beobachtete Verhalten zu erklären, herrschen zwei verschiedene Gesichtspunkte vor: 1. Die limbischen Systeme enthalten die Substrate, die mit motiviertem und emotionellem Verhalten zu tun haben, wobei man Motivation und Emotion hier als primitive, instinktive »viszerale« Reaktionen versteht (vgl. MacLean, 1958). 2. Die limbischen Systeme sind in erster Linie mit einer Art »Gedächtnis« gefüllt (vgl. Miller, 1958). Beide dieser Deutungen können sich natürlich auf klinische und experimentelle Beobachtungen stützen.

Was für Beweise haben wir für die erste Ansicht, daß nämlich die limbischen Systeme mit primitiven motiviert-emotionalen Vorgängen zu tun haben? Einmal kann man feststellen, daß im zentralen Kern des Nervensystems homöostatische Mechanismen in reichem Maße vorkommen und daß sie besonders um den dritten und vierten Ventrikel des rostralen Endes der Neuraxis herum lokalisiert sind. Nehmen wir z. B. den Durst-Mechanismus. Man hat Ziegen dazu gebracht, große Mengen von Wasser zu trinken, indem man ihnen einige Tropfen konzentrierter Kochsalzlösung in den dritten Ventrikel einspritzte. Die Osmorezeptoren in diesem Bereich des Gehirns werden aktiviert, und die Ziegen trinken immer weiter, bis das Gleichgewicht wiederhergestellt ist, d. h. sie trinken so lange, bis genügend Wasser aus den Eingeweiden durch das vaskulare System absorbiert worden und in die zerebrospinale Flüssigkeit vorgedrungen ist, um deren Salzgehalt zu normalisieren. Das sind die »motivierten« Prozesse, die man im inneren Kern vorfindet. Sollten die Verfasser nun in Verlegenheit kommen und ihre Meinung, nach der sie die dynamischen Faktoren dem Bild zuweisen, aufgrund dieses Nachweises ändern? Ganz bestimmt nicht. Der Durst-Homöostat ist ein Plan. Eine verhältnismäßig einfache angeborene TOTE-Einheit.

Wie andernorts auch, wickeln sich die TOTE-Phasen, wenn sie einmal angelaufen sind, immer weiter ab, bis die Inkongruenz, die sie in Gang brachte, aufgehoben ist. Der Organismus wird immer weiter in dem Sinne handeln, daß die TOTE-Sequenz zu einem Abschluß kommt, d. h. er hat eine »Absicht«. Wenn wir sagen, das Tier beabsichtige, seinen Durst zu löschen, scheint dies viel zutreffender, als wenn wir sagen, daß es das Wasser wertschätze. Hier ist der Unterschied, den wir in Kapitel 4 zwischen Werten und Absichten gemacht haben, entscheidend. Es wäre allzu überraschend, würde man entdecken, eine Verletzung im zentralen Kern des Gehirns bewirke, daß ein Mensch plötzlich seine Vorliebe für Rembrandt zugunsten von Picasso aufgäbe oder den Kapitalismus gegen den Kommunismus vertauschte. Die bewertenden Faktoren, die mitspielen, wenn wir, wie in solchen Fällen, zu wählen haben, müssen irgendwie durch die äußeren Teile des Vorderhirns vermittelt werden.

Beim normalen Tier — also einem, das keine konzentrierte Salzlösung im dritten Ventrikel hat — wird die Zahl der Wasserschlücke durch die Wassermenge bestimmt, die der Körper gerade braucht. Das Tier hört auf, lange bevor das Wasser Zeit hatte, die zerebrospinale Flüssigkeit zu verdünnen. Was bringt die Aktivität der TOTE-Einheit für Trinken in diesem Fall zum Abschluß? Vermutlich wird die Anzahl der Schlücke registriert — wir sagen nicht gern »gezählt«, da man dies mißverstehen könnte, als ob das Tier beim Trinken unhörbar zählen würde — und mit einer vorgegebenen Anzahl, die vom Wassergleichgewicht des Körpers abhängt, verglichen. Nach jedem Schluck wird die getrunkene Wassermenge mit der zu trinkenden verglichen, und wenn diese beiden Mengen übereinstimmen, ist die TOTE-Einheit abgeschlossen. Wie die Menge vorherbestimmt werden kann, ist nicht ganz klar, doch hängt das vermutlich mit früheren Erfahrungen zusammen. Wir können uns etwa folgende Information: »So viele Schlücke werden benötigt, daß sie dem vorausgegangenen Wasserentzug entsprechen«, als formierenden Anteil am Bild denken. Dieses wiederum ist eine gespeicherte Einheit, auf die zurückgegriffen werden kann und die aktiviert sein muß, bevor die TOTE-Einheit für Trinken zur Ausführung freigegeben werden kann. Die Entdeckung, daß Verletzungen im limbischen System des Zentralgehirns die Ausführung von solchem Verhalten unterbrechen, macht uns Verfasser also nicht unsicher.

Eine Illustration durch einen konkreten Fall kann uns den Unterschied zwischen dem automatischen Ablauf einer TOTE-Einheit, die vitale Funktionen betrifft, und der Bewertung dieser gleichen Funktionen durch das Bild aufzeigen. Beidseitige operative Entfernung gewisser Teile des limbischen Systems bewirken als charakteristische Folge übermäßiges Essen und Fettleibigkeit. Eine Patientin, die über hundert Pfund zugenommen hatte, wurde zur Mittagszeit untersucht. Hatte sie Hunger? Sie verneinte. Ob sie gerne ein saftiges, teures Steak möchte? »Nein.« Ob sie gerne eine Schokoladetorte äße? Diesmal antwortete sie: »Hm — hm.« Doch als man ihr daraufhin nichts offerierte, beschäftigte sie dies nicht weiter. Einige Minuten nach der Untersuchung ging die Tür zum Speisesaal auf, und sie sah die anderen Patienten schon an den langen Tischen beim Mittagessen sitzen und essen. Sie rannte zum Tisch, stieß andere zur Seite und begann mit beiden Händen Speisen in den Mund zu stopfen. Sie wurde sofort ins Untersuchungszimmer zurückgebracht, und dieselben Fragen über die Speisen wurden wiederholt. Man erhielt die gleichen negativen Antworten, auch als ihr der Kontrast zu ihrem Verhalten am Tisch ausdrücklich vor Augen geführt worden war. Der Gehirnschaden hatte irgendwie die normale Beziehung zwischen der Bewertung eines Objektes und der Ausführung eines Planes, um es zu erhalten — zwischen Bild und Plan also —, auseinandergerissen. Diese Tatsache nehmen wir als weiteren Beweis für die klare Trennung zwischen Wert und Absicht, den beiden Aspekten allen motivierten Verhaltens. Wir werden in Kürze darauf zurückkommen, warum diese Verletzung eine solche Wirkung haben konnte.

Welche Untersuchungen stützen die zweite Ansicht, daß die limbischen Systeme am Gedächtnis beteiligt sind? Eine schwere Schädigung im limbischen System des Menschen (schwerer als die beim obigen Patienten beschriebene) kann eine ganz eigenartige Form von Gedächtnisverlust zur Folge haben. Patienten mit Schäden in diesem Gebiet des inneren Vorderhirns können eine Zahlenreihe, die sie soeben zum erstenmal gehört haben, richtig wiederholen. Diesen Test für das unmittelbare Erinnerungsvermögen bestehen sie praktisch gleich gut wie vor der Verletzung. Ebenso ist ihre Erinnerung an Ereignisse vor dem chirurgischen Eingriff anscheinend normal. Wenn sie aber abgelenkt werden, können sie eine Folge von Befehlen nicht mehr ausführen. Wird der Versuchsleiter für zehn oder fünfzehn Minuten mitten aus der Durchführung irgendeines Tests herausgerufen, so kann der Patient nach dessen Rückkehr nicht mehr dort fortfahren, wo er aufgehört hat. Er erinnert sich nicht mehr daran, wo er in der Aufgabe verblieben ist. Ja, noch schlimmer, er erinnert sich nicht einmal mehr daran, daß er an irgendeiner Aufgabe war oder daß er den Versuchsleiter überhaupt je vorher gesehen hat. Wir können einen solchen Patienten zum Einkaufen in ein Lebensmittelgeschäft senden. Er wird all die Dinge, die auf der Liste stehen, einkaufen, ohne häufiger darauf zu blicken als ein Kunde mit gesundem Gehirn. Hat er aber den Einkauf beendet, so erinnert er sich nicht daran, was er mit seiner Ware anfangen soll, und er ist absolut unfähig, den Heimweg zu finden. Gibt man ihm jetzt nicht neue Instruktionen, so wird er ziellos herumwandern, bis irgend etwas in der Umgebung eine gewohnheitsmäßige Reaktion auslöst, wie z. B. die, bei Rotlicht zu warten, bis es auf Grün gewechselt hat, bevor er über eine Straße geht. Sein Verhalten ist nicht in einen Plan gefaßt, sondern seine Handlungen werden so zufällig aneinandergereiht, wie sie durch die Umwelt ausgelöst werden.

Oberflächlich betrachtet, sieht man nicht ein, was dieser merkwürdige Gedächtnisausfall mit dem oben erwähnten gestörten Hunger- und Durst-Mechanismus gemeinsam hat. Doch veranschaulicht das Verhalten dieses Patienten sehr gut, was geschehen würde, wenn Menschen unfähig wären, Pläne für das Erinnern zu formulieren (siehe Kapitel 10). Gibt man dem Patienten einen Plan von außen auf einem Blatt Papier, kann er ihn ganz gut ausführen.

Vergleichende Forschungen über Neurologie und Verhalten bei Tieren stützen die Ansicht, daß die limbischen Systeme im Kern der Großhirnrinde eine wesentliche Rolle bei der Ausführung von Plänen spielen. Abtragung oder Stimulation von verschiedenen Geweben innerhalb dieses Systems beeinflussen Freßgewohnheiten, Fluchtverhalten, Kampfarten, Paarung und Brutpflege. Es werden zwei verschiedene Arten von Wirkungen erzielt, je nachdem, welche der Hauptabteilungen des limbischen Systems durch das Experiment verändert wird.

Die erste Art von Wirkung haben wir schon bei der Patientin mit den Eßproblemen kennengelernt. Es scheint, daß eine Art Ausfall der Testphase der TOTE-Einheit eine Rolle spielt. Entweder zeigt der Test nicht an, daß die Handlungsphase in Gang kommen oder aber abgeschlossen werden sollte. Wird die Verletzung an einer bestimmten Stelle erzeugt, so kann das Tier buchstäblich neben seiner Futterstelle verhungern. Wenn der Schnitt nur ganz wenig verschoben wird, wird es unaufhörlich fressen, als ob es nie mehr aufhören könnte. Interessanterweise werden Vorlieben für bestimmte Speisen nicht verändert. Affen ziehen immer noch Erdnüsse der normalen Laboratoriumskost vor und diese wiederum dem Kot.

Reicht man einem normalen Pavian zum erstenmal ein brennendes Streichholz, so wird er es fassen, in den Mund stecken und dabei vielleicht seine Schnauzhaare anbrennen. Dann taucht er seine Schnauze in einen Wassertrog. Offeriert man ihm ein weiteres brennendes Streichholz, kann er danach möglicherweise noch die Hand ausstrecken, aber er wird innehalten, ehe er es ergriffen hat; oder wenn er es nimmt, wird er es in den Trog oder aus dem Käfig werfen. Wurde bei ihm eine Abtragung des Amygdaloidkomplexes ausgeführt — also an einer der Hauptabteilungen des limbischen Systems —, dann verhält er sich ganz anders. Reckt er seine Hand nach dem ersten Streichholz aus, wird er auch jedes weitere ergreifen, und jedesmal den ganzen Handlungsablauf vollziehen. Er wird das Streichholz in den Mund stecken, seine Schnauzhaare anbrennen und dann die Schnauze in den Wassertrog stecken. Die Testphase der TOTE-Einheit, die die Einzelhandlungen für orales Explorieren auslöst, kann durch die Erfahrung nicht angepaßt werden.

Ähnliches ist bei der sexuellen Aktivität zu beobachten. Ist sie einmal ausgelöst, sind die operierten Tiere auch unter Bedingungen sexuell aktiv, unter welchen normale Tiere kein solches Verhalten zeigen würden (Green et al., 1957). Auch die Wirkung solcher Schädigungen auf das Fluchtverhalten ist verständlich. Die Tiere bringen nur mit großer Schwierigkeit eine konditionierte Vermeidungsreaktion zustande: Anscheinbar können sie den bedingten Reiz nicht als Teil der Testphase im Vermeidungsverhalten einbauen. Und wenn konditioniertes Vermeiden einmal gelernt ist, kann es sehr leicht wieder gelöscht werden. Vielleicht kann das Tier andere TOTE-Einheiten, mit deren Ausführung es gerade beschäftigt ist, nicht rechtzeitig genug abschließen, um eine konditionierte Reaktion aufzubauen (Weiskrantz, 1956).

Eine Wirkung der Schädigungen in diesem Teil des limbischen Systems kann deshalb so gesehen werden, als ob bei verschiedenen TOTE-Einheiten die Prüfphase abgetrennt würde. Bei schon aufgebauten TOTE-Einheiten kann der Prüfvorgang »fixiert« werden, so daß die Prüfung immer gleichbleibend positiv oder negativ ausfällt. Auch die Erfahrung befähigt das operierte Tier nicht, neue Prüfmethoden zu lernen, um die vorhandenen zu ersetzen. Interessanten weiteren Aufschluß für diese Unfähigkeit, neue Prüfphasen in eine TOTE-Einheit einzubauen, erhalten wir aus den elektrophysiologischen Forschungsarbeiten über das kortikale Konditionieren. Die elektrischen Ströme, die im visuellen Kortex unter normalen Umständen nur durch visuelle Stimulation hervorgerufen werden, können durch auditiv-visuell gekoppelte Darbietungen umkonditioniert werden, so daß sie auch auftreten, wenn nur auditive Reize eingegeben werden. Nur eine einzige selektive Abtragung kann diesen Konditionierungsprozeß verhindern, nämlich die von uns erwähnte an den limbischen Geweben (Morell et al., 1956).

Die Störung der Prüfphase von verschiedenen TOTE-Einheiten ist nur eines von zwei möglichen Symptomen, die durch Verletzungen des limbischen Systems hervorgerufen werden. Eine zweite Symptomart ist eine Störung der hierarchischen Beziehungen zwischen TOTE-Einheiten. Um einen einigermaßen komplexen Plan überhaupt ausführen zu können, muß man immer wissen, an welchem Punkt im Plan man gerade steht. Was geschieht, wenn die hierarchische Struktur von TOTE-Einheiten auseinandergefallen ist, kann am Verhalten einer Rattenmutter mit limbischen Schädigungen am besten veranschaulicht werden. Wird eine normale Mutterratte in die Situation gebracht, daß alle ihre Jungen im Käfig herum verstreut liegen, so wird sie ein Rattenkind packen und zum Nest tragen, zurückkehren, das nächste packen und ins Nest tragen usw., bis alle Jungen wieder sicher zusammengebracht sind. Dieses Verhalten bleibt aus, wenn an der Mutter durch eine chirurgische Operation der Cortex cingulatus — ein anderer Hauptteil des limbischen Systems — entfernt wurde. Die operierte Mutter wird ein Kind packen, es halb zum Nest tragen, es aber fallen lassen, sobald sie ein anderes sieht, welches sie vielleicht ganz zum Nest trägt, nur um es bei folgenden Gängen wieder daraus wegzubringen. Nach einer halben Stunde sind die Rattenkinder immer noch verstreut, und mit der Zeit gibt sie das Muttertier auf und überläßt sie dem Tod (Stamm, 1959). Eine ähnliche Verwirrung ergibt sich, wenn die operierten Tiere versuchen, Futter zu horten, eine Tätigkeit, die unter normalen Nagern häufig vorkommt, wenn sie hungrig sind.

Wir ahnen nun, wie hierarchische Beziehungen zwischen TOTE-Einheiten im Nervensystem entstehen können. Die Amygdala scheint für die Prüfphase von vielen angeborenen TOTE-Einheiten nötig zu sein. Unter normalen Bedingungen verändern sich die elektrischen Ströme, die vom Amygdaloidkomplex registriert werden, nur dann, wenn ein Tier erschreckt oder wenn — als Ergebnis einer Konditionierung — seine »Aufmerksamkeit« von einem Umweltereignis gefangengenommen wurde. Wenn jedoch der Hippocampus — eine andere Unterabteilung des limbischen Systems — durch Abtragung oder durch starke elektrische Stimulation außer Aktion gesetzt wird, verändern sich die elektrischen Ströme, die von der Amygdala registriert werden, immer auch dann, wenn das Tier irgendein beliebiges Ereignis in der Umwelt nur hört, sieht oder berührt. Man ist versucht zu spekulieren, der Hippocampus schütze normalerweise die Amygdala von allen hereinkommenden Informationen und lasse nur durch, was der TOTE-Einheit, die gerade abläuft, dient. Der Hippocampus könnte diese »Türhüter-Funktion« über das retikuläre System im inneren Kern des Hirnstammes ausführen. Dieses wiederum beeinflußt seinerseits bekanntermaßen die Rezeptoren, d. h. die afferenten Zugangswege zum zentralen Nervensystem und ebenso die Aktivitäten des ganzen äußeren Teils der Großhirnrinde. Der Hippocampus könnte also eng mit der Aufgabe verbunden sein, das Gehirn bei der Schritt für Schritt fortschreitenden Arbeit am Plan zu halten und zu verhindern, daß es durch jeden kleinen zufälligen Vorgang in der Umgebung unwillkürlich auf etwas anderes gelenkt wird (Brazier, 1959). Wenn dem so wäre, würde es sehr schön in unsere Konzeption vom Aufbau der Hierarchie der TOTE-Einheiten (innerhalb der Handlungsphasen ihrer Proto-TOTE-Einheiten) passen.

Die vorderen »Assoziationsbereiche«, die man manchmal als das »Organ der Zivilisation« bezeichnet, sind eng mit dem limbischen System verbunden, mit dem zusammen sie den inneren Kern der Großhirnrinde bilden. Dieser vorderste Teil des frontalen Gehirnlappens des Primaten scheint uns als eine Art »Arbeitsgedächtnis« zu dienen, worin Pläne vorübergehend untergebracht werden können, wenn sie aufgebaut, umgeformt oder ausgeführt werden. Diese Spekulation scheint mit der Tatsache übereinzustimmen, daß Tiere mit Schädigungen im vorderen Gehirnlappen Schwierigkeiten mit den Tests für verzögerte Reaktionen und Alternationen haben.

Beide Aufgaben verlangen vom Tier, einem im Innern aufgespeicherten Handlungsplan zu folgen. Der Nachweis aus dem Verhalten ist jedoch kompliziert, und es ist sehr wohl möglich, daß der vordere Gehirnlappen mehr der Umwandlung als der bloßen Speicherung von Plänen dient.

Die Wirkung von Abtragungen am vorderen Lappen (Lobotomie) beim Menschen ist erstaunlich gering. Sehr wenige der üblichen psychometrischen Tests zeigen überhaupt einen Ausfall an. Einer, der oft einen Ausfall zeigt, ist das Porteus-Labyrinth, dessen Ausführung eine gewisse Planung verlangt. Es sollte nicht schwierig sein, viele weitere Tests für die Planungsfähigkeit zu entwerfen und sie bei diesen Patienten anzuwenden. Klinische Beobachtungen an ihrem Verhalten ermutigen uns in der Erwartung, daß solche Tests wenigstens in einigen Fällen die Schwierigkeiten der Patienten erfolgreich diagnostizieren können. Ein solcher Patient kommt völlig durcheinander, wenn ein kleines Detail im Plan, den er gerade ausführt, schiefgeht. Ist er daran, ein Mittagessen zu kochen, und es taucht eine Störung auf, so wird er nur schwerlich fähig sein, die Teile des Planes wieder zu einem Ganzen zu vereinigen. Einzelne Teile des Planes werden vielleicht ganz ausgelassen — das Gemüse wird roh serviert —, oder das ganze Mittagessen wird verdorben. Auch wenn sich diese Spekulationen im Detail als falsch erweisen sollten, lohnt es sich, die Ansicht, daß die »Assoziationsbereiche« eng mit dem limbischen System verschränkt sind, zu verfolgen, wenn es um die Transformation und Ausführung von Plänen geht. Klinische und Laborforschungen, die sich eher damit befassen, *wie* sich ein Verhalten ändert, und weniger, *welches* Verhalten sich ändert, wenn Stirnhirnpartien geschädigt werden, haben noch kaum begonnen.

Betrachten wir die Beziehungen zwischen Gehirn und Verhalten in der hier vorgeschlagenen Art, so ergibt sich als ziemlich logische Folge: wir brauchen eine viel besser ausgearbeitete und präzisere Theorie, als sie bisher über die Pläne eines Organismus bestand, ehe wir voraussagen können, was eine bestimmte Schädigung einem Lebewesen anhaben kann. Übermäßig einfache Indikatoren wie etwa Stärke, Wiederholungsrate oder Latenz irgendeines isolierten Bewegungsmusters verführen uns nur dazu, die Vorgänge als einfacher anzusehen, als sie wirklich sind. Die Ethologen gehören zu den wenigen Verhaltensforschern, die willens waren, auf die Pläne, die hinter den Handlungen stecken, zu achten und sie als Flußdiagramme zu beschreiben, so wie sie ein Techniker braucht, um eine Maschine zu konstruieren, die die gleichen Funktionen ausführen kann. Erst wenn eine detaillierte Beschreibung dessen, was die Muskelbewegungen lenkt, gegeben ist, wird man vielleicht einige entscheidende Stellen im Gehirn finden, an denen man durch Läsion ein Verhalten unterbinden kann. Auf Entsprechungen zwischen Gehirngeweben und groben, ad hoc herausgegriffenen, statistisch erfaßbaren Indikatoren einer vage mit »Reaktion« umschriebenen Abstraktion zu hoffen, kann nur irreführen. Das Problem, genau anzugeben, was eigentlich ein »Reiz« für den Organismus ist, wurde seit langem als viel schwieriger erkannt, als es an der Oberfläche erscheint. Auch die Kapitel dieses Buches sollen klar zeigen, daß ein Mechanismus, der eine beliebige »Reaktionskette« hervorbringt, nicht so einfach sein kann, wie es zuerst scheinen möchte.

Einer der interessantesten Aspekte der Hirnfunktion ist deshalb der, wie Pläne zum erstenmal gebildet werden. Die vorliegende Abhandlung wurde auf die engere Aufgabe beschränkt zu beschreiben, wie Pläne ausgeführt werden müssen. Diese Spekulationen können vielleicht etwas Licht auf die Funktionen des limbischen Systems werfen. Aber die Autoren sind nicht sicher, wo und wie das Gehirn Pläne hervorbringt. Wird ein vertrauter Plan erinnert und nur ein bißchen abgeändert, um einer neuen Situation angepaßt zu werden, dann könnten wir darauf stoßen, daß seine Wahl irgendwie von den hinteren »Assoziationsbereichen« des externen Teils der Großhirnrinde abhängt. Die Auswahl eines Planes aus dem Gedächtnis ist eng verbunden mit dem Gebrauch des Bildes, und dieses Bild wird anscheinend seinerseits durch den externen Großhirnrindenteil vermittelt. Vielleicht ist die Entscheidung, einen bestimmten Plan auszuführen, dasselbe wie die Verschiebung der Steuerung von den hinteren zu den vorderen »Assoziationsbereichen«. Vielleicht.

Zu Papier gebracht, vermitteln diese Spekulationen über die Funktionen des zentralen Nervensystems einen Eindruck der Endgültigkeit und der Gesichertheit, die sie nicht hatten, solange sie nur gesprächsstoffweise geäußert wurden. Die Autoren wissen, wie trübe ihr eigenes Bild von diesem wunderbaren Organ ist und wie vereinfacht und willkürlich die Aussagen darüber erscheinen müssen. Aber noch viel unbefriedigendere Vorstellungen sind die eines Reflex-Telephonsystems mit einem rätselhaften Schaltpult — oder die Hemmungs- und Erregungswellen, die sich majestätisch über die Oberfläche des Gehirns ausbreiten — oder die von kleinen Homunkuli, die in der Zirbeldrüse von kleinen Homunkuli schalten und walten, in deren Zirbeldrüse wiederum kleine Homunkuli ... und so weiter *ad infinitum* — oder leeren »black boxes«, die Stimuli aufnehmen und Reaktionen aussenden. Auch wenn die vorliegenden Ideen vielleicht falsch sind, sind sie doch wahrscheinlich viel weniger falsch als die Metaphern, die viele Psychologen bisher benützt haben, und sie regen uns zu neuen Versuchen an, um die zu ihrer Überprüfung nötige Forschung zu betreiben. Dabei wird man Dinge entdecken, nach denen zu suchen man nie gedacht hätte.

Nachwort

Als sich im Verlauf unserer Gespräche unser Konzept des Plans immer klarer herausschälte, wurde uns bewußt, daß wir einen Gesichtspunkt entwickelt hatten, der weite Bereiche der Psychologie zu erhellen vermochte, und wir begannen uns zu fragen, wie wir unsere Position am besten umreißen könnten, damit sie sich deutlich von der traditionellen Psychologie unterscheide. Diese Frage schaffte uns einiges Kopfzerbrechen. Wir erkannten, daß wir nicht eigentlich Behavioristen sind, jedenfalls nicht im Sinne J. B. WATSONS. Und doch hatten wir uns in unseren Diskussionen auf den vorliegenden Seiten stets mehr mit dem beschäftigt, was die Menschen taten, als mit dem was sie wußten. Unser Hauptaugenmerk hatten wir auf Prozesse gerichtet, die unmittelbar hinter allem Handeln liegen, aber nicht eigentlich auf die Handlung selbst. Wir sind andererseits auch keine introspektiven Psychologen — jedenfalls nicht in der Art, wie WILHELM WUNDT den Begriff definierte —, achteten aber darauf, was uns Menschen über ihre Vorstellungen und Pläne berichteten.

Wie bezeichnet man nun eine Position wie die unsrige: gewissermaßen eine Mischung von als unvereinbar bezeichneten Elementen? Mitten in der Verlegenheit kam uns plötzlich der Gedanke, wir seien »subjektive Behavioristen«. Zuerst lachten wir über diesen Ausdruck, begannen uns dann aber ernsthaft zu fragen, ob dies denn nicht genau die Position sei, in die wir uns hineinmanövriert hatten. Der Name gab wenigstens die befremdliche Uneinheitlichkeit unseres Standpunktes wieder.

Wir erkannten, daß wir uns eigentlich schon seit Jahren immerzu in dieser Richtung bewegt hatten. 1957 machte PRIBRAM zum Beispiel in einer Abhandlung über die Beziehungen zwischen Psychologie und den der Neurologie zugehörigen Gebieten des »Projektes A« folgende Ausführungen:

»In der Regel wird der extreme Behaviorist außerordentlich mißtrauisch, sobald psychologische Vorstellungen über beobachtetes Verhalten zu sehr Konzepten gleichen, die auf introspektivem Weg gewonnen werden (›geistigen‹).« Wir vertreten hier den Standpunkt, daß Begriffe, die der Verhaltensbeobachtung entstammen, mit denen aus der Introspektion verglichen werden *müssen.* Zwei Extreme müssen dabei aber vermieden werden: Wenn die vom Verhalten hergeleiteten Konzepte nicht mehr von den aus der Introspektion gewonnenen unterschieden werden können, weil ihnen der empirische Nachweis fehlt, wird die

Situation verwirrt; wenn die zwei Arten von Auffassungen so verschieden ausfallen, daß man sie nicht mehr in Beziehung zueinander bringen kann, wird das von der Verhaltensbeobachtung gewonnene Konzept leicht nichtssagend.

Wir hoffen, mit den Seiten dieses Buches einen glücklichen Kompromiß zwischen diesen beiden Extremen getroffen zu haben, und meinen, beides zu können: Plan und Verhalten sowohl auseinanderhalten wie vergleichen. Das wichtigste jedoch blieb, die Vereinigung beider Gesichtspunkte zu finden: Das kostete uns etliche Arbeit. GALANTER hatte sich mit dem gleichen Problem herumgeschlagen und in einer Abhandlung über das Denken geschrieben:

Klassische Denktheorien gliedern sich in zwei allgemeine (und zu sehr vereinfachte) Kategorien. Diese beiden Klassen hat man unterschieden als
a) S—R; Assoziations-, Versuch-und-Irrtum- oder Signal-Theorien und
b) als Bild- oder Modelltheorien ... Es ist schwierig, die verhaltensmäßige Erscheinungsform oder Verwirklichung eines ›Bildes‹ klar herauszuschälen. Zusätzlich geben Bildtheorien meistens nur äußerst flüchtig darüber Auskunft, wie das Bild sich zu seiner vollausgeprägten Form auswächst. Dadurch ergibt die unklare Umschreibung der Rolle, die das Bild im komplexen Denken spielt, eine ebenso unklare Rechtfertigung für unsere Introspektionen. Die meisten frühen Theoretiker streben eine Synthese an. Dieser Versuch zur Synthese kam jedoch während der behavioristischen Revolution aus der Mode, und gegenwärtig verschreiben sich die meisten Psychologen entweder einer S-R-Theorie oder einer Kognitionstheorie. Unser höchstes Ziel ist, wiederum eine synthetische Theorie zu verwirklichen (Seite 218 f.).

Wir kommen wieder auf die gleiche Fragestellung zurück: Wie kann man zwei Konzeptionen vereinigen, die beide notwendig, jedoch unvereinbar sind? Unser Ziel ist es nach wie vor, eine synthetische Theorie zu entwickeln. Doch an diesem Punkt sind wir der Überzeugung, daß eine klare Beschreibung der Rolle, die die Pläne spielen, das Bindeglied ist, das beides zusammenhält und einen subjektiven Behaviorismus möglich macht.

Warum denn nicht »subjektive Behavioristen«? Man wendet natürlich ein, daß »subjektiv« und »Behaviorismus« nicht zusammenpassen. Man könnte ja geradesogut von einem schwarzen Weiß oder einem viereckigen Kreis sprechen. Doch hat jeder Behaviorist in sein System längst einige unsichtbare Zutaten eingeschmuggelt, internationalisierte Reaktionen, Triebkräfte, Stimuli oder ähnliches, die genauso »objektiv« sind, wie JOHN LOCKES »Ideen« es einmal schienen. Jedermann handelt so, aus dem einfachen Grund, weil man so lange in einem Verhalten keinen Sinn sehen kann, wie man ihn nicht hineinsieht. J. B. WATSON selbst sprach von einer »verborgenen Sprache«, die ganz sicher eine Art subjektives Verhalten ist. Natürlich könnten wir unsere Pläne alle mit einem sogenannten operational gültigen Namen als »intervenierende Variablen« bezeichnen und auf diese Art vortäuschen, daß wir wirklich nur von nichtverbalem Verhalten sprechen, aber würde das weiterhelfen? Wenn ein Behaviorist bereit ist, introspektiv darüber nachzudenken, was er tun würde, wenn er selbst in der schlimmen Lage wäre, in der seine Ratten sich befinden, dann ist er nach unserer Überzeugung ein subjektiver Behaviorist, ob er es nun selbst zugibt oder nicht.

Viel wichtiger als der Name ist für uns die Frage, ob wir eine wichtige Erscheinungsform der menschlichen Intelligenz erfaßt haben oder nicht. Psychologen, die sich damit zufriedengaben, den Geist so zu beschreiben, als wäre er nur eigene Erfahrung, haben kaum bemerkt, wie weltfremd sie anderen vorkommen, besonders denen, die sich nur mit Handlungen und Resultaten beschäftigen. Am Anfang schienen die Behavioristen die Advokaten der Handlung zu sein. Die nötige Korrektur erfuhren sie nicht, denn diese ging in den Ritualen und Tabus der Objektivität verloren. Mit der Zeit glitten auch sie mehr und mehr in die Tradition der Beschreibung hinein, bis sie sich von ihren Kollegen nur noch darin unterschieden, daß sie das Verhalten und jene den Verstand beschrieben. So tut es unseren modern gewordenen Ohren nicht einmal mehr weh, wenn wir hören, daß man ein Verhalten ein *Objekt* der Beschreibung nennt!

Natürlich sind Beschreibungen wichtig. Für die Wissenschaft ist es sogar *unentbehrlich*, daß uns genaue Beschreibungen zur Verfügung stehen. Aber es braucht noch ein Weiteres, etwas, was wir in jeder Psychologengeneration zu vergessen und wiederzuentdecken scheinen, zum mindesten seit BRENTANOS »Akte« es erstmals mit WUNDTS »Inhalten« aufzunehmen versuchten. Das Leben ist mehr als ein Ding, mehr als ein Objekt, eine existierende Substanz. Es ist auch ein Prozeß, der sich im Tun verwirklicht. Wir können uns entscheiden, es zu beschreiben, oder wir können uns entscheiden, es nachzuvollziehen *(re-enact)*. Die Beschreibung mit all ihren Variationen ist die übliche Art, wie ein Wissenschaftler die Sache angeht. Tätige Wiederverkörperung war immer der Weg des Künstlers. Und genau wie die Beschreibung von einem Bild abhängt, hängt tätige Wiederverkörperung von einem Plan ab.

Lange Zeit existierte die tätige Verkörperung im technologischen Randbezirk der reinen Wissenschaft. Ihre Rolle bestand in der Unterstützung der Theorie: Das Planetarium ist für einen Astronomen die aktive Verkörperung des Sonnensystems, das Modell für einen Architekten die Vorwegnahme seines Gebäudes, der Windkanal für einen Astronauten die aktive Verkörperung der Atmosphäre. Ist eine Beschreibung genau und korrekt, so sollte alles, was man aktiv verkörpert, dem beschriebenen Naturphänomen genau entsprechen. Damit aber wird aktive Verkörperung in der Wissenschaft zu einer Alternative mit eigener Berechtigung. Die Entwicklung der modernen Computer hat den Wissenschaftlern mehr denn je die Mittel in die Hand gegeben, im großen die Prozesse aktiv zu verkörpern oder zu simulieren, die sie untersuchen wollen. Das Computerprogramm, das einen Prozeß simuliert, wird zu einer genauso akzeptablen Theorie eines Prozesses wie die Gleichungen, die ihn beschreiben. Was der Künstler von jeher tat, findet nun eine neue Anwendung. Wenn dabei auch noch viele Fragen offenbleiben, so wird deren Klärung der Anwendung bald folgen. Im gleichen Maße, wie das Verständnis dieser komplexen Systeme zunimmt, sollte die Notwendigkeit, zwischen Konzepten, die auf introspektivem Wege, und solchen, die mit Hilfe von Verhaltensbeobachtung gewonnen werden, zu unterscheiden abnehmen, bis schließlich beide, unsere Erfahrung und unser Verhalten, in den gleichen Begriffen gefaßt werden können. Dann, aber erst dann, werden die Psychologen die Kluft zwischen Bild und Verhalten überbrückt haben.

Literatur- und Personenverzeichnis

Im Text wurde der Autor und das Erscheinungsjahr genannt und damit auf dieses Verzeichnis verwiesen. Die kursiv gesetzten Zahlen bezeichnen die Seiten, auf welchen die Autoren erwähnt werden. Bei Koautoren wird auf den Hauptautor verwiesen.

ALDERSTEIN, A. M. siehe ALEXANDER, I. E. *138*

ALEXANDER, I. E., COLLEY, R. S. & ALDERSTEIN, A. M. (1957) Is death a matter of indifference? *J. Psychol.*, 43, 277—283. *138*

ALLPORT, G. W. (1937) *Personality: A Psychological Interpretation.* New York: Holt. *119*

ALLPORT, G. W. (1955) *Becoming: Basic Considerations for a Psychology of Personality.* New Haven: Yale University Press. *111*

AMEEN, L. siehe LAFFAL, J. *148*

ANSCOMBE, G. E. M. (1958) *Intention.* Oxford: Blackwell. *62*

ANTHONY, S. (1940) *The Child's Discovery of Death.* New York: Harcourt, Brace. *138*

ASHBY, W. R. (1940) Adaptivness and equilibrium. *J. Ment. Sci.*, 86, 478—483. *46*

ATTNEAVE, F. (1959) *Applications of information theory to psychology.* New York: Holt. *35*

AUSTIN, G. siehe BRUNER, J. S. *161, 164*

BAERENDS, G. P. *78*

BAERNSTEIN, H. D., HULL, C. L. (1931) A mechanical model of the conditioned reflexes. *J. General Psychol.*, 5, 99—106. *49*

BARKER, R. G. & WRIGHT, H. F. (1954) *Midwest and its children.* Evanston: Row, Peterson. *24, 94*

BARTLETT, F. C. (1932) *Remembering, a study in experimental and social psychology.* Cambridge University Press. *17*

BEACH, F. *73*

BEEBE-CENTER, J. G. siehe MILLER, G. A. *57*

BENNET, G. K. & WARD, L. B. (1933) A model of the synthesis of conditioned reflexes. *Amer. J. Psychol.*, 45, 339—342. *49*

BERGSON, H. *49*

BERNSTEIN, A. & ROBERTS, M. (1958) Computer versus chess player, *Scientific American*, 198, 96—105. *58*

BIGELOW, J. siehe ROSENBLUETH, A. *46*

BINET, A. *187*

BISHOP, G. (1956) The natural history of the nerve impulse. *Physiological Reviews*, 36, 376—399. *32*

BOOK, W. F. *85*

BOOTHE, A. D. siehe LOCKE, W. N. *56*

BORING, E. G. (1946) Mind and mechanism. *Amer. J. Psychol.*, 59, 173—192. *49*

BOULDING, K. E. (1956) *The Image.* Ann Arbor: University of Michigan Press. *11*

BRADNER, H. (1937) A new mechanical »learner«. *J. General Psychol.*, 17, 414—419. *49*

BRAZIER, M. A. B. (Hg.) (1959) The central nervous system and behavior. Transactions of the second conference, February 22—25, Josiah Macy, Jr., Foundation. *201*

BROWER, R. A. (Hg.) (1959) *On translation.* Cambrigde: Harvard University Press. *57*

BRENTAND, F., *207*

BRUNER, J. S., *7*

BRUNER, J. S., GOODNOW, J. & AUSTIN, G. (1956) *A study of thinking.* New York: Wiley. *164*

BRYAN, W. L. *85*

BURTON, N. G. & LICKLIDER, J. C. R. (1955) Longrange constraints in the statistical structure of printed english. *Amer. J. Psychol.*, 68, 650—653. *142*

CAMPBELL, D. T. (1954) Operational delineation of »what is learned« via the transposition experiment. *Psychol. Rev.*, 61 167—174. *87*

CANNON, W. B. *47*

CAROLL, J. B. (1953) *The study of language.* Cambridge: Harvard University Press. *23, 55*

CHAUNCEY, H. *119* f.

CHERRY, C. (1957) *On human communication.* Cambridge: Technology Press. *35*

CHOMSKY, N., *12, 23, 140, 148 ff.*

CHOMSKY, N. (1956) Three models for the description of language. *IRE Transactions on Information Theory,* Vol. IT—2, 113—124. *53, 143*

CHOMSKY, N. (1957) *Syntactic structures.* The Hague: Mouton. *140*

CHOMSKY, N. (1965) *Aspects of the Theory of syntax.* Deutsche Übersetzung: Aspekte der Syntax-Theorie (1969). Frankfurt a. M.: Suhrkamp. 8, 140

CHOMSKY, N. & MILLER, G. A. (1958) Finite state languages. *Information and Control,* 1, 91—112. *141*

CHOMSKY, N. (1959) Review of B. F. Skinner, Verbal Behavior. *Language,* 35, 26—58. *30*

CHOMSKY, N. (1959) On certain formal properties of grammars. *Information and Control,* 137—167. *143*

CLAPAREDE, E. (1934) La genèse de l'hypothèse. *Arch. Psychol.* 24, 1—154. *187*

CLARK, W. A. & FARLEY, B. G. (1955) Generalization of pattern recognition in a self-organizing system. *Proceedings of the Western Joint Computer Conference,*Los Angeles, 86—91. *54*

CLEMENTE, C. D. siehe GREEN, J. D. *200*

CLEVELAND, A. A. (1907) The psychology of chess and of learning to play it. *Amer. J. Psychol.*, 18, 269—308. *127*

COLLEY, R. S. siehe ALEXANDER, I. E. *138*

CRAIK, K. J. W. (1943) *The nature of explanation.* Cambridge: Cambridge University Press. *53*

CROZIER, W. J. (1929) The study of living organisms. In: C. Murchison, (Hg.), *The Foundations of Experimental Psychology,* 45—127. Worcester: Clark University Press. *48*

DAVIS, M. (1958) *Computability and unsolvability.* New York: McGraw-Hill. *156*

de GROOT, J. siehe GREEN, J. D. *200*

DENNIS, W. (1954) A note on the circular response hypothesis. *Psychol. Rev.*, 61, 334—338. 47

DESCARTES, R. *45, 46*

DEWEY, J. (1896) The reflex arc con-

cept in psychology. *Psychol. Rev.*, 3, 357—370, 37
Neudruck in: DENNIS, W. (Hg.) (1948) Readings in the history of psychology. New York: Appleton-Century-Crofts. 37

DINNEEN, G. P. (1955) Programming pattern recognition. *Proceedings of the Western Joint Computer Conference*, Los Angeles, March 1955, 94—100. *54*

DRIESCH, H. *48*

DUDA, W. L. siehe ROCHESTER, N. *54*

DUNCKER, K. (1935) On problem-solving. LEES, L. S., trans. *Psychol. Monographs*. No. 270. *184, 187*

DUNCKER, K. *187*

DUNCKER, K. (1935) Zur Psychologie des produktiven Denkens. Berlin. *184, 187*

EBBINGHAUS, H. *71*

EDISON, T. *157*

EHRLICH, P. *157*

ELLSON, D. G. (1935) A mechanical synthesis of trial-and-error learning. *J. General Psychol.*, 13, 212—218. *49*

ELSASSER, W. M. (1958) *The physical foundation of biology*. New York: Pergamon. *49*

ESTES, W. K. et al. (1954) *Modern learning theory*. New York: Appleton-Century-Crofts. *18*

FARLEY, B. G. siehe CLARK, W. A. *54*

FESTINGER, L. (1957) *A theory of cognitive dissonance*. Evanston: Row, Peterson. *39*

FREUD, S. (1950) *Beyond the pleasure principle*. London: Hogarth Press. *69, 70, 142*. Deutsch: Jenseits des Lustprinzips (1920). In: Gesamtausgabe Bd. XIII.

FRICK, F. C. & MILLER, G. A. (1951) A statistical description of operant conditioning. *Amer. J. Psychol.*, 64, 20—36. *55*

GALANTER, E. & GERSTENHABER, M. (1956) On thought: The extrinsic theory. *Psychol. Rev.*, 63, 218—227. *54, 64, 169, 206*

GALANTER, E. & SMITH, W. A. S. (1958) Some experiments on a simple thought-problem. *Amer. J. Psychol.*, 71, 359—366. *54*

GALANTER, E. siehe auch KOCHEN, M. *50*

GALANTER, E. & MILLER, G. A. (1960) Some comments on stochastic models and psychological theories. In: K. J. Arrow, S. Karlin & P. Suppes (Hg.), *Proceedings of the First Stanford Symposium on Mathematical Methods in the Social Sciences*. Stanford: Stanford University Press. *142*

GARDNER, M. (1958) *Logic machines and diagrams*. New York: McGraw-Hill. *58*

GELERNTER, H. L. & ROCHESTER, N. (1958) Intelligent behavior in problem-solving machines. IBM *J. Res. Develpm.*, 2, 236—345. *54, 182, 55, 58, 59*

GELERNTER, H. L. (1959) Realization of a geometry proving machine. *Proceedings of the International Conference on Information Processing*. Paris (1959 in Druck). *54*

GERSTENHABER, M. siehe GALANTER, E. *54, 164, 169, 206*

GLEASON, H. A. (1955) *An introduction to descriptive linguistics*. New York: Holt. *140*

GOLDSTEIN, K. & SCHERRER, M. (1941) Abstract and concrete behavior: an experimental study with special tests. *Psychol. Monogr.*, No. 329. *190*

JUNG, C. G. *120*

KISTER, J., STEIN, P., ULAM, S., WALDEN, W. & WELLS, M. (1957) Experiments in chess. *J. of the Association for Computing Machinery*, 4, 174—177. *58*

KLUCKHOHN, F. (1955) Dominant and variant value orientations. In: C. Kluckhohn, H. A. Murray und D. M. Schneider. *Personality in Nature, Society, and Culture*, 2nd edition, 21, 342—357. New York: Knopf. *100*

KOCHEN, M. & GALANTER, E. H. (1958) The acquisition and utilization of information in problem solving and thinking. *Information and Control*, 1, 267—288. *50*

KÖHLER, W. (1963) *Intelligenzprüfungen an Menschenaffen*. Berlin, Springer. (Unveränderter Abdruck der zweiten durchgesehenen Auflage der »Intelligenzprüfungen an Anthropoiden I«, 1921.) *19, 20*

KREUGER, R. G. & HULL, C. L. (1931) An electrochemical parallel to the conditioned reflex. *J. General Psychol.*, 5, 262—269. *49*

LAFFAL, J., LENKOSKI, L. D. & AMEEN, L. (1956) »Opposite speech« in a schizophrenic patient. *J. abnorm. soc. Psychol.*, 52, 409—413. *148*

LASHLEY, K. S. (1929) *Brain mechanisms and intelligence*. Chicago: University of Chicago Press. *87*

LASHLEY, K. S. (1951) The problem of serial order in behavior. In: Lloyd A. Jeffress (Hg.), *Cerebral Mechanisms in Behavior. The Hixon Symposium*, 121—122. New York: Wiley. *151, 20*

LEIBNIZ, G. *46*

LENKOSKI, L. D. siehe LAFFAL, J. *148*

LEWIN, K. (1946) Behavior and development as a function of the total situation. In: L. Carmichael, (Hg.), *Manual of Child Psychology*, 823—832. New York: Wiley. *119*

LEWIN, K. (1948) *Resolving social conflicts*. New York: Harper. Deutsche Übersetzung: Die Lösung sozialer Konflikte, 1953, Bad Nauheim: Christian-Verlag. *100, 60 ff.*

LEWIN, K. (1951) Intention, will and need. In: D. Rapaport, *Organization and Pathology of Thought*, Chapter 5. New York: Columbia University Press. Deutsch: Vorsatz, Wille und Bedürfnis. In: *Psychol. Forsch.* 1926. *22, 60, 61 64—68*

LEWIS, C. I. (1946) *An analysis of knowledge and valuation*. La Salle, Open Court. *60, 72*

LICKLIDER, J. C. R. siehe BURTON, N. G. *142*

LOCKE, J. *206*

LOCKE, W. N. & BOOTHE, A. D. (1955) (Hg.), *Machine Translation of Languages*. New York: Wiley. *56*

LOEB, J. *47, 48*

LORENZ, K. *74*

LOTKA, A. J. (1925) *Elements of physical biology*. Baltimore: Williams & Wilkins. *48*

LUCHINS, A. S. (1942) Mechanization in problem solving. *Psychol. Monogr.*, No. 248. *118*

LURIA, A. R. & YUDOVICH, F. Ia. *Speech and the development of mental processes in the child.* (Trans., Joan Simon.) London: Staples. *135*

LYONS (1971) Noam Chomsky. München, DTV. *140*

MCCARTHY, J. *53, 59*

MCCULLOCH, W. S. & PITTS, W. (1943)

A logical calculus of the ideas immanent in nervous activity. *Bulletin of Mathematical Biophysics*, 5, 115—133. *52, 54, 12*

McGeoch, J. A. & Irion, A. L. (1952) The psychology of human learning. New York: Longmans Green, ed. 2. *122*

MacKay, D. M. *12*

MacKay, D. M. (1951) Mindlike behavior in artefacts. *British Journal for the Philosophy of Science*, 2, 105—121. *54*

MacKay, D. M. (1956) The epistemological problem for automata. In: C. E. Shannon und J. McCarthy (Hg.), *Automata Studies*, 235—251. Princeton: Princeton University Press. *39*

MacLean, P. D. (1958) The limbic system with respect to self-preservation and the preservation of the species. *J. of Nervous and Mental Diseases*, 1, 1—11. *196*

McNemar, O. W. siehe Taylor, D. W. *118*

Mandler, G. (1954) Response factors in human learning. *Psychol. Rev.*, 61, 235—244. *88*

March, J. G. & Simon, H. A. (1958) *Organizations*. NY: Wiley. *99*

Markov *55, 140, 143*

Marler, P. & Hamilton, W. J. *Mechanisms of Animal Behavior*. New York: Wiley. Deutsche Übersetzung: Tierisches Verhalten. München BLV. 1972. *74, 196*

Miller, G. A. & Frick, F. C. (1949) Statistical behavioristics and sequences of responses. *Psychol. Rev.*, 56, 311—324. *55*

Miller, G. A. siehe Frick, F. C. *55*

Miller, G. A. (1951) *Language and communication*. New York: McGraw-Hill. *56*

Miller, G. A. (1952) Finite Markov processes in psychometrika. Psychometrika, 17, 149—167. *55*

Miller, G. A. (1953) What is information measurement? *Amer. Psychologist*, 8, 3—11. *35*

Miller, G. A. & Beebe-Center, J. G. (1956) Some psychological methods for evaluating the quality of translations. *Mechanical Translation*, 3, 73—80. *57*

Miller, G. A. (1956) The magical number seven, plus or minus two. *Psychol. Rev.*, 63, 81—97. *127*

Miller, G. A. (1956) Information and memory. *Scientific Amer.*, 195, 42—46. *127*

Miller, G. A. (1956) Human memory and the storage of information. *IRE Transaction on Information Theory*, Vol. IT—2, No. 3, 128—137. *127, 128*

Miller, G. A. siehe Chomsky, N. *141*

Miller, G. A. siehe Galanter, E. *142*

Milner, B. (1958) Psychological defects produced by temporal lobe excision. In: *The Brain and Human Behavior*, Research Publication, Association for Research in Nervous and Mental Disease, XXXVI, Chapter VIII, pp. 244—257. Baltimore: Williams and Wilkins. *196*

Milner, P. M. (1957) The cell assembly: Mark II. *Psychol. Rev.*, 64, 242—252. *54*

Milton, G. A. (1958) Five studies of the relation between sex-role identification and achievement in problem solving. *Technical Report 3, contract Nr. 609 (20)*, NR 150—166. Departments of Industrial Administration and Psychology, Yale University. *116*

Minsky, M. L. (1954) *Neural-analog*

networks and the brain-model problem. Ph. D. thesis, Princeton University. *53*

MINSKY, M. L. *12*

MINSKY, M. L. (1956) *Heuristic aspects of the artificial intelligence problem.* Group Report 34—55, Lincoln Laboratory, Massachusetts Institute of Technology, 17 December 1956. *12, 168, 178*

MORRELL, F. & JASPER, H. H. (1956) Electrographic studies of the formation of temporary connections in the brain. *EEG and Clinical Neurophysiology*, 8, 201. *209*

MORRIS, D. (1958) The reproductive behavior of the stickle-back. 77

MUELLER, G. E. *130*

NEISSER, U. (1959) *Hierarchies in pattern recognition.* Group Report 54—9, Lincoln Laboratory, Massachusetts Institute of Technology, 9 October 1959. *193*

NEWELL, A. 7, *12, 25, 43, 59, 93*

NEWELL, A. (1955) The chess machine, an example of dealing with a complex task by adaptation. *Proceedings of the Western Joint Computer Conference*, Los Angeles, March 1955, 101—108. *50*

NEWELL, A. & SIMON, H. A. (1956) The logic theory machine: A complex information processing system. *IRE Transaction on Information Theory*, Vol. IT—2, No. 3, 61—79. *177*

NEWELL, A. & SHAW, J. C. (1957) Programming the logic theory machine. *Proceedings of the Western Joint Computer Conference*, Los Angeles, February 1957, 230—240. *25*

NEWELL, A., SHAW, J. C. & SIMON, H. A. (1957) Empirical exploration of the logic theory machine: A case study in heuristic. *Proceedings of the Western Joint Computer Conference*, Los Angeles: February 1957, 218—230. *163*

NEWELL, A., SHAW, J. C. & SIMON, H. A. (1958) Chess-playing programs and the problem of complexity. *IBM J. Res. Developm.*, 2, 320—335. *179*

NEWELL, A., SHAW, J. C. & SIMON, H. A. (1958) Elements of a theory of human problem solving. *Psychol. Rev.*, 65, 151—166. *26*

NEWELL, A., SHAW, J. C. & SIMON, H. A. (1959) A report on a general problem solving program. *Proceedings of the International Conference on Information Processing*, Paris. *26, 58, 179 ff.*

NISSEN, H. W. (1958) Axes of behavioral comparison. In: A. Roe and G. G. Simpson (Hg.), *Behavior and Evolution.* New Haven: Yale University Press. *135*

OCCAM *17*

PAVLOV, I. P. siehe BRIAN, S. (Hg.) (1957) *Psychology in the Soviet Union.* Stanford: Stanford University Press. *31*

PEARSON, K. (1892) *The Grammar of Science.* *45*

PERKINS, C. P. s. WALLACE, W. H. *132*

PERKY, C. W. (1910) An experiment study of imagination. *Amer. J. Psychol.*, 21, 422—452. *108*

PIAGET, J. 7

PITTS, W. siehe MCCULLOCH, W. S. *52, 54*

PLATO, *176*

POINCARÉ, H. (1952) *Science and Method.* New York: Dover. S. 50—51. *163*

POLYA, G. (1945) *How to solve it.* Princeton: Princeton University Press. Deutsche Übersetzung: Schule des Denkens. Bern: Francke 1967². *156, 164*

POLYANI, M. (1958) *Person Knowledge.* Chicago: University of Chicago Press. *86, 163*

PRIBRAM, K. (1958) Comparative neurology and the evolution of behavior. In: A. Roe und G. G. Simpson (Hg.), *Behavior and Evolution.* New Haven: Yale University Press. *194, 205*

RAPAPORT, D. *68*

RASHEVSKY, N. (1938) *Mathematical biophysics.* Chicago: University of Chicago Press. *53*

RIESMAN, D. *116*

ROBERTS, M. de V. siehe BERNSTEIN, A. *58*

ROCHESTER, N., HOLLAND, J. H., HAIBT, L. H. & DUDA, W. L. (1956) Test on a cell assembly theory of the action of the brain, using a large digital computer. *IRE Transactions on Information Theory,* Vol. PGIT—2, No. 3, 80—93. *54*

ROCHESTER, N. siehe GELERNTER, H. L. *54, 58, 182*

ROCK, I. (1957) The role of repetition in associative learning. *Amer. J. Psychol.,* 70, 186—193. *133*

ROCK, I. & HEIMER, W. (1959) Further evidence of one-trial associative learning. *Amer. J. Psychol.,* 72, 1—16. *133*

ROSENBLATT, F. (1958) The perception. Psychol. Rev. 65, 386—408. *54*

ROSENBLUETH, A., WIENER, N. & BIGELOW, J. (1943) Behavior, purpose, and teleology. *Philosophy of Science,* 10, 18—24. *46*

ROSS, T. (1938) The synthesis of intelligence — its implications. *Psychol. Rev.,* 45, 185—189. *49*

RUCH, T. C. (1951) Motor systems. In: S. S. Stevens (Hg.), *Handbook of Experimental Psychology.* New York: Wiley. *91*

RUSSELL, B. *163*

SALTZMAN, I. J. (1956) Comparisons of incidental and intentional learning with different orienting tasks. *Amer. J. Psychol.,* 69, 274—277. *126*

SAMUEL, A. L. (1959) Some studies in machine learning using the game of checkers. *IBM J. Res. Develpm.,* 3, 210—229. *58*

SCHEERER, M. siehe GOLDSTEIN, K. *190*

SCHLOSBERG, H. siehe WOODWORTH, R. S. *123*

SCHUMANN, F. *130*

SELFRIDGE, O. G. (1955) Pattern recognition and modern computers. *Proceedings of the Western Joint Computer Conference,* Los Angeles, March 1955, 91—93. *54*

SELFRIDGE, O. G. *193*

SHANNON, C. E. *35, 59, 93*

SHANNON, C. E. (1948) A mathematical theory of communication. *Bell System Technical Journal,* 27, 379—423. *55, 141, 179*

SHANNON, C. E. (1950) Programming a computer for playing chess. *Philosophical Magazine,* 41, 256—275. *58*

SHANNON, C. E. (1951) Prediction and entropy of printed English. *Bell System Technical Journal,* 30, 50—64. *142*

SHAW, J. C. *12, 43, 59, 90*

SHAW, J. C. siehe NEWELL, A. (1957) *25, 26, 168*

SHAW, J. C. siehe NEWELL, A. (1958) 3, 25, *58, 96, 182, 179 ff.*

SHAW, J. C. siehe NEWELL, A. (1959) *26, 58, 179 ff.*

SHERRINGTON, C. *31, 32*

SIMON, H. A. *12, 43, 59, 90*

SIMON, H. A. & NEWELL, A. (1956) Models, their uses and limitations. In: L. D. White (Hg.), *The state of the social sciences.* Chicago: University of Chicago Press. *26*

SIMON, H. A. siehe NEWELL, A. (1956) *177*

SIMON, H. A. siehe NEWELL, A. (1957) *163*

SIMON, H. A. siehe NEWELL, A. (1958) *58, 25, 179 ff.*

SIMON, H. A. siehe MARCH, J. G. *99*

SIMON, H. A. siehe NEWELL, A. (1959) *26, 58, 179 ff.*

SKINNER, B. F. siehe CHOMSKY, N. *29*

SLUCKIN, W. (1954) *Minds and machines.* London: Penguin. *34*

SMITH, W. A. S. siehe GALANTER, E. *54*

STAMM, J. S. (1955) The funtion of median cerebral cortex in maternal behavior of rats. *J. comp. physiol. Psychol.*, 87, 77—88. *201*

STEPHENS, J. M. (1929) A mechanical explantation of the law of effect. *Amer. J. Psychol.*, 41, 422—431. *49*

SULLIVAN, H. S. (1953) *The interpersonal theory of psychiatrie.* New York: Norton. *113*

TAYLOR, D. W. & McNEMAR, O. W. (1955) Problem solving and thinking. In: C. P. Stone (Hg.), *Annual Rev. Psychol.*, Palo Alto, Vol. 6, 455—482. *118*

THOMPSON, W. R. siehe HEBB, D. O. *138*

THORNDIKE, E. L. (1932) *The fundamentals of learning.* New York: Teachers College, Columbia University. *130*

THORPE, W. H. (1956) *Learning and instinct in animals.* Cambridge: Harvard University Press. *74*

TINBERGEN, N. (1951) *The study of instinct.* Oxford University Press. Deutsche Übersetzung: Instinktlehre. Vergleichende Erforschung angeborenen Verhaltens. Berlin, 1952. *75*

TOLMAN, E. C. *47, 55, 22*

TOLMAN, E. C. (1935) Psychology vs. immediate experience. *Philosophy of Science*, 2, 356—380. *62*

TOLMAN, E. C. (1939) Prediction of vicarious trial and error by means of the schematic sowbug. *Psychol. Rev.*, 46, 318—336. *47*

TOLMAN, E. C. (1948) Cognitive maps in rats and men. *Psychol. Rev.*, 55, 189—208. *18, 19*

TROLAND, L. T. (1928) *The fundamentals of human motivation.* New York: Van Nostrand. *47*

TURING, A. M. *167, 50, 53*

TURNER, S. H. siehe WALLACE, W. H. *130*

ULAM, S. siehe KISTER, J. *58*

UNDERWOOD, B. J. (1957) Interference and forgetting. *Psychol. Rev.*, 64, 49—60. *128*

von NEUMANN, J. (1958) *The computer and the brain.* New Haven: Yale University Press. *53, 90*

WALDEN, W. siehe KISTER, J. *58*

WALLACE, W. H., TURNER, S. H. & PERKINS, C. C. (1957) *Preliminary studies of human information storage.* Signal Corps Project No. 132C, Institute for Cooperative Research, University of Pennsylvania. *132*

WALTON, A. (1930) Conditioning

Sachverzeichnis